PETER RÖMER

Nachfolge- und Bestandssicherung der Personalgesellschaften des Handelsrechts im Erbfall

Abhandlungen aus dem
Industrieseminar der Universität zu Köln

Herausgegeben von Professor Dr. Dr. h. c. Theodor Beste

Heft 17

Nachfolge- und Bestandssicherung der Personalgesellschaften des Handelsrechts im Erbfall

Von

Dr. Peter Römer

Diplom-Kaufmann

DUNCKER & HUMBLOT / BERLIN

Gedruckt 1963 bei Albert Sayffaerth, Berlin 61
Printed in Germany

Inhalt

Abkürzungen

a.A.	=	anderer Ansicht
a.a.O.	=	am angeführten Ort
Abs.	=	Absatz
AcP	=	Archiv für die civilistische Praxis
ADHGB	=	Allgemeines Deutsches Handelsgesetzbuch
AG	=	Aktiengesellschaft
AG & Co.	=	Aktiengesellschaft und Compagnie
AktG	=	Aktiengesetz
Allg. Einltg.	=	Allgemeine Einleitung
Anm.	=	Anmerkung
AO	=	Abgabenordnung
Aufl.	=	Auflage
BB	=	Der Betriebsberater
Bd.	=	Band
BDI	=	Bundesverband der Deutschen Industrie
BetrVG	=	Betriebsverfassungsgesetz
BewG	=	Bewertungsgesetz
BFH	=	Bundesfinanzhof, auch Sammlung seiner Entscheidungen in Zivilsachen
Bln.	=	Berlin
BStBl	=	Berlin Bundessteuerblatt
bzgl.	=	bezüglich
bzw.	=	beziehungsweise
DB	=	Der Betrieb
DFG	=	Deutsche freiwillige Gerichtsbarkeit
d. h.	=	das heißt
Dipl.-Arb.	=	Diplom-Arbeit
Diss.	=	Dissertation
DJZ	=	Deutsche Juristenzeitung
DNotZ	=	Deutsche Notarzeitschrift
DR	=	Deutsches Recht
Dür.-Hach.	=	Düringer-Hachenburg, Kommentar zum HGB, II. Band, 1. Hälfte, erläutert von Geiler, II. Band, 2. Hälfte, erläutert von Flechtheim
ErbStG	=	Erbschaftsteuergesetz

EStG	=	Einkommensteuergesetz
f.	=	folgende (Seite)
ff.	=	folgende (Seiten)
gem.	=	gemäß
GenG	=	Genossenschaftsgesetz
GmbH	=	Gesellschaft mit beschränkter Haftung
GmbH & Co.	=	Gesellschaft mit beschränkter Haftung und Compagnie
GmbHG	=	Gesetz betreffend die Gesellschaften mit beschränkter Haftung
GrErwStG	=	Grunderwerbsteuer-Gesetz
GrStG	=	Grundsteuergesetz
Halbs.	=	Halbsatz
HGB	=	Handelsgesetzbuch
h.L.	=	herrschende Lehre
h.M.	=	herrschende Meinung
HRR	=	Höchstrichterliche Rechtsprechung
Hueck, OHG	=	Hueck, Alfred, Das Recht der Offenen Handelsgesellschaft
JFG	=	Jahrbuch der Entscheidungen in Angelegenheiten der freiwilligen Gerichtsbarkeit und des Grundbuchrechtes
JR	=	Juristische Rundschau
Juristische Person & Co	=	Juristische Person und Compagnie
Jur. Studiengesellschaft	=	Juristische Studiengesellschaft, Karlsruhe
JW	=	Juristische Wochenschrift
JZ	=	Juristenzeitung
KG	=	Kammergericht
KG	=	Kommanditgesellschaft
kapitalistische KG	=	kapitalistische Kommanditgesellschaft
körperschaftliche KG	=	körperschaftliche Kommanditgesellschaft
KGJ	=	Jahrbuch der Entscheidungen des Kammergerichts in Sachen der freiwilligen Gerichtsbarkeit usw., seit 1924 fortgesetzt in JFG
LG	=	Landgericht
LM	=	Lindenmaier-Möhring, Nachschlagwerk des Bundesgerichtshofs
MDR	=	Monatsschrift für Deutsches Recht
NB	=	Neue Betriebswirtschaft
n.F.	=	neue Fassung
NJW	=	Neue Juristische Wochenschrift

Nr.	= Nummer
OHG	= Offene Handelsgesellschaft
OLG	= Oberlandesgericht, auch Rechtsprechung der Oberlandesgerichte
RFH	= Reichsfinanzhof, auch Sammlung seiner Entscheidungen in Steuersachen
RG	= Reichsgericht, auch Sammlung seiner Entscheidungen in Zivilsachen
RJA	= Entscheidungen in Angelegenheiten der freiwilligen Gerichtsbarkeit und des Grundbuchrechts, zusammengestellt vom Reichsjustizamt
RGBl	= Reichsgesetzblatt
RStbl	= Reichssteuerblatt
S.	= Seite
SP	= Soziale Praxis
StAnpG	= Steueranpassungsgesetz
Staub-Pinner	= Staubs' Kommentar zum HGB
StbJb	= Steuerberater-Jahrbuch
StW	= Steuer und Wirtschaft
TestG	= Testamentsgesetz
u.	= und
u.a.	= unter anderem, und andere
u.U.	= unter Umständen
Urt.v.	= Urteil vom
usw.	= und so weiter
vgl.	= vergleiche
Vorbem.	= Vorbemerkung
VStG	= Vermögensteuergesetz
Weipert	= (RGR) Reichsgerichtsräte-Kommentar zum HGB, Band II, bearbeitet von Weipert, 2. Aufl. Bln. 1950
WP	= Die Wirtschaftsprüfung
WT	= Der Wirtschaftstreuhänder
Würdinger	= (RGR) Reichsgerichtsräte-Kommentar zum HGB, Band I, bearbeitet von Würdinger, 2. Aufl., Bln. 1953
Z.	= Ziffer
ZAkDR	= Zeitschrift der Akademie für Deutsches Recht
ZfhwF	= Zeitschrift für Handelswissenschaftliche Forschung
ZHR	= Zeitschrift für das gesamte Handelsrecht und Konkursrecht
ZPO	= Zivilprozeßordnung
ZR	= Zivilrecht

Einführende Bemerkungen über Aufgabenstellung und Ziel dieser Arbeit

In den letzten Jahren haben sich Wissenschaft und Praxis wieder oft mit den Fragen beschäftigt, die anläßlich des Todes eines Gesellschafters einer Personalgesellschaft auftreten. Als besonders offenkundiger Anlaß ergab sich die Besteuerung des Erbüberganges, die auf lange Sicht eine geplante, in Einzelheiten wohlüberlegte Erbfolgeregelung erforderlich machte.

Ein weiterer Anlaß, allerdings sehr viel weniger offensichtlich, zeigte sich in den mit fortschreitendem Generationenwechsel immer häufiger auftretenden Komplikationen in der Nachfolgeschaftsregelung, die sich bei einer Vielzahl von Gesellschaftern mit unterschiedlichen Interessenlagen zunehmend einstellten und zur Schicksalsfrage für das Unternehmen werden konnten.

Darum soll es das besondere Anliegen dieser Arbeit sein, alle die Fragen, die beim Tode eines Gesellschafters eines gewerblichen Gesellschaftsunternehmens im Hinblick auf Nachfolge und Fortführung auftreten, in ihrem Gesamtzusammenhang zu untersuchen.

Für den gedanklichen Aufbau der Untersuchung soll eine Systematik zugrunde gelegt werden, die darin besteht, im *ersten* Teil die vom Gesetzgeber normativ zugestandenen Möglichkeiten der Nachfolgeschafts- und Fortführungsregelung beim Tode eines Gesellschafters kombinativ mit Gesellschaftervereinbarungen einer analytischen Betrachtung zu unterziehen und sie im einzelnen, je nach dem Grad ihrer Verwendbarkeit, herauszustellen.

Im *zweiten* Teil soll unter Auswertung der gewonnenen Erkenntnisse versucht werden, in Form einer Synthese rechtlicher und betriebswirtschaftlicher Gestaltungsmöglichkeiten eine Lösung der Nachfolge- und Fortbestandsproblematik sowohl durch Veränderungen beim Grundtyp selbst herbeizuführen als auch im besonderen durch strukturelle Abwandlungen vom Grundtyp unter Trennung von Arbeits- und Kapitalfunktion zu erreichen. Dabei wird dem Problem der *körperschaftlichen* Ausgestaltung einer Kommanditgesellschaft und des damit in Zusammenhang stehenden Drittorganschaftsverhältnisses ein weiterer Raum gewidmet.

Die insbesondere in der dritten Generation bestehende Interessenkonstitution bei Altgesellschaftern und Erben[1] kann zu einem durch Zerwürfnisse zersetzten Gesellschaftsgebilde führen, das ständig vom totalen Zusammenbruch bedroht ist.

Damit wird die Personenfrage zur Schicksalsfrage des Unternehmens.

Es wird deshalb versucht, auf dem Wege der Drittorganschaft — unter weitgehender Ausnutzung der Vertragsautonomie — einen harmonisierenden Interessenausgleich zu erzielen und die Existenz des Unternehmens zu sichern. Indessen würde diese Untersuchung ihren praktischen Wert verlieren, wenn sie nicht die *rechtlichen Möglichkeiten* und *Grenzen* aufzeigte, innerhalb deren sich eine Ausgestaltung nach betriebswirtschaftlich zweckmäßigen Grundsätzen vollziehen könnte.

Neben den rein theoretischen Überlegungen wird der Beweis der praktischen Anwendbarkeit einer derartigen Lösung vom Verfasser dadurch erhärtet, daß es ihm bei einer Gesellschaft eines mittleren Industrieunternehmens, die infolge Erbgangs durch Feindseligkeiten zersetzt war und kurz vor der Auflösung stand, durch Anwendung einer körperschaftlichen Organisationsform gelungen ist, die Gesellschaft vor ihrem Zusammenbruch zu bewahren und einen Interessenausgleich der Gesellschafter mit dem Ergebnis herbeizuführen, daß das Unternehmen seine Tätigkeit heute erfolgreich fortführen kann.

Die bereits mehrfach erwähnten Interessengegensätze als eine hauptsächliche Folge des Generationenwechsels finden sich heute bei einer Vielzahl von älteren Personalgesellschaften. Sie sind der Öffentlichkeit, soweit die Streitigkeiten nicht vor ordentlichen Gerichten ausgetragen werden, meist wenig bekannt. Diese inneren Gegensätze schwelen indessen fort, ohne daß den Gesellschaftern ausreichend gesetzliche Mittel geboten werden, die Divergenzen zum Ausgleich zu bringen.

Nicht immer wird hierbei die bedeutungsvolle Aufgabe des *Gesellschaftsvertrages* erkannt, der als Instrument des Ausgleichs ganz besondere Beachtung durch seine Gestaltungsmöglichkeiten verdient. Dabei beginnen die Gegensätzlichkeiten häufig schon dort, wo sich *erbrechtliche* Verfügung und *gesellschaftsvertragliche* Vereinbarungen gegenüberstehen und in Kongruenz gebracht werden müssen, um dem Erbübergang die rechtliche Wirksamkeit zu verleihen. Mit dem Zusammenstoß von gesellschaftsvertraglichen und erbrechtlichen Normen haben sich Wissenschaft und Rechtsprechung schon seit langem befaßt, wenn es auch noch nicht zu völlig übereinstimmenden Ergebnissen gekommen ist.

---

[1] Vgl. dazu: Paulsen, Andreas, Das „Gesetz der dritten Generation". Erhaltung und Untergang von Familienunternehmungen, Der praktische Betriebswirt 1941, S. 241 ff.

Das Reichsgericht hat in einer Entscheidung aus dem Jahre 1943[2] zwar die Vorrangstellung des Gesellschaftsrechts vor dem Erbrecht — im Innen- und Außenverhältnis als auch personen- und vermögensrechtlich — anerkannt, doch hat diese Entscheidung in der Rechtswissenschaft keineswegs eine vollständige Klärung bewirkt[3].

Die mit dieser Problematik in Zusammenhang stehenden Fragen der Mitgliedsstellung eines Gesellschaftererben spielen sowohl bei der Nachfolgeregelung unter Lebenden als auch bei der von Todes wegen eine entscheidende Rolle.

Dem Gesellschaftsvertrag fällt damit eine bedeutsame Aufgabe für die Existenzsicherung des Unternehmens zu. Er kann jedoch dieser Aufgabe nur gewachsen sein, wenn sich die Vertragspartner innerhalb des gesetzlich zulässigen Rahmens verantwortungsbewußt mit der Vertragsgestaltung beschäftigen und der Gesellschaft und damit der Unternehmung eine lange Lebensdauer verleihen und auf diese Weise der volkswirtschaftlichen und sozialpolitischen Forderung nach Erhaltung eines Wirtschaftsgebildes Rechnung tragen.

In diesem Sinne sollen die am Schluß dieser Arbeit gegebenen Empfehlungen zur formalen Gestaltung des Gesellschaftsvertrages unter Berücksichtigung allgemeiner Reformfragen des Rechts der Personalgesellschaften verstanden werden, die insbesondere im Blick auf eine fundierte Bestandssicherung der Gesellschaften Bedeutung erlangen.

---

[2] RG 170, 392.

[3] Siebert, Wolfgang, Gesellschaftsvertrag und Erbrecht bei der OHG, Jur. Studiengesellschaft, 3. Aufl., Karlsruhe 1958, S. 5, derselbe, StbJb 1955/56, S. 315 ff.

Einleitung

Methodologische Betrachtung struktureller Erscheinungen der Personalgesellschaften des Handelsrechts unter historischen Aspekten

Die wirtschaftliche Entwicklung in den vergangenen hundert Jahren hat im strukturellen Aufbau der Personalgesellschaften zu erheblichen Veränderungen geführt. Die dispositiven Vorschriften des Handelsgesetzbuches, deren Grundgedanken seit ihrer Entstehung aus dem vor rund hundert Jahren geschaffenen ADHGB im wesentlichen unverändert geblieben sind, können der tatsächlichen Entwicklung nicht mehr gerecht werden[1].

Unter betriebswirtschaftlicher Betrachtung zeigt es sich, daß der Gesetzgeber der Auflösung einer Gesellschaft und der damit verbundenen Zerschlagung wirtschaftlicher Werte keine besondere Bedeutung beimißt, wenn nur der formalrechtliche Tatbestand erfüllt wird. „Der Gesetzgeber behandelt für diesen Fall die Offene Handelsgesellschaft nicht viel anders als einen Skatklub oder Gesangverein“[2].

Eine historische Betrachtung der wirtschaftlichen Situation der Zeit der Entstehung gesellschaftsrechtlicher Normen macht indessen verständlich, daß es sich bei diesen Unternehmen vorwiegend um Großhandelsgesellschaften mit geringem Anlagevermögen handelte. „Solche Firmen konnte man verhältnismäßig leicht ohne große Betriebsverluste liquidieren“[3]. Anders hingegen ist es bei Unternehmen des gewerblichen Sektors, die mit großen Anlagewerten ausgestattet sind. Eine Auflösung und Vollbeendigung dieser Gesellschaften würde zu erheblichen Wertverlusten führen. Selbst die Auseinandersetzung mit einem einzelnen Gesellschafter kann für die verbleibenden Beteiligten schon zur Krise werden[4].

---

[1] Vgl. Steiner, Herbert, Die OHG und KG in der deutschen Wirtschaft, Tübingen 1950, S. 45; Plum, Maria, Der fortschreitende Strukturwandel der Personalgesellschaft durch Vertragsgestaltung, Karlsruhe 1960, S. 187.

[2] Schmalenbach, Eugen, Die Beteiligungsfinanzierung, 8. Aufl., Köln und Opladen 1954, S. 108.

[3] Schmalenbach, a. a. O., S. 108.

[4] Würdinger, Hans, Gesellschaften, I. Teil, Hamburg 1937, S. 13.

Wenn auch die im Gesellschaftsrecht normierten Regelungen heute noch für Personalgesellschaften kleineren oder auch mittleren Umfangs passend erscheinen und Arbeitskraft und Kapitaleinlage der in geringer Zahl vorhandenen Gesellschafter ausreichen, um allen betriebswirtschaftlichen Erfordernissen gerecht zu werden, so sind jedoch strukturelle Veränderungen im Aufbau größerer Gesellschaften unvermeidbar geworden, wenn der Bestand der Gesellschaft für lange Dauer gesichert und das Unternehmen sich im wirtschaftlichen Existenzkampf behaupten soll. Die gesteigerte Kapitalintensität, vor allem der industriellen Unternehmen, sowie die im Wechsel der Generationen auftretenden Erbfälle und das damit verbundene Anwachsen der Gesellschafterzahl rücken die besondere Problematik einer zweckmäßigen Nachfolgeschaftsregelung und Fortbestandssicherung in den Vordergrund aller gesellschaftlichen Betrachtungen. „Dieser Tatsache ist im Rahmen der Vertragsfreiheit durch die Gestaltung der Verträge und — zunächst zögernd — durch eine verständnisvolle Anpassung an die Entwicklung durch die Rechtsprechung ... Rechnung getragen worden“[5].

Das weitgehend dispositive Gesellschaftsrecht gewährt den Vertragspartnern die Möglichkeit einer ständigen Anpassung an die wirtschaftlichen Gegebenheiten[6]. „Kaum ein anderes Rechtsgebiet ist so wenig vollständig positiv gesetzlich geregelt wie gerade das Gebiet des Gesellschaftsrechts“[7].

Trotz — oder vielleicht auch gerade wegen — des weitgehend disponiblen Rechts hat es nicht an Vorschlägen für eine Reform des Gesellschaftsrechts gefehlt[8].

Im wesentlichen beziehen sich diese alle auf eine eindeutige Bestandssicherung der Gesellschaft durch Änderung des § 131 Z. 4—6 HGB, in der Weise, daß statt Auflösung das Fortbestehen der Gesellschaft gesetzlich verankert werden soll.

Die wirtschaftliche Entwicklung ist aber nicht stehengeblieben und hat die Unternehmer gezwungen — unabhängig von Reformvorschlägen irgendwelcher Art —, sich auf dem Wege der Vertragsgestaltung

---

[5] Plum, a. a. O., S. 190.

[6] Vgl. auch Schmalenbach, a. a. O., S. 108 f.

[7] Küster, Werner, Inhalt und Grenzen der Rechte der Gesellschafter, insbesondere des Stimmrechts im deutschen Gesellschaftsrecht, Berlin 1954, S. 10.

[8] Vgl. Flechtheim, Ernst, Die kapitalistisch ausgestaltete Personalgesellschaft, Mannheim-Berlin-Leipzig 1934; Würdinger, Hans, Betrachtungen zur Reform der Personalgesellschaften, AcP n. F. 24, S. 129 ff. 1938; Würdinger, Die Kommanditgesellschaft, München—Berlin 1939; Schröder, Frank, Die organisatorische Annäherung der Kommanditgesellschaft an die Struktur der Kapitalgesellschaften, Möglichkeiten und Grenzen, Diss., Köln 1952; Boesebeck, Ernst, Die kapitalistische Kommanditgesellschaft, Frankfurt 1938; Steiner, a. a. O.

innerhalb des gesetzlich zulässigen Rahmens organisatorisch den ihnen entsprechenden Rechtsformen anzugleichen, ohne dabei das rechtliche Gewand der Personalgesellschaft abzulegen.

Es haben sich im Gesellschaftsrecht *Mischformen* herausgebildet, durch die die Vorzüge der Kapitalgesellschaft für die Personalgesellschaft innerhalb bestimmter Grenzen gesichert werden konnten, ohne daß die Personalgesellschaften auf die für sie typischen Vorzüge zu verzichten brauchten[9].

Als für die kapitalistische Ausgestaltung der Personalgesellschaften besonders geeignet erwies sich die Kommanditgesellschaft, bei der sich zwischen Komplementären und Kommanditisten eine Trennung von Arbeits- und Kapitalfunktion schon von Gesetzes wegen einstellt. Deshalb bewährte sich auch die Kommanditgesellschaft im Verlauf der weiteren Entwicklung bei der Ausgestaltung nach kapitalgesellschaftlichen Merkmalen ganz besonders.

So bewirkt die kapitalgesellschaftliche Ausgestaltung im besonderen eine weitgehende Sicherung einer den jeweiligen personellen und vermögensrechtlichen Verhältnissen angepaßten Leitung der Unternehmung, größere Beweglichkeit der Kapitalbeteiligung und eine zweckmäßigere Nachfolgeschaftsregelung und Fortbestandssicherung[10].

Bei der Anwendung kapitalistischer Organisationsformen ist es stets allein den Gesellschaftern überlassen, über die Zweckmäßigkeit selbst und den Zeitpunkt einer Ausgestaltung nach kapitalistischen Grundsätzen zu entscheiden. Schließlich werden bei der Entscheidung *für* eine derartige Ausgestaltung, entsprechend dem Stadium bestehender Interessendivergenzen um die Fortführung des Unternehmens, je nach dem *Grad der notwendigen Verselbständigung* schwächere oder stärkere Lösungsmöglichkeiten auszuwählen sein, denen innerhalb der Grenzen von *Selbstorganschaft* zur *Drittorganschaft* ein weiter Bestimmungsbereich zur Verfügung steht.

Der von der kapitalistischen Organisation beherrschten Vertragsgestaltung stellt sich jedoch die Frage, warum angesichts der für die Kapitalgesellschaften herausgestellten Vorzüge nicht gleich anstelle der Personalgesellschaft mit kapitalgesellschaftlicher Ausgestaltung die *Rechtsform der Kapitalgesellschaft* gewählt wird.

Dabei spielen sowohl betriebswirtschaftliche, rechtliche als auch psychologische Momente eine erhebliche Rolle.

Nach Plum[11] sind Traditionsmomente bei diesen Überlegungen wesentlich, wenn es in Nachwirkung der Idee vom königlichen Kaufmann

---

[9] Vgl. Plum, a. a. O., S. 190.
[10] Vgl. Plum, a. a. O.
[11] Plum, a. a. O., S. 147.

dem Unternehmer darum geht, die mit der Umwandlung in eine Kapitalgesellschaft verbundene Verselbständigung des Unternehmens zu vermeiden. Vielmehr will er auch weiterhin auf die sich aus dem Eigentum ergebende Verpflichtung zur Übernahme der Verantwortung und auf seinen Herrschaftsanspruch nicht verzichten.

Betriebswirtschaftlich gesehen, wird die Personalgesellschaft wegen der bei Kapitalgesellschaften vorgeschriebenen Doppelbesteuerung vorgezogen. Ebenso spricht für die Personalgesellschaft die weniger starre gesetzliche Bindung bei der Bilanzierung und der fehlende Publizitätszwang. Entscheidend kann auch der Wunsch sein, die Anwendung des Betriebsverfassungsgesetzes zu verhindern, soweit dieses, vor allem im Hinblick auf die Besetzung des Aufsichtsrates, für die Kapitalgesellschaften gilt.

Gewiß ließen sich noch eine Reihe weiterer Motive für die Beibehaltung der Rechtsform der Personalgesellschaft finden, was auch in der Umwandlungsfreudigkeit von Kapitalgesellschaften in Personalgesellschaften zum Ausdruck kommt.

So haben die Umwandlungsgesetzgebungen von 1934, 1956 („handelsrechtliches Umwandlungsgesetz“) und 1957 (Umwandlungs-Steuergesetz) dazu beigetragen, das rechtliche Kleid der Gesellschaften zwar zu verändern, während ihre Struktur aber unter Ausnutzung der Vorteile im wesentlichen die der Kapitelgesellschaften geblieben ist.

Sofern der Wunsch der Gesellschafter in Richtung auf eine völlige Unabhängigkeit von der Gesamthandsgemeinschaft und nach einer Erschließung des Kapitalmarktes auf freie Übertragbarkeit ihrer Anteile zielt, kann jedoch nur die Form der Kapitalgesellschaft diesem gerecht werden.

Noch heute trifft die von *Rathenau*[12] getroffene Feststellung weitgehend zu, daß ein großer Teil der öffentlichen Instanzen den Wandlungsprozeß nicht klar erkannt hat, von dem viele Gesellschaften durch die wirtschaftliche Weiterentwicklung betroffen worden sind. Vielmehr sehen sie die Unternehmung noch immer als das an, was sie ursprünglich einmal war: als „gemeinsames Besitztum gleichgesinnter Unternehmer“.

In dieser Einstellung kann aber die absolut vernichtende Gefahr für das Unternehmen an sich liegen, indem man, um sicher zu gehen, es dann grundsätzlich bei dem Bestehenden beläßt und eine Überalterung in Kauf nimmt. Das dynamische Wirtschaftsleben kann deshalb seine Aufgabe nur darin sehen, „einen Organismus, ein menschlich geschaffenes

[12] Rathenau, Walther, Vom Aktienwesen, Eine geschäftliche Betrachtung, Bln. 1918, S. 29.

Kollektivwesen über die Zeit seines Entstehungsbedürfnisses hinaus durch veränderte Epochen und Meinungen lebend und wachsend zu erhalten"[13].

Dieser Aufgabe zu dienen, soll die vorliegende Arbeit einen Beitrag leisten.

[13] Rathenau, a. a. O., S. 47.

Erster Teil

Die *Analyse* normativer Bestimmungen des Gesetzgebers und freier Verfügungen der Gesellschafter in der Nachfolgeschaftsregelung beim Tod eines Gesellschaftsmitgliedes unter Berücksichtigung wirtschaftlicher Tatbestände

A. Die Fortsetzung der Gesellschaft unter den verbleibenden Gesellschaftern und die Erhaltung des Unternehmens als Wirtschaftseinheit beim Tode eines Gesellschafters

1. Auflösung der Gesellschaft durch Tod eines persönlich haftenden Gesellschafters und Möglichkeiten ihrer Abwendung

Die Offene Handelsgesellschaft und Kommanditgesellschaft werden grundsätzlich durch den Tod eines vollhaftenden Gesellschafters aufgelöst (§§ 131 Z. 4, 161 Abs. II HGB).

Diese Vorschrift ist jedoch nachgiebigen Rechts, so daß die Auflösungswirkung durch eine anderslautende Vereinbarung im Gesellschaftsvertrag beseitigt werden kann[1].

Der Tod eines Kommanditisten hingegen berührt den Bestand der Gesellschaft nicht (§ 177 HGB); die Gesellschaft kann in Ermangelung einer abweichenden Regelung mit seinen Erben fortgesetzt werden[2].

Dem Tode eines Gesellschafters gleichgestellt ist die Todeserklärung[3] oder die Feststellung des Todes und dessen Zeitpunktes durch die Entscheidung eines ordentlichen Gerichtes nach dem Gesetz über die Ver-

---

[1] § 131 Z. 4 HGB, 2. Halbs.: „... sofern nicht aus dem Gesellschaftsvertrage sich ein anderes ergibt".

[2] Düringer-Hachenburg, Kommentar zum HGB, II. Bd. 2. Hälfte, § 177 Anm. 3 HGB; Weipert, RGR Kommentar zum HGB, 2. Bd. 2. Aufl., Bln. 1950, § 177 Anm. 10 HGB; Baumbach-Duden, Kommentar zum HGB, Bd. 9, 13. Aufl., München und Bln. 1959, § 177 HGB; Möhle, Fritz, Die Personengesellschaft, 2. Aufl., Stuttgart 1957, S. 304 f.; Lehmann, Heinrich, Gesellschaftsrecht, 2. Aufl. 1959, S. 159.

[3] Dür.-Hach., II, 1, Anm. 190 HGB, Weipert, § 131 Anm. 26 HGB.

schollenheit, die Todeserklärung und Feststellung der Todeszeit vom 4. 7. 1939[4].

Die Auflösung einer juristischen Person, z. B. nach § 203 AktG, § 60 GmbHG[5] als Teilhaberin einer Personalgesellschaft, ist nicht dem Tode einer physischen Person gleichzusetzen und hat infolgedessen auch nicht die Auflösung der Personalgesellschaft zur Folge[6].

Erst die Vollbeendigung der juristischen Person löst wie der Tod einer natürlichen Person die Personalgesellschaft auf[7], wenn die Gesellschafter die Auflösung nicht vertraglich ausgeschlossen haben. Ist eine OHG oder KG an einer Personalgesellschaft als Gesellschafterin beteiligt und tritt sie in das Stadium der Auflösung durch Tod eines ihrer persönlich haftenden Gesellschafter[8], so berührt das den Fortbestand der Personalgesellschaft nicht, da Gesellschafter der letzteren nicht der einzelne Teilhaber der aufgelösten Gesellschaft, sondern die *Gesellschaft* selbst ist[9].

Der Fortbestand der Gesellschaft kann ferner dadurch gefährdet werden, daß in einer OHG einer von zwei Gesellschaftern oder in einer KG der einzige Komplementär stirbt und ein Kommanditist (falls er nicht der alleinige ist) nicht bereit ist, in die Stellung eines Komplementärs einzutreten oder ein Übernahmerecht gemäß § 142 HGB nicht vereinbart ist, wenn der vorletzte von zwei Gesellschaftern verstirbt. Die Gesellschaft ist dann der Auflösung verfallen.

Falls jedoch in der KG die Gesellschafter eine Auflösung verhindern wollen, so ist es möglich, die Gesellschaft ohne Aufgabe ihrer Identität in eine OHG umzuwandeln. Änderungen ergeben sich dann hinsichtlich der Rechtsform sowie im Handelsregister und Grundbuch[10].

Die Personalgesellschaft ist begründet auf der Individualität ihrer Mitglieder und kennt grundsätzlich nur eine gemeinschaftliche Zusammenarbeit auf der Grundlage des persönlichen, gegenseitigen Vertrau-

---

[4] Weipert, a. a. O., RgBl. I, 1186.

[5] Im Gegensatz zur Personalgesellschaft sind die gesetzlichen Auflösungsgründe unabdingbar, vgl. Baumbach-Hueck, 10. Aufl., München und Bln. 1959, § 203 Anm. 1 AktG.

[6] Dür.- Hach., II, 1 Anm. 191 HGB, Dür.-Hach., II, 2, § 131 Anm. 7 HGB; Baumbach-Duden, § 131 Anm. 5 E HGB; RG 122, 257; 123, 289; Hueck, Alfred, Das Recht der OHG, 2. Aufl., Bln. 1951, § 23, S. 221; Möhle, a. a. O., S. 194.

[7] Dür.-Hach., a. a. O.; Weipert, a. a. O.; Baumbach-Duden, a. a. O.; Hueck, OHG, a. a. O.; Möhle, a. a. O.; Lehmann, a. a. O., § 15, S 92; RG, 122, 257; 123, 289; Schlegelberger, Franz, HGB, 2. Aufl., Bln. 1950, § 131 Anm. 26 HGB, strittig.

[8] (Oder auch aus einem anderen Auflösungsgrunde.)

[9] Dür.-Hach., a. a. O.; Weipert, a. a. O.; vgl. Hueck, OHG, a. a. O.

[10] Dür.-Hach., II, 2, § 161 Anm. 9 HGB, § 130 Anm. 8 HGB; RG 55, 126, 128; JW 26, 1432; KGJ, 26 A 220; 27 B 36; 39 A 218; KG, OLG, 13, 24; JFG 1, 370; Lehmann, ZHR 50, 18 ff.; Weipert, § 161 Anm. 30 HGB.

ens. Dem bei der OHG in reinster Form vorhandenen individualistischen Gepräge steht in der KG eine Gesellschaftsform mit mehr *kapitalistischem* Einschlag gegenüber.

Der Unterschied rechtfertigt sich aus der Beteiligung des Kommanditisten, dessen wesentliche Leistung und Verpflichtung in der Kapitalhergabe besteht, während das persönliche Element, das beim persönlich haftenden Gesellschafter in der durchweg gewollten gemeinsamen Zusammenarbeit in der Geschäftsführung und Vertretung liegt, von geringerer Bedeutung ist.

Der Gesetzgeber hat mit der Vorschrift des § 177 HGB, wonach der Tod eines Kommanditisten die Gesellschaft nicht auflöst, dem mehr kapitalistischen Wesen der KG entsprochen. Die Vereinigung der Gesellschafter in dem Rechtsinstitut der OHG und KG hat das persönliche Vertrauen der einzelnen Personen zueinander als Grundlage.

Der persönlich haftende Gesellschafter ist in erste Linie dazu ausersehen, eine gedeihliche Zusammenarbeit in der Unternehmung sicherzustellen, „... deren Zweck auf den Betrieb eines Handelsgewerbes unter gemeinschaftlicher Firma gerichtet ist"[11].

Stirbt ein vollhaftender Gesellschafter, so ist die Individualität gestört, die Gemeinschaft löst sich auf, da infolge der Persönlichkeitsbezogenheit eine Fortsetzung der Mitgliedschaft durch Nachfolger nicht typisch sein kann[12].

Der Erbe des verstorbenen vollhaftenden Gesellschafters oder die Erben als Erbengemeinschaft[13] setzen lediglich zum Zwecke der Abwicklung die Gesellschaft mit den verbliebenen Gesellschaftern fort und treten in die Mitgliedschaftsrechte ihres Erblassers ein[14].

Sie sind dadurch nicht ohne weiteres zu persönlich haftenden Gesellschaftern der Abwicklungsgesellschaft geworden, wenn sie auch mit den übrigen Mitgliedern in der Gemeinschaft zur gesamten Hand vereinigt sind. Sie haften nicht als Gesellschafter nach den Vorschriften der §§ 128, 161 HGB unbeschränkt mit ihrem gesamten Vermögen, sondern nur nach erbrechtlichen Grundsätzen, auf Grund deren sie sich auf die beschränkte Erbenhaftung berufen können[15].

---

[11] §§ 105, 161 HGB.

[12] Siebert, Gesellschaftsvertrag u. Erbrecht bei der OHG, S. 8.

[13] Vgl. RG 106, 65; Weipert, § 131 Anm. 26 HGB; Schlegelberger, § 131 Anm. 23 HGB; Hueck, OHG, § 23, S. 221.

[14] (... und zwar nur in die vermögensrechtlichen, nicht in die verwaltungsrechtlichen), so RG, a. a. O.; Dür.-Hach. II, 2, § 131 Anm. 7 HGB; Weipert § 131 Anm. 26 HGB; a. A. Schlegelberger, § 131 Anm. 23 HGB; Hueck, OHG, § 23, S. 220, der bezweifelt, ob die Verwaltungsrechte im Liquidationsstadium noch eine Rolle spielen, da sie aufs engste mit den Vermögensrechten verbunden sind; Baumbach-Duden, § 131 Anm. 5 A. HGB.

[15] Vgl. RG 72, 119; Weipert, § 131 Anm. 26 HGB; Hueck, OHG, § 23, S. 221; Baumbach-Duden, § 131 Anm. 5 A HGB.

In dieser Stellung ist den Erben eine *Fürsorgepflicht* gem. § 137 HGB auferlegt. Den Tod des Gesellschafters haben sie unverzüglich den Mitgesellschaftern anzuzeigen und bei drohender Gefahr die von dem Erblasser zu besorgenden Geschäfte fortzuführen. Die gleiche Verpflichtung trifft auch die Mitgesellschafter[16].

Die Vorschrift des § 156 HGB entspricht dem Gedanken, daß durch die Auflösung die Gesellschaft nicht untergeht, sondern nur ihr Zweck geändert wird und der Zeitraum beginnt, der die Beendigung der Gesellschaft zum Ziele hat.

Die Auflösungsursachen sind Tatsachen, die der weiteren Verfolgung des Zweckes der Gesellschaft, der OHG und KG, und der Interessen der in ihr verbundenen Gesellschafter nicht dienlich sind oder vielfach auch völlig entgegenstehen[17].

Mit dem Eintritt einer Auflösungsursache wird die produktive Tätigkeit, die auf Gewinnmaximierung ausgerichtet und im wesentlichen von betriebswirtschaftlichem Planen und Handeln getragen ist, beendet.

Die Rechtsbeziehungen der Gesellschafter, vermögensrechtlicher und personenrechtlicher Art, werden im Gegensatz dazu durch Eintritt der Auflösungsursache noch nicht beendet.

Die Rechtsnatur der Gesellschaft bleibt grundsätzlich unverändert, sie besteht als Gesamthandsgemeinschaft fort, lediglich der Zweck ist ein anderer geworden. Es ist der Abwicklungszweck, der an die Stelle des Erwerbszwecks getreten ist. Die Erwerbsgesellschaft verwandelt sich damit in eine Abwicklungsgesellschaft[18] ohne Aufgabe ihrer Identität. Sie besteht trotz Aufgabe ihres Handelsbetriebs und Verfolgung ihrer betriebswirtschaftlichen Ziele als Handelsgesellschaft weiter[19].

Die Rechtsbeziehungen im Innen- und Außenverhältnis der Gesellschaft müssen gelöst, Schulden und Außenstände abgewickelt und schließlich der gesamte Geschäftsbetrieb stillgelegt werden, was in Ermangelung anderslautender Auseinandersetzungsvereinbarungen durch die gesetzlich vorgeschriebene Form der Auseinandersetzung, der *Liquidation*, geschieht (§§ 145 ff. HGB).

Schließlich müssen die Beziehungen der noch verbliebenen Gesellschafter, insbesondere auch die gesamthänderische Bindung des Gesellschaftsvermögens gelöst und durch die dazu vorgesehene Auseinander-

---

16 Vgl. Hueck, OHG, a. a. O.; a. A. Weipert, § 137 Anm. 2 HGB.

17 Vgl. Dür.-Hach., II, 2, Vorbem. § 131 Anm. 1 HGB; vgl. Weipert, § 131 Anm. 2 HGB, § 156 Anm. 1 HGB; vgl. Baumbach-Duden, § 131 Anm. 1 A HGB; Hueck, OHG, § 23, S. 217.

18 RG 106, 65; Hueck, OHG, § 23, S. 217.

19 H. M. Dür.-Hach., II, 2, § 154 Anm. 2 ff. HGB; Weipert, § 131 Anm. 3 HGB; Hueck, OHG, a. a. O.

setzung, entsprechend den Vorschriften der §§ 730 ff. BGB; 105, 161 Abs. II HGB, beendet werden. Wenn es gelungen ist, alle rechtlichen und wirtschaftlichen Beziehungen zur Außenwelt und im Innenverhältnis zu lösen, ist die Gesellschaft erloschen, vollbeendet.

Dieser Vollbeendigung kommt unter betriebswirtschaftlichen und volkswirtschaftlichen Gesichtspunkten eine erhöhte Bedeutung zu, da regelmäßig mit der Beendigung einer Unternehmung eine Zerschlagung großer wirtschaftlicher Werte und ein Verlust der Existenzmöglichkeit für viele Arbeitnehmer eintreten.

Der Wille der Gesellschafter und Erben des verstorbenen Gesellschafters wird daher in der Regel auf eine Fortsetzung und Erhaltung des Unternehmens als Wirtschaftseinheit mit oder ohne Erben gerichtet sein.

Solange sich die Gesellschaft im Auflösungsstadium befindet und noch nicht durch eine Auseinandersetzung beendet ist, besteht die Möglichkeit einer Einigung zwischen den verbliebenen Gesellschaftern und den Erben des verstorbenen Gesellschafters auf Fortführung der Gesellschaft mit den Erben oder auch nur unter den Altgesellschaftern[20].

Dadurch wird die in der Auflösung befindliche Gesellschaft wieder in eine werbende verwandelt, indem sie nach einem neuen Zweck (§§ 705 BGB, 105, 161 Abs. II HGB) unter betriebswirtschaftlichen Gesichtspunkten ausgerichtet wird[21]. Der Fortsetzungsbeschluß muß einstimmig gefaßt werden, sofern nicht Abstimmung nach Stimmenmehrheit vereinbart ist.

Sind minderjährige Erben des verstorbenen Gesellschafters vorhanden, so ist die Genehmigung des Vormundschaftsgerichtes zur Wirksamkeit des Beschlusses erforderlich[22].

Die testamentarische Bestimmung eines Gesellschafters allein kann die Auflösung der Gesellschaft durch seinen Tod nicht verhindern. Er kann also seine Mitgesellschafter durch letzwillige Verfügung nicht einseitig binden mit der Maßgabe, daß die Gesellschaft nach seinem Tode mit seinen Erben oder einem Dritten fortgesetzt werden soll[23].

---

[20] Dür.-Hach., II, 1, Anm. 200 a; Dür.-Hach., II, 2, § 131 Anm. 7 HGB; Staub-Pinner, § 131 Anm. 2 HGB; RG 106, 66; KGJ 26, A 219; vgl. Weipert, § 131 Anm. 26 HGB; Baumbach-Duden, § 131 Anm. 1 C HGB, Hueck, OHG, § 23, S. 225, 227; Lehmann, § 21, S. 131; BGH 1, 327.

[21] Vgl. Fußnoten S. 26.

[22] §§ 1822 Z. 3, 1643 Abs. I BGB, auch zur Teilnahme als Kommanditist, laut BGH 17, 160.

[23] Vgl. auch Weipert, § 131 Anm. 26 HGB; Hueck, DNotZ 1952, 551; Haegele, WT 1955 158.

2. Fortsetzungsmöglichkeit gemäß §§ 131 Z. 4 Halbs. 2; 138, 161 Abs. II HGB

In den meisten Fällen ist in den Gesellschaftsverträgen der Personalgesellschaften die Möglichkeit zu einer Fortsetzung der Gesellschaft mit oder auch ohne Erben vorgesehen, so daß die zerstörenden Folgen der Auflösung und Abwicklung und die damit verbundenen Wertverluste vermieden werden und der Fortbestand der Gesellschaft insoweit gesichert wird[24].

Schmalenbach[25] stellt als besonders dringendes betriebswirtschaftliches Erfordernis heraus, die Gesellschaftsverträge so einzurichten, daß die durch Auflösung und Liquidation entstehenden Verluste verhindert werden.

Bei Anwendung des § 138 HGB kommt der Wille der Gesellschafter zum Ausdruck, das Gesellschaftsverhältnis auf den verbliebenen Personenbestand zu beschränken und die überlebenden Gesellschafter nicht zu zwingen, die Gesellschaft mit den ihnen oft unbekannten und vielleicht auch unfähigen Erben des verstorbenen Gesellschafters fortzusetzen.

Der Gesetzgeber hat in dieser Vorschrift die Fortsetzung der Gesellschaft unter den übrigen Gesellschaftern nach dem Ableben eines ihrer Mitglieder allerdings nur dispositiv geregelt, so daß die Gesellschafter weitgehende Abweichungen von der Vorschrift vereinbaren können. Dennoch haben auch dispositive Vorschriften eine starke Wirkung, „weil die Gründer der Gesellschaften über die Tragweite keine rechte Vorstellung besitzen, und daß ihnen dort, wo sie sich durch Anpassung der Vorschriften an die realen Verhältnisse selbst als Gesetzgeber betätigen sollen, die Erfahrung fehlt“[26].

Dem gesetzlichen Grundsatz der Auflösung der Gesellschaft beim Tode eines persönlich haftenden Gesellschafters (§ 131 Z. 4, 161 Abs. II HGB) widerspricht jedoch sehr häufig das wohlverstandene Interesse der Gesellschafter an der Erhaltung ihres Unternehmens als Wirtschaftseinheit.

Der Gesetzgeber hat der Forderung nach Erhaltung der Wirtschaftseinheiten durch Abwendungsmöglichkeiten verschiedener Auflösungsursachen in den Bestimmungen der §§ 138—142 HGB[27] weitgehend Rech-

---

[24] So im Ergebnis auch: Zartmann, NB 1951, 50.

[25] Vgl. Schmalenbach, Die Beteiligungsfinanzierung, S. 108 f.

[26] Schmalenbach, a. a. O., S. 109.

[27] § 138 HGB = Fortsetzung der Gesellschaft nach Ausscheiden eines Gesellschafters;
§ 139 HGB = Fortsetzung der Gesellschaft mit den Erben eines Gesellschafters;

nung getragen. Als Voraussetzung zur Verhinderung der Auflösungswirkung beim Tode des persönlich haftenden Gesellschafters hat der Gesetzgeber verfügt, daß eine Fortsetzungsbestimmung im Gesellschaftsvertrag (§§ 131 Z. 4 Halbs. 2, 161 Abs. II HGB) ausreicht, um die Gesellschaft *ohne* Erben fortzuführen.

Gleichzeitig scheidet aber nach dem Wortlaut des Gesetzes „der Gesellschafter, in dessen Person das Ereignis eintritt, aus der Gesellschaft aus"[28].

a) Ausscheiden des Gesellschafters und Fortsetzung der Gesellschaft ohne Erben

Die Bestimmung des § 138 HGB hat zur Folge, daß der verstorbene Gesellschafter aus der unter den übrigen Gesellschaftern fortbestehenden Gesellschaft ausscheidet und die Auflösung, die in Ermangelung einer gesellschaftsvertraglichen Fortsetzungsvereinbarung eingetreten wäre, verhindert wird.

Dieser Auslegung des § 138 HGB wird jedoch in der kommentierenden Literatur nicht einmütig gefolgt. *Düringer-Hachenburg-Flechtheim*[29] vertreten die Ansicht, daß die Erhaltung der Gesellschaft entweder dadurch gesichert werden kann, indem die Erben des verstorbenen Gesellschafters an dessen Stelle in das Gesellschaftsverhältnis eintreten (vgl. § 139 HGB) oder aber, wenn sie aus der unter den übrigen Gesellschaftern fortbestehenden Gesellschaft ausscheiden.

Es wird von Düringer-Hachenburg-Flechtheim behauptet: „Die Erben scheiden mit dem Tode des Gesellschafters ohne weiteres aus der Gesellschaft aus"[30].

Die Erben sind jedoch nicht identisch mit dem Gesellschafter, in dessen Person das Ereignis, hier also das des Todes, eintritt. Das bestätigen Düringer-Hachenburg-Flechtheim an anderer Stelle mit der Feststellung, daß auf Grund der im Gesellschaftsvertrag vereinbarten Fortsetzung der Gesellschaft, „... dieser Gesellschafter in dem Zeitpunkte, in welchem sonst die Auflösung der Gesellschaft eingetreten sein würde ...", ausscheidet[31].

---

§ 140 HGB = Fortsetzung der Gesellschaft unter Ausschluß eines Gesellschafters;
§ 141 HGB = Fortsetzung der Gesellschaft unter Ausschluß eines Gesellschafters bei Gläubigerkündigung und Konkurs;
§ 142 HBG = Geschäftsübernahme durch einen Gesellschafter bei einer zweigliedrigen Gesellschaft.

[28] § 138 HGB.

[29] Dür.-Hach., II, 2, § 138 Anm. 5 HGB.

[30] Dür.-Hach., II, 2, a. a. O.

[31] Dür.-Hach., II, 2, § 138 Anm. 2 HGB.

Weniger eindeutig ist der Sachverhalt, wenn die Genannten ferner die Ansicht vertreten, daß im Falle des § 138 HGB der verstorbene Gesellschafter und damit seine Erben als solche ausscheiden[32]. Nachfolgend heißt es, daß der Fall des § 138 HGB vorliege, wenn die Gesellschaft im Falle des Ablebens eines Gesellschafters mit einem bestimmten Dritten fortgesetzt werden soll, so daß danach das Ausscheiden des Gesellschafters, verbunden mit dem Eintritt eines neuen Gesellschafters, vorliege[33].

Baumbach-Duden[34] schließen sich im Ergebnis der Meinung von Düringer-Hachenburg-Flechtheim an, indem sie ausführen: „Der Gesellschafter, im Falle des Todes seine Erben, scheiden kraft Gesetzes aus der Gesellschaft aus".

Weipert[35] äußert sich nicht eingehender zu der Problematik des Ausscheidens, sondern stellt anfänglich nur fest: „Der Gesellschafter, in dessen Person der Auflösungsgrund eintritt oder dessen Ausscheiden aus einem anderen Grunde erfolgen soll, scheidet aus, d. h. er hört auf, Gesellschafter zu sein[36]."

Später erwähnt er jedoch ausdrücklich: „... das Ausscheiden des Verstorbenen".

Hueck[37] mißt der Problematik des Ausscheidens ebenfalls keine besondere Bedeutung bei, sondern stellt lediglich fest: „... der Gesellschaftsvertrag schreibt aber ... die Fortsetzung der OHG unter den übrigen Gesellschaftern vor, und das hat dann notwendig das Ausscheiden des betroffenen Gesellschafters zur Folge, und zwar zu dem Zeitpunkt, in dem mangels der Bestimmung des Gesellschaftsvertrages die Auflösung der Gesellschaft eingetreten wäre".

Näher auf die Problematik eingehend, wird allerdings von Hueck klar gesagt: „Der Gesellschaftsvertrag kann aber bestimmen, daß nur der verstorbene Gesellschafter ausscheidet und die OHG unter den übrigen Gesellschaftern fortbestehen soll (§ 138)"[38].

An anderer Stelle läßt sich eine weniger eindeutige Ansicht Huecks erkennen; so erklärt er: „Der verstorbene Gesellschafter bzw. seine Erben scheiden aus der Gesellschaft aus ..."[39, 40].

---

32 Dür.-Hach., II, 2, § 138 Anm. 5 HGB.
33 Dür.-Hach., II, 2, a. a. O.
34 Baumbach-Duden, § 138 Anm. 3 A HGB.
35 Weipert, § 138 Anm. 6, Anm. 54 HGB.
36 Ebenso Lehmann, § 16, S. 97 f., § 22, S. 138.
37 Hueck, OHG, § 29, S. 279.
38 Hueck, OHG, § 28, S. 260.
39 Hueck, DNotZ 1952, 552.
40 Sudhoff, Heinrich, Der Gesellschaftsvertrag der Personalgesellschaften, München u. Bln. 1959, S. 186, folgt im Ergebnis Hueck.

Möhle[41] führt eindeutig aus: „Ist für den Fall des Todes eines Gesellschafters die Fortsetzung unter den übrigen Gesellschaftern vorgesehen, so scheidet der Gesellschafter mit seinem Tode aus der Gesellschaft aus (§ 138)".

Ein einheitliches Bild läßt sich indessen aus der Unterschiedlichkeit der Meinungen nicht gewinnen. Ausgehend vom Wortlaut des Gesetzes, des § 138 HGB, ist es der *Gesellschafter*, in dessen Person das Ereignis, hier das des Todes, eintritt, der aus der Gesellschaft ausscheidet.

Ein Ausscheiden der *Erben* dieses verstorbenen Gesellschafters hätte zunächst deren *Eintritt* in die Gesellschaft zur Voraussetzung gehabt, der aber nur im Einvernehmen mit allen Gesellschaftern stattgefunden haben könnte.

Der Gesetzgeber stellt den Austritt des Gesellschafters auf den Zeitpunkt ab, in welchem mangels einer Fortsetzungsbestimmung die Gesellschaft durch den Todesfall aufgelöst worden wäre.

Maßgebend ist also der Zeitpunkt des Todes, an dem die werbende Tätigkeit der Gesellschaft endet.

Die Vorschriften der §§ 131 Z. 4 und 138 HGB stimmen in der Festlegung des Zeitpunktes entweder der Auflösung oder der Fortsetzung der Gesellschaft überein, indem beide den Beginn des neuen Stadiums innerhalb der Gesellschaft auf den Zeitpunkt des Todes des Gesellschafters abstellen[42].

Die Übereinstimmung der Zeitpunkte bedeutet, daß die Fortsetzung der Gesellschaft unter den verbleibenden Gesellschaftern nach § 138 HGB im Augenblick des Todes des persönlich haftenden Gesellschafters beginnt. Die Mitgliedschaft des verstorbenen Gesellschafters erlischt mit seinem Tode. Die Erben oder auch die Erbengemeinschaft erhalten den vermögensrechtlichen Teil der Beteiligung des Erblassers als Nachlaß, nicht auch den personenrechtlichen, so daß damit die Mitgliedschaft des Verstorbenen nicht in ihrer Gesamtheit zum Nachlaß gehört[43, 44].

Die Tatsache des Erlöschens der Mitgliedschaft des verstorbenen Gesellschafters einerseits und der Übergang ausschließlich der vermögensrechtlichen Beteiligung des Erblassers andererseits zeigen, daß ein Eintritt der Erben und damit ihr Ausscheiden im Zeitpunkt des Todes ihres Erblassers nicht begründet werden kann; denn ein Ausscheiden könnte nur nach einem erfolgten Eintritt stattgefunden haben.

---

[41] Möhle, a. a. O., S. 202.

[42] Hueck, a. a. O.

[43] Vgl. Weipert, § 131 Anm. 26 HGB.

[44] Vgl. aber unten S. 56.

Dazu läßt sich jedoch keine Stütze im Gesetz und in der Literatur finden, auch nicht durch die Tatsache, daß der Erbe oder die Erben in Form der Erbengemeinschaft die Gesellschaft nach erfolgter Auflösung lediglich zum Zwecke der Abwicklung bis zur Vollbeendigung mit den übrigen Gesellschaftern fortsetzen. Es handelt sich hier nicht um die Neubegründung oder Übertragung von Gesellschafterrechten in bezug auf die Erben, was sich auch schon daran erkennen läßt, daß die Erbengemeinschaft als solche und nicht die einzelnen Erben mit an den Abwicklungsgeschäften beteiligt sind.

Das Ausscheiden des oder der Erben beim Tode ihres Gesellschafter-Erblassers setzte also deren Eintritt voraus, der aber nicht ohne die Übereinstimmung erbrechtlicher und gesellschaftsrechtlicher Vereinbarungen begründet werden kann. Der verstorbene Gesellschafter, der wohl selbst an den Fortsetzungsvereinbarungen mitgewirkt hat, wird nicht gleichzeitig verfügt haben, daß der Erbe oder die Erben in seine Mitgliedsstellung eintreten, was außerdem auch eine einseitige Verpflichtung der Mitgesellschafter bedeuten würde und deshalb einer Rechtswirksamkeit entbehrt.

Im Ergebnis bleibt allerdings, vor allem vom betriebswirtschaftlichen Standpunkt aus, die Wirkung des Ausscheidens in bezug auf Erben oder Gesellschafter gleich, da der schuldrechtliche Abfindungsanspruch der Erben in jedem Falle entsteht.

b) Die gesellschaftsvertragliche Fortsetzungsvereinbarung als tatbestandliche Voraussetzung

Die Fortsetzungsvereinbarung im Gesellschaftsvertrag, die beim Tode eines Gesellschafters im Falle des § 138 HGB zur Anwendung gelangt und der Fortführung der Gesellschaft als Voraussetzung dient, kann verschieden gestaltet werden. Es genügt durchaus die Bestimmung im Gesellschaftsvertrag:

„Die Gesellschaft wird beim Tode eines vollhaftenden Gesellschafters unter den übrigen Gesellschaftern fortgesetzt."

Die Gesellschaft kann dann nur noch durch Kündigung eines ihrer Mitglieder nach den gesetzlichen oder vertraglichen Bestimmungen oder auch durch Auflösungsklage aufgelöst werden[45].

Andererseits kann der Gesellschaftsvertrag auch folgende Bestimmung enthalten:

„Die Fortsetzung der Gesellschaft kann unter den verbliebenen Gesellschaftern im Falle des Todes eines vollhaftenden Gesellschafters *vereinbart* werden."

---

[45] Haegele, WT 1955, 158.

In diesem Falle muß die Stimmrechtsregelung des Gesellschaftsvertrages zur Auslegung mit herangezogen werden, da der § 119 HGB von der Einstimmigkeit ausgeht und es daher eines Gesellschafterbeschlusses bedarf, wenn von diesem Grundsatz abgewichen werden soll.

Sollte im Gesellschaftsvertrag keine derartige Bestimmung vorhanden sein, so genügt auch eine Vereinbarung in einer *Änderung* des Gesellschaftsvertrages, wenn sie vor Eintritt des Todes eines Gesellschafters erfolgt, an den die Wirkung des § 138 HGB geknüpft ist[46].

Sieht der Gesellschaftsvertrag eine Fortsetzung der Gesellschaft unter den übrigen Gesellschaftern nicht vor, so kann sie auch nach bereits eingetretener Auflösung mit Zustimmung aller Gesellschafter und der Erben des Verstorbenen fortgeführt werden. Je nach Abrede im Vertrage haben auch hier die Gesellschafter einstimmig oder nach Mehrheit darüber zu beschließen[47].

c) Verbleiben von mindestens zwei Gesellschaftern als Voraussetzung der Fortführung

Als weitere Voraussetzung der Fortführung der Gesellschaft neben der Fortsetzungsklausel ist bedeutsam, daß die Gesellschaft nur weiterzuführen ist, wenn mindestens noch zwei Gesellschafter vorhanden sind[48], da auch schon rein begriffsmäßig eine Gesellschaft mit einer Person nicht bestehen kann[49].

Zu einer zweigliedrigen Gesellschaft kann es besonders dann kommen, wenn keine Fortsetzung mit Erben vorgesehen ist. Deshalb führt die Fortsetzungsklausel nach § 138 HGB, wenn die Gesellschaft nur aus natürlichen Personen besteht, schließlich dazu, daß nur noch ein Gesellschafter übrigbleibt. Nach § 142 HGB kann ein Übernahmerecht des letzten Gesellschafters vorgesehen sein, der die Firma, abgesehen von einem das Nachfolgeverhältnis andeutenden Zusatz, unverändert weiterführen kann[50].

Er kann die Firma auch als Einzelunternehmung fortführen, doch ist hier beachtenswert, daß die Unternehmung dann zum endgültigen Untergang verdammt ist, wenn der Unternehmer keine oder nur unfähige Erben als Nachfolger hinterläßt[51].

---

46 Weipert, § 138 Anm. 2 HGB.

47 Dür.-Hach., II, 2, § 138 Anm. 5 HGB; Weipert, a. a. O.

48 Dür.-Hach., II, 2, § 138 Anm. 3 HGB; Weipert, § 138 Anm. 5 HGB; Baumbach-Duden, § 138 Anm. 2 HGB.

49 Vgl. auch Kraus, Karl, Die OHG und KG beim Tode eines Gesellschafters, insbesondere im Falle der §§ 138 und 139 HGB, Diss., Würzburg 1926.

50 Weipert, § 142 Anm. 16 HGB.

51 Heintzenberg, Rolf, Die Einzelunternehmung im Erbgang, Abhandlungen aus dem Industrieseminar der Universität zu Köln, Berlin 1957, S. 1 ff.

Der Bundesgerichtshof hat einer Fortsetzungsklausel im Sinne des §138 HGB durch erweiterte Auslegung eine umfassendere Wirkung verliehen und ausgesprochen, daß diese auch als *vertragliches Übernahmerecht* für den verbleibenden letzten Gesellschafter anzusehen ist. Das Übernahmerecht nach § 142 HGB erscheint danach regelmäßig als von dem Willen der Gesellschafter mit umschlossen und bedarf bei vorliegender Fortsetzungsklausel nach § 138 HGB keiner gesonderten Vereinbarung[52].

Damit ist der BGH dem Willen der Gesellschafter weitgehend entgegengekommen, die Gesellschaft fortzuführen, und zwar ohne die den anderen oft unbekannten und unbequemen Erben.

Es kann deshalb der betriebswirtschaftlichen Bedeutung der Fortsetzungsklausel im Gesellschaftsvertrag nur entsprechen, wenn auch beim Tode des vorletzten Gesellschafters eine Erhaltung und Weiterführung des Unternehmens durch Übernahme des letzten Gesellschafters gewährleistet wird, der sich nicht mit den Erben seines ehemaligen Mitgesellschafters auseinanderzusetzen braucht.

3. Die Fortführung des Gesellschaftsunternehmens durch die verbliebenen Gesellschafter und Abfindung der weichenden Erben

a) Mitberechtigung am Gesamthandvermögen

Die Mitgliedsstellung des Gesellschafters endigt mit seinem Tode und hat sein Ausscheiden aus der Gesellschaft zur Folge. Entsprechend der Vorschrift des § 738 BGB, „wächst sein Anteil am Gesellschaftsvermögen den übrigen Gesellschaftern zu", d. h., daß den verbliebenen Gesellschaftern die Mitberechtigung des ausscheidenden Mitglieds innerhalb der Gesamthand zufällt, während der ausscheidende Gesellschafter infolge seines Austritts die mit der Mitgliedschaft verbundene dingliche Mitberechtigung am Gesellschaftsvermögen verliert[53].

Die fortsetzenden Gesellschafter, denen der Anteil des verstorbenen Gesellschafters zugefallen ist, sind ihrerseits verpflichtet, dem Abschichtungsanspruch der gesetzlichen oder testamentarischen Erben zu entsprechen und ihnen das zu zahlen, was sie bei der Auseinandersetzung erhalten hätten, wenn die Gesellschaft mit dem Tode des Gesellschafters aufgelöst worden wäre (§ 738 BGB).

Die Mitberechtigung der fortsetzenden Gesellschafter am Gesellschaftsvermögen als Gesamthandseigentum verstärkt sich, da sich die Zahl der

---

[52] BGH (Urt. v. 21. 1. 1957 — II ZR 147/56) DB 1957, 377.

[53] Dür.-Hach., II, 1, Anm. 164 HGB; vgl. Weipert, § 138 Anm. 8 HGB; Hueck, OHG, § 29, S. 287 f.; Siebert, Gesellschaftsvertrag und Erbrecht, S. 9.

Mitberechtigten durch den Tod eines ihrer Mitglieder verringert hat, was jedoch nicht einer Rechtsnachfolge in den Anteil des Ausgeschiedenen oder einem Anfall von Vermögensobjekten an die verbliebenen Gesellschafter gleichkommt. Die Verfügungsgewalt der Gesellschafter wird, entsprechend dem Abfall des Anteils des ausgeschiedenen Gesellschafters, durch zusätzliche Beteiligung eines jeden am unveränderten Gesamthandvermögen[54] erhöht.

Der Gewinnanteil geht gleichfalls auf die anderen Gesellschafter über, da die Gewinnbeteiligung des Ausgeschiedenen nicht mehr besteht, andererseits die Gewinnentstehung aber unverändert geblieben ist[55].

b) Anspruch der Erben auf das Abfindungsguthaben

Die Beteiligung des Gesellschafters verwandelt sich beim Ausscheiden in einen Abfindungsanspruch. Er wird also, betriebswirtschaftlich betrachtet, aus der Bindung der Gesellschaft herausgelöst und als Abschichtungsanspruch festgesetzt, der dann als vermögensrechtlicher Teil der Mitgliedschaft nach den Grundsätzen des Erbrechts dem (§ 1922 BGB) oder den Erben (§ 2032 BGB) als Nachlaßgegenstand zufällt[56]. An die Stelle des Kapitalanteils tritt also der schuldrechtliche Anspruch der Erben auf das Abfindungsguthaben.

Das Ziel der Auseinandersetzung besteht darin, den Berechtigten ihren Vermögensanteil zuzuteilen[57]. Der Kapitalanteil als Grundlage des Abfindungsguthabens wird durch die Zahlung der Abfindungssumme an die Erben aufgezehrt. Die Kapitalanteile der verbliebenen Gesellschafter bestimmen sich deshalb neu, sie erfahren lediglich dann keine Änderung, wenn der Stand des nominellen Kapitalkontos mit dem Abfindungsguthaben übereinstimmt. Das wird allerdings nicht häufig der Fall sein, da das Kapitalkonto in der Regel nur ein unvollkommenes Bild der wirtschaftlichen Beteiligung eines Gesellschafters infolge der Vermögenswerte abgibt, die als stille Reserven u. a. in einzelnen Bilanzposten unerkennbar stecken können. Die Höhe der Beteiligung eines einzelnen Gesellschafters läßt sich nur aus dem Verhältnis seines Kapitalkontos zu den Konten der übrigen Gesellschafter erkennen.

Enthält der Gesellschaftsvertrag keine Vereinbarung über die Vermögensbewertung für den Fall der Abfindung, so ist der Wert des Vermögens nach § 738 Abs. III BGB „im Wege der Schätzung zu ermitteln“[58].

---

[54] Vgl. Siebert, a. a. O., S. 7; Hueck, OHG, § 29, S. 288.

[55] Vgl. Hueck, a. a. O.

[56] Vgl. Siebert, a. a. O., S. 7, S. 9.

[57] Beste, Theodor, Die Regelung der Auseinandersetzungsfrage in den Gesellschaftsverträgen der Personalgesellschaften, ZfhwF 1924, 98.

[58] Vgl. Beste, a. a. O., S. 105.

Dem Abfindungsguthaben ist der Wert des Gesellschaftsvermögens zum Zeitpunkt des Ausscheidens, also des Todes des Gesellschafters, zugrunde zu legen. Die Bewertung wird entgegen dem Wortlaut des § 738 Abs. I Z. 2 BGB nicht wie bei der Auflösung der Gesellschaft vorgenommen, sondern unter Berücksichtigung des *wahren* Wertes (Vollwert) des lebenden Unternehmens, einschließlich der stillen und offenen Reserven sowie des Geschäftswertes, wobei der Einfluß des Verstorbenen auf den Geschäftswert nicht in Ansatz gebracht wird[59]. Den einzelnen Gegenständen des Gesellschaftsvermögens zugrunde gelegt wird der wahre innere Wert bzw. der Erlös, der sich bei möglichst vorteilhafter Verwertung des Gesellschaftsvermögens durch Veräußerung im ganzen ergeben würde[60]. Der maßgebende Wert der „lebenden" Gesellschaft, der sich bei einer Veräußerung des Unternehmens im ganzen ergibt, ist der *Ertragswert*[61].

Den Vorteil einer Abfindung auf Grund des Ertragswertes sieht *Schwarze*[62] darin, daß er der beste und auch gerechteste Maßstab für den Wert des Unternehmens ist. Vielfach finden sich in den Gesellschaftsverträgen Vorschriften über die Auseinandersetzung (Abfindung), die von *Beste* mit zu den wichtigsten Bestimmungen des Vertrages überhaupt gezählt werden[63].

In der einschlägigen betriebswirtschaftlichen und auch juristischen Literatur fehlt es nicht an Vorschlägen adäquater Abfindungsverfahren, die der Differenzierung der Unternehmensstrukturen bei der Abfindung der weichenden Erben eines verstorbenen Gesellschafters und der Erhaltung des fortzuführenden Unternehmens gerecht werden sollen[64].

Es lassen sich infolge der Unterschiedlichkeit der Unternehmensstrukturen und der Wirkungen des Todesfalles eines Gesellschafters auf die Gesellschaft und die Erben keine allgemeingültigen Regeln zur Anwendung der einen oder anderen Abfindungsmethode aufstellen. Deshalb genügt es, lediglich die gebräuchlichsten Verfahren hier zu erwähnen:

---

[59] BGH 17, 136.

[60] RG 106, 132; DR 41, 1303; BGH 17, 136; Dür.-Hach., II, 2, § 138 Anm. 10 HGB; Baumbach-Duden, § 138 Anm. 4 D HGB; Berger, Kurt, WT 1941, 301 ff.

[61] Schwarze, Paul, Die Vermögensauseinandersetzung beim Ausscheiden eines Gesellschafters aus einer Personalgesellschaft in betriebswirtschaftlicher und steuerlicher Hinsicht, Diss., Köln 1937, S. 18.

[62] Schwarze, a. a. O., S. 18 f.

[63] Beste, a. a. O., S. 103.

[64] Schmalenbach, a. a. O., S. 114 ff.; Beste, a. a. O., S. 103 ff.; Schwarze, a. a. O., S. 13 ff.; Potthoff-Zintzen, Die Gesellschaftsverträge der Personalgesellschaften, 2. Aufl., Köln u. Opladen 1953, S. 202 ff.; Dür.-Hach., II, 2, § 138 Anm. 10 ff. HGB; Weipert, § 138 Anm. 31 ff. HGB; Brönner, Herbert, JR 1949, 564; vgl. Sudhoff, Heinrich, NJW 1949, 88 ff.

Schmalenbach[65] glaubt bei den bestehenden Schwierigkeiten eine gerechte Abfindung besonders durch deren Grenzmethoden in Darlehens- und Beteiligungsform zu erreichen, hält jedoch die Annäherung beider Methoden für die optimale Lösung zur Überwindung der Schwierigkeiten.

Beste[66] sieht in der Zwischenform der Auszahlung des auf dem Kapitalkonto ausgewiesenen Betrages mit einem Agio oder Disagio sowie in einer begrenzt fortlaufenden Gewinnbeteiligung der Erben nach Abfindung mit dem nominellen Betrage des Kapitalkontos ihres Erblassers weitere Möglichkeiten.

Schwarze[67] erwähnt die Abfindung auf Grund des Buchwertes, die er als besonders einfach in der Berechenbarkeit und infolgedessen als sehr gebräuchlich hinstellt, zumal die gebildeten Reserven der Unternehmung nicht angegriffen zu werden brauchen. Den Nachteil dieser Abfindungsform sieht er für die Erben besonders darin, daß bei hoher Rentabilität der Gesamtwert des Unternehmens den Buchwert erheblich übersteigt. Als nachteilig für die verbleibenden Gesellschafter erkennt er die Tatsache, daß in Depressionszeiten in vielen Fällen der Wert der Unternehmung weit unter dem Buchwert liegen kann.

Besonders geeignet ist die nach Schwarze[68] herausgestellte Abfindung in *Rentenform*, die es ermöglicht, den Erben des Verstorbenen einen ausreichenden Lebensunterhalt zu sichern. In ihr kann der Zweck liegen, vor allem die stillen Reserven und den Geschäftswert mit abzugelten. Für die Gesellschaft ergibt sich der große Vorteil, daß eine erleichterte Auszahlung des Abfindungsbetrages durch die Ratenzahlung erreicht wird.

Die häufigste Form der Abfindung mit Hilfe der Abfindungsbilanz ist nach Schmalenbach[69] entweder die Abfindung, die auf einen nominellen Betrag abgestellt ist oder die Beteiligung des Abzufindenden am Wert, den die Unternehmung zur Zeit der Abfindung besitzt. Doch sieht Schmalenbach die nachteiligen Folgen einer Abfindung auf Grund einer Abfindungbilanz darin, „daß entweder die Ausscheidenden (hier die Erben) oder die Verbleibenden häufig schwer geschädigt werden“.

Entscheidend für die Berechnung des Abfindungsbetrages ist jedoch auch unter Beachtung der Tatsache einer möglichst gerechten Abfindung der weichenden Erben, daß das Unternehmen als Wirtschaftseinheit er-

---

65 Schmalenbach, a. a. O., S. 114 ff.

66 Beste, a. a. O., S. 109 f., S. 111.

67 Schwarze, a. a. O., S. 81 ff.

68 Schwarze, a. a. O., S. 105 ff.

69 Schmalenbach, Eugen, Dynamische Bilanz, 11. Aufl., Köln u. Opladen 1953, S. 216 f.

halten und fortgeführt werden soll, um eine Zerschlagung wirtschaftlicher Werte und ein Aufkommen sozialer Not zu vermeiden.

Im Interesse der Erhaltung des Unternehmens kann insofern der Abfindungsanspruch der Erben des Verstorbenen sogar gänzlich ausgeschlossen werden[70].

Die abzufindenden Erben sind nach der gesetzlichen Vorschrift des § 740 BGB auch an dem Gewinn und Verlust beteiligt, die sich aus den zur Zeit des Ausscheidens des Gesellschafters *schwebenden* Geschäften ergeben. Diese Vorschrift ist nachgiebigen Rechts und wird in den Gesellschaftsverträgen fast regelmäßig ausgeschlossen, um an evtl. langfristige Verpflichtungen den Erben gegenüber nicht gebunden zu sein. Eine Beteiligung an den schwebenden Geschäften richtet sich jedoch häufig vollständig oder auch nur teilweise nach der Anwendung der Abfindungsmethode, da in ihr die Beteiligung an diesen Geschäften bereits mit abgegolten sein kann[71].

c) Auszahlung des Abfindungsbetrages

Die Auszahlung des Abfindungsbetrages ist im Zweifel *sofort* fällig (§ 271 BGB), da den übrigen Gesellschaftern die Nutzungen des verstorbenen Gesellschafters am Unternehmen verbleiben. Es kann sich jedoch vor allem aus dem Treuegedanken oder auch dem Gesellschaftsvertrag die Pflicht ergeben, daß sich die Erben Zahlungen in langfristigen Raten gefallen lassen müssen, wenn das Unternehmen infolge mangelnder Liquidität oder übermäßiger Kapitalbelastung durch sofortige Auszahlung des Guthabens in seiner Existenz bedroht werden würde[72].

d) Haftung der Erben für Gesellschaftsschulden

Die Erben haften für neu entstehende Gesellschaftsschulden nicht mehr, dagegen ändert sich nichts an der Haftung für die im Augenblick des Ausscheidens des Erblassers bereits bestehenden Schulden, gleichgültig, ob ihre Fälligkeit vorliegt oder nicht[73, 74].

Das Ausscheiden des verstorbenen Gesellschafters ist im *Handelsregister* anzumelden. Ist jedoch einer der verbliebenen Gesellschafter Erbe des Verstorbenen, so braucht lediglich das Ausscheiden des letzteren, nicht aber der Erbe als Gesellschafter erneut angemeldet zu werden[75].

---

[70] RG 145, 294; 171, 53; BGH 22, 194.

[71] Schwarze, a. a. O., S. 125.

[72] Vgl. Weipert, § 138 Anm. 37 HGB; Baumbach-Duden, § 138 Anm. 4 E HGB; Hueck, OHG, § 29, S. 296.

[73] Hueck, OHG, § 29, S. 289; Würdinger, Gesellschaften, Teil I, S. 130.

[74] Gem. § 159 HGB können sich die Erben eines Gesellschafters auf die kurze Verjährung berufen, wenn sie als dessen Rechtsnachfolger in Anspruch genommen werden und die Gesellschaft ohne sie fortgesetzt wird; vgl. RG 40, 48; Weipert, § 159 Anm. 10 HGB.

[75] Weipert, § 138 Anm. 54 HGB.

B. Die Nachfolge von Todes wegen in die personen- und vermögensrechtliche Mitgliedsstellung eines Gesellschafters und die Fortführung des Unternehmens als Rechts- und Wirtschaftseinheit

Der gesetzliche Grundsatz der Auflösung der Gesellschaft beim Tode eines vollhaftenden Gesellschafters wird aus dem *Individualprinzip* hergeleitet, das dem Wesen der Personalhandelsgesellschaften als besonders wichtiges Element seine Bestimmung gibt.

Die Nachfolge mit den Erben eines verstorbenen Gesellschafters steht mit den höchstpersönlichen Rechten des Gesellschafters nicht im Einklang. Sie widerspricht im Grunde der Persönlichkeitsbezogenheit aller in der Gesellschaft vereinigten Mitglieder und bildet nicht selten die Ursache zu rechtlichen Schwierigkeiten und Konflikten.

Die Individualität ist umgrenzt von der Gemeinschaft zur gesamten Hand, in der die Einzelgesellschafter auf der Grundlage gegenseitigen Vertrauens verbunden sind. Der gemeinschaftliche Zweck, der die Gesellschafter in der Gesellschaft bindet, ist der Erwerbszweck, der seinerseits von der Notwendigkeit der Existenzerhaltung getragen wird und infolgedessen der Existenzsicherung der Nachfolgegeneration gleichermaßen dienlich sein kann.

Insoweit wird also zunächst vom Ökonomischen her die Forderung nach einer Nachfolge erhoben, der der Gesetzgeber dadurch entsprochen hat, indem er es dem Willen der Beteiligten überläßt, Fortsetzungs- und Nachfolgevereinbarungen zu treffen. „Das rein personelle Element, das der Beteiligung an einer OHG (KG) an sich innewohnt, tritt dabei zugunsten einer mehr kapital- und vermögensmäßigen Betrachtungsweise zurück[1]."

Die Gesellschaft endigt also nicht durch den Tod eines ihrer Mitglieder, wenn eine Nachfolge in die Mitgliedsstellung eines Gesellschafters im Erbfall vorgesehen ist.

Die Mitgliedschaft im Gesellschaftsrecht weist Strukturmerkmale auf, die wesentlich für die Nachfolge in die Mitgliedsrechte und damit für die rechtliche und ökonomische Stellung eines Gesellschafters sind. Sie sollen daher einer gesonderten Betrachtung unterzogen werden.

---

[1] Siebert, NJW 1955, 809.

I. Rechtliche und ökonomische Struktur der Mitgliedschaft

In der Terminologie der gesetzlichen Bestimmungen für die Personalgesellschaften ist der Begriff der Mitgliedschaft als solcher unbekannt. Die Teilhaber der Gesellschaften, ob bei der Gesellschaft bürgerlichen Rechts, der OHG oder der KG, werden nur als Gesellschafter bezeichnet. Mit dieser Bezeichnung ist das Wesen ihrer besonderen Rechtsstellung nicht genügend charakterisiert[2].

Die Mitgliedschaft, die durch den Abschluß des Gesellschaftsvertrages begründet wird, ist selbst kein subjektives Recht, sondern ein Rechtsverhältnis, das einen jeden Gesellschafter an seine Mitgesellschafter bindet und ihm Rechte und Pflichten auferlegt. Jeder Gesellschafter ist also Glied einer Gemeinschaft, in der seine Mitgliedschaft die Summe der gemeinschaftsrechtlichen Beziehungen, insbesondere seiner Gesellschafterrechte und -pflichten sowohl personenrechtlicher als auch vermögensrechtlicher Art, dokumentiert[3].

1. Die personenrechtliche Seite der Mitgliedschaft

Das personenrechtliche Element der Mitgliedschaft ist wesensnotwendiger Bestandteil der Stellung sowohl des vollhaftenden als auch des beschränkt haftenden Gesellschafters in einer Personalgesellschaft, das zwar eine Einschränkung, niemals aber eine Beseitigung erfahren kann.

Der Inhalt der Herrschafts- und Verwaltungsrechte kann durch Vereinbarungen der Gesellschafter mehr oder weniger umfassend ausgestaltet werden. Danach richtet sich wiederum die Machtposition des Gesellschafters im Verhältnis zu seinen Mitgesellschaftern und auch zur Umwelt.

Die personenrechtlichen Elemente indessen umfassen im wesentlichen die *Geschäftsführungsbefugnis* und *Vertretungsmacht* sowie das *Stimm-* und *Kontrollrecht.*

a) Geschäftsführung und Vertretung

Die persönlich haftenden Gesellschafter der OHG und KG sind grundsätzlich alle zur Geschäftsführung berechtigt und verpflichtet (§§ 114, 161 Abs. II HGB), wohingegen die Kommanditisten zur Geschäftsführung in ihrer Stellung als Gesellschafter nicht zugelassen sind (§ 164 HGB).

Bei der Geschäftsführungsbefugnis handelt es sich um eine aus der Mitgliedschaft des Gesellschafters abgeleitete Befugnis, die damit höchst-

---

[2] Siebert, StbJb 1955/56, S. 301.

[3] Vgl. Dür.-Hach., II, 1, Allg. Einltg. Anm. 90 e.

persönliche Rechte und Pflichten ausdrückt und nicht zur Ausübung an Dritte einseitig übertragen werden kann[4].

Die Vorschrift des § 114 Abs. I HGB enthält nachgiebiges Recht, so daß sich eine andere Regelung als die der Einzelgeschäftsführungsbefugnis durchaus herbeiführen läßt[5].

Der Umfang der Geschäftsführung erstreckt sich auf alle Handlungen, die der gewöhnliche Betrieb des Handelsgewerbes mit sich bringt (§ 116 Abs. I HGB). Bei Handlungen, die diesen Umfang überschreiten, ist ein Beschluß aller Gesellschafter erforderlich (§ 116 Abs. II HGB)[6].

Bei der Ausübung der Geschäftsführung ist der Gesellschafter zu der Sorgfalt verpflichtet, die er auch in eigenen Angelegenheiten anzuwenden pflegt (§ 105 Abs. II, § 161 Abs. II HGB, § 708 BGB).

Ein Niederlegen der Geschäftsführung kann für den Gesellschafter bedeutsam sein, wenn ein wichtiger Grund dazu vorliegt. Das Gesetz gibt ihm dazu die Möglichkeit nach § 105 Abs. II, § 161 Abs. II HGB, § 712 Abs. II BGB, § 671 Abs. I, II, III BGB.

Zur *Vertretung* der Gesellschaft ist jeder persönlich haftende Gesellschafter allein ermächtigt, soweit keine anderslautenden Vereinbarungen getroffen sind (§§ 125, 161 Abs. II HGB).

Die Kommanditisten können die Vertretung der Gesellschaft nach § 170 HGB nicht übernehmen, wenngleich es auch möglich ist, ihnen Handlungsvollmacht oder Prokura zu erteilen.

Der Umfang der Vertretungsmacht ist für die Rechtsgeschäfte in der Vorschrift des § 126 HGB gesetzlich festgelegt. Eine Beschränkung ist Dritten gegenüber grundsätzlich unwirksam. In dieser Bestimmung liegt eine Gemeinsamkeit mit der Unbeschränkbarkeit der Vertretungsmacht bei Gesellschaften mit eigener Rechtspersönlichkeit[7], wie auch die Beschränkung der Prokura nach § 50 HGB Dritten gegenüber ausgeschlossen ist. Diese Vorschriften sollen der Verkehrssicherheit und dem Schutze Dritter dienen.

Nach ständiger Rechtsprechung ist eine *Haftung* auch für unerlaubte Handlungen der Gesellschafter in Ausführung der Verrichtungen analog zu § 31 BGB abzuleiten[8].

---

[4] Hirsch, Ernst, E. , Leitfaden für das Studium des Handels- und Gesellschaftsrechts, Berlin u. Frankfurt 1959, § 41, S. 111; Weipert, § 114 Anm. 6, 9 HGB.

[5] Weipert, § 114 Anm. 7 HGB.

[6] Gogos, Demetrius, Die Geschäftsführung der OHG, Tübingen 1953, § 6, S. 31.

[7] § 74 AktG; § 37 GmbHG; § 27 GenG.

[8] Hirsch, a. a. O., § 41, S. 111.

Bei Vorliegen eines wichtigen Grundes kann dem Gesellschafter die Vertretungsmacht durch gerichtliches Urteil entzogen werden (§ 127 HGB).

b) *Stimmrecht und Kontrollrecht*

Das *Stimmrecht* steht bei der Beschlußfassung grundsätzlich allen Gesellschaftern zu[9] und regelt sich nach § 119 HGB. Es ist als Mitgliedschaftsrecht noch weitgehender an die Person des einzelnen Gesellschafters gebunden als die Geschäftsführungsbefugnis und Vertretungsmacht und hat insofern auch eine stärkere Geltung als höchstpersönliches Recht. Alle Angelegenheiten, die über den Bereich der Geschäftsführung hinausgehen, bedürfen eines Beschlusses sämtlicher Gesellschafter, also auch der Kommanditisten (§ 116 Abs. II, § 164 HGB)[10].

Zur Bestellung eines Prokuristen bedarf es kraft Gesetzes (§ 116 Abs. III HGB) nur der Zustimmung aller geschäftsführenden Gesellschafter, insoweit ist diese Bestimmung als Ausnahme anzusehen.

Wenn der Gesellschaftsvertrag Gesamtgeschäftsführungsbefugnis vorsieht, ist gleichfalls nur die Zustimmung der geschäftsführenden Gesellschafter erforderlich (§ 115 Abs. II HGB).

In den Fällen der §§ 113 Abs. II, 117, 127, 140, 141 HGB sind die Gesellschafter, gegen die sich die Beschlüsse richten, von der Abstimmung ausgeschlossen; das Mitverwaltungsrecht liegt dann allein bei den übrigen Gesellschaftern. Der Gesellschaftsvertrag kann beliebige Ausnahmen in der Erweiterung oder Einengung des Stimmrechts vorsehen, sofern darin nicht ein Verstoß gegen die guten Sitten zu erblicken ist[11].

Ist im Gesellschaftsvertrag eine Abstimmung nach der Mehrheit vereinbart, so wird diese im Zweifel nach der Anzahl der Gesellschafter berechnet (§ 119 Abs. II HGB). Doch kann auch vor allem eine Abstimmung nach der Höhe der *Kapitalanteile* der Gesellschafter beschlossen worden sein, was vielfach in Kommanditgesellschaften mit stärker kapitalistischem Einschlag der Fall ist.

Das *Kontrollrecht* besitzt als Ausfluß des personenrechtlichen Mitgliedschaftsrechts eine starke Persönlichkeitswirkung und insofern auch

---

[9] Hueck, OHG, § 11, S. 107.

[10] Bestritten ist, ob bei ungewöhnlichen Geschäften lediglich die Einholung der positiven Zustimmung der Kommanditisten erforderlich ist oder nur ein bloßes Widerspruchsrecht geltend gemacht werden kann.

Würdinger (Gesellschaften, I. Teil, S. 152 f.) spricht sich im Hinblick auf die Stellung des Kommanditisten für die letztere Auffassung aus und leitet aus der gegenseitigen Treupflicht der Gesellschafter die Verpflichtung der geschäftsführenden Gesellschafter ab, den Kommanditisten vor Durchführung einer außerordentlichen Geschäftsführungsmaßnahme Mitteilung zu machen, um ihnen Gelegenheit zum Widerspruch zu geben.

[11] Hueck, OHG, a. a. O.; Weipert, § 119 Anm. 7 HGB.

eine große Bindungswirkung an die Rechtsstellung des Gesellschafters. Wenn die personenrechtliche Seite der Mitgliedschaft durch den Gesellschaftsvertrag in ihrem Umfang unterschiedlich gestaltet werden kann und sie damit als Machtfaktor auch ein unterschiedliches Gewicht erhält, so kann das gesellschafterliche Kontrollrecht im Gegensatz zu den übrigen Rechten grundsätzlich nicht der völligen Beschränkung oder gar der Entziehung unterworfen werden[12].

Gemäß § 118 Abs. II HGB kann das Kontrollrecht zwar durch den Gesellschaftsvertrag beschränkt oder auch ausgeschlossen werden, doch nur insoweit, als nicht ein Grund zur Annahme unredlicher Geschäftsführung besteht. Zur Geltendmachung des Kontrollrechtes genügt es, daß ein durch Beweise belegter Verdacht einer gegen die Gesellschaftstreue verstoßenden Handlungsweise besteht[13].

Für den vollhaftenden Gesellschafter besteht das *Wettbewerbsverbot* als Ausfluß der absoluten Treuepflicht der Gesellschaft gegenüber nach §§ 112, 113, 161 Abs. II HGB.

Während der Offene Handelsgesellschafter und der Komplementär die vollen Kontrollrechte des § 118 HGB in Anspruch nehmen können, ist der Kommanditist diesen in der Inanspruchnahme dieses Rechts nicht gleichgestellt (§ 166 HGB). Die beschränkte Haftung und das damit verbundene geringere Risiko sowie die mehr kapitalistische Beteiligung des Kommanditisten rechtfertigen ein geringeres Maß an Kontrollbefugnissen[14].

Beim Vorliegen wichtiger Gründe kann das Kontrollrecht auf Antrag des Kommanditisten nach § 166 Abs. III HGB durch das Gericht erweitert werden.

Der Kommanditist unterliegt nicht wie der persönlich haftende Gesellschafter dem Wettbewerbsverbot (§ 165 HGB). Die Bestimmungen der §§ 165, 166 HGB stehen in enger Wechselwirkung zueinander; denn die Freiheit des Kommanditisten im Wettbewerb, die sich unter Umständen für die Gesellschaft nachteilig auswirken kann, nämlich dann, wenn er Geschäftsgeheimnisse ausnutzt, wird durch das beschränkte Kontrollrecht erheblich eingeengt[15].

Bei der starken Bindungswirkung der personenrechtlichen Seite der Mitgliedschaft an die Person des Gesellschaftsmitglieds erhebt sich die Frage, ob beim Tode eines Gesellschafters das personenrechtliche Ele-

---

12 Siebert, StbJb 1955/56, S. 302; Weipert, § 118 Anm. 14 HGB.

13 Dür.-Hach., II, 2, § 118 Anm. 2 HGB; Weipert, § 118 Anm. 16 HGB; Baumbach-Duden, § 118 Anm. 2 HGB.

14 Vgl. Dür.-Hach., II, 2, § 166 Anm. 1 HGB.

15 Vgl. Dür.-Hach., a. a. O.; Weipert, § 166 Anm. 1 HGB.

ment der Mitgliedschaft vererblich gestaltet werden kann oder es als wesentlicher Bestandteil der Gesellschaftereigenschaft mit dem Tode endigt, weil es höchstpersönlicher Natur ist[16]. Die Beantwortung der Frage wird indessen auch von den Ergebnissen einer Betrachtung der vermögensrechtlichen Seite der Mitgliedschaft und der gesamthänderischen Mitberechtigung der Gesellschafter abhängig sein.

2. Die vermögensrechtliche Seite der Mitgliedschaft

Im Gegensatz zu der personenrechtlichen Seite der Mitgliedschaft als *qualitative* Beteiligung hat das vermögensrechtliche Element, das sich als *quantitative* wirtschaftliche Beteiligung vorwiegend im Kapitalanteil des Gesellschafters ausdrückt, nicht eine so starke persönliche Bindungswirkung.

a) Kapitalbeteiligung

Die kapitalmäßige Beteiligung des Gesellschafters, die sowohl beim unbeschränkt als auch beschränkt haftenden Gesellschafter in einer Geldeinlage bestehen kann, braucht für den vollhaftenden Gesellschafter nicht wesensnotwendiger Bestandteil seiner Mitgliedschaft zu sein[17, 18].

Die Kapitalbeteiligung des vollhaftenden Gesellschafters, die in der Regel in seinem *Kapitalkonto* ihren Ausdruck findet, kann sogar völlig fehlen und statt dessen durch die Arbeitskraft des Gesellschafters ersetzt sein, die als seine Einlage und damit auch als Leistung in Anrechnung gebracht wird. Der Gesellschafter trägt dann auf diese Weise zur Erreichung des Gesellschaftszweckes bei, so daß er zwar die personenrechtliche Mitgliedschaft besitzt, ohne jedoch kapitalmäßig beteiligt zu sein. Eine derartige Regelung findet sich häufig bei Gesellschaften, die vorwiegend nach kapitalistischen Gesichtspunkten organisiert sind und bei denen diese Gesellschafter eine primär geschäftsführende Stellung in der Gesellschaft einnehmen. Falls jedoch eine Gewinnbeteiligung vorgesehen ist, so läßt sich nach Ablauf einer gewissen Zeit auch für diesen Gesellschafter ein Kapitalkonto (Gewinnanteil-Konto) einrichten, dem die „Gehalts-“ und Gewinnbezüge gutgeschrieben werden, so daß er auf diesem Wege auch zu einer kapitalmäßigen Beteiligung am Gesellschaftsvermögen gelangen kann.

---

16 Vgl. Siebert, Gesellschaftsvertrag und Erbrecht, S. 8.

17 Vgl. Siebert, Gesellschaftsvertrag u. Erbrecht, S. 8; derselbe, StbJb 1955/56, S. 303.

18 Für den Kommanditisten ist eine kapitalmäßige Beteiligung wesensnotwendiger Bestandteil seiner Mitgliedschaft.

Der Kapitalanteil, der ziffernmäßig die verhältnismäßige Beteiligung des Gesellschafters am Gesellschaftskapital zum Ausdruck bringt[19], besteht zu Beginn der Gesellschaft zunächst nur in der etwaigen Einlage des Gesellschafters.

Später ist er durch die Einlageerhöhungen, Gewinnzuschreibungen, Abschreibungen der Verluste und Entnahmen sowie durch Währungsumstellungen ständigen Schwankungen unterworfen[20].

Der Aktivsaldo des Kapitalkontos, das den rechnerischen Wert des Kapitalanteils widerspiegelt, zeigt an, mit welchen Kapitalbeträgen der Gesellschafter zum Gesellschaftskapital beisteuert. Dabei darf nicht unberücksichtigt bleiben, daß der wahre Wert der kapitalmäßigen Beteiligung nicht im Kapitalanteil zum Ausdruck kommen muß, da der Geschäftswert in ihm nicht hervortritt und stille Reserven und Rücklagen, die gleichfalls nicht ziffernmäßig erscheinen, noch zusätzlich die kapitalmäßige Beteiligung in der Regel bestimmen.

Ein etwa vorhandener Passivsaldo des Kapitalkontos gibt an, welche Kapitalbeträge ein Gesellschafter der Gesellschaft bei einer Auseinandersetzung noch zu überlassen hätte. Er schließt eine kapitalmäßige Beteiligung nicht aus; denn die dingliche Mitberechtigung am Gesamthandvermögen als Bestandteil der Mitgliedschaft besteht gleichwohl[21]. Wenn die absolute Höhe des Kapitalanteils in der Regel nicht mit dem Wert der Beteiligung des Gesellschaftsmitgliedes übereinstimmt, so läßt sich die Quote der Beteiligung, mit der der einzelne Gesellschafter am Gesamtvermögen beteiligt ist, nur aus dem Verhältnis der Kapitalkonten aller Gesellschafter zueinander erkennen[22].

Der Kapitalanteil des Kommanditisten stimmt vielfach mit der Höhe seiner *Hafteinlage* überein, die ihren wertmäßigen Ausdruck in einem Geldbetrag finden muß; im Gegensatz zur internen *Pflichteinlage,* die der freien Vereinbarung der Gesellschafter unterliegt.

b) Gewinn und Verlust

Die Gewinn- und Verlustbeteiligung (§§ 120, 167 HGB) ist in der Mehrzahl der Fälle an die Höhe des Kapitalanteils des Gesellschafters gebunden, sie kann sich aber auch nach völlig anderen Merkmalen richten. So findet sich vielfach eine festgelegte Quotenbeteiligung, nach der sich die Gewinn- und Verlustverteilung richtet.

---

19 RG 117, 242; Dür.-Hach., II, 2, § 120 Anm. 6 HBG.

20 Vgl. Dür.-Hach., II, 1, Anm. 37 f.

21 Vgl. Dür.-Hach., II, 1, a. a. O.

22 Vgl. Würdinger, Gesellschaften, Teil I, § 25, S. 116; Hueck, OHG, § 16, S. 146; Siebert, Gesellschaftsvertrag u. Erbrecht, S. 7.

In Familiengesellschaften ist es auch häufig üblich, die Bezüge eines Seniorpartners höher als die eines Juniorpartners zu bemessen.

Die gesetzliche Regelung findet sich für die OHG in der Bestimmung des § 121 HGB und für die KG in der Vorschrift des § 168 HGB.

Die Verteilung selbst erfolgt nach §§ 121, 168 HGB, soweit nicht anderslautende Vorschriften des Gesellschaftsvertrages eingreifen.

Der OH-Gesellschafter erhält zunächst einen Vorzugsgewinnanteil in Höhe von 4 % seines Kapitalanteils, sofern ein Gewinn ausgewiesen wird und sein Kapitalanteil einen positiven Saldo zeigt. Die Vorzugsdividende wird *vor* der Gewinnverteilung errechnet und nur bei nicht ausreichendem Gewinn mit einem entsprechend niedrigeren Satze bemessen.

Der Teil des Jahresgewinnes, der die nach den Abs. I und II des § 121 HGB zu berechnenden Gewinnanteile übersteigt, wird unter die Gesellschafter nach Köpfen verteilt. Allerdings sehen Vereinbarungen im Gesellschaftsvertrag häufig abweichende, auf die besonderen Bedürfnisse einer Gesellschaft zugeschnittene Regelungen vor.

Die Verteilung des Verlustes richtet sich ebenfalls nach § 121 Abs. III HGB. Danach wird der ermittelte Jahresverlust mit gleichen Teilen auf die Gesellschafter umgelegt und von ihrem Kapitalanteil abgeschrieben. Auch hier können abweichende Vereinbarungen die gesetzlichen Vorschriften ergänzen oder ersetzen.

Bei der KG erhalten gem. § 168 HGB alle Gesellschafter nach dem gleichen Verteilungsschlüssel wie im § 121 HGB zunächst eine Vordividende. Für den Gewinn, der den verteilten Betrag übersteigt, gilt, soweit nicht anderslautende Vereinbarungen vorliegen, ein den Umständen nach angemessenes Verhältnis der Anteile als bedungen. In der Verteilung nach dem Angemessenheitsprinzip kommt die unterschiedliche Stellung der einzelnen Gesellschafter, also der Komplementäre und Kommanditisten, zum Ausdruck, die auch eine entsprechende Verteilungsregelung rechtfertigt.

Der Jahresverlust wird gleichfalls, wenn Gesellschaftervereinbarungen fehlen, nach den in der Gesellschaft vorliegenden Umständen in einem angemessenen Verhältnis der Anteile unter Komplementäre und Kommanditisten verteilt (§ 168 HGB).

Dem Kommanditisten wird der Gewinnanteil nur so lange seinem Kapitalanteil zugeschrieben, soweit dieser den Betrag der bedungenen Einlage nicht erreicht. Am Verlust ist der Kommanditist nur bis zum Betrage seines Kapitalanteils und seiner eventuell noch rückständigen Einlage beteiligt.

c) *Entnahmen*

Im § 122 HGB sind die Entnahmen für die persönlich haftenden Gesellschafter geregelt, die die Vorzugsdividende und ein beschränktes Entnahmerecht umfassen.

Für die Kommanditisten gilt § 169 HGB. Sie haben nur Anspruch auf Auszahlung des Gewinnes. Falls ihr Kapitalanteil durch Auszahlung des Gewinnes unter die Einlage herabgemindert ist oder herabgemindert werden würde, können sie eine Auszahlung nicht verlangen.

d) *Haftung*

Die *Haftung* ist auch als ein Bestandteil der vermögensrechtlichen Mitgliedschaftsrechte anzusehen und richtet sich für die persönlich haftenden Gesellschafter nach den Bestimmungen der §§ 105 Abs. I, 128, 161 Abs. II HGB, nach denen sie unbeschränkt haften; die Kommanditisten dagegen haften nur bis zur Höhe ihrer Einlage unmittelbar nach den Vorschriften der §§ 161 Abs. I, 171[23] Abs. I HGB.

3. Das Gesamthandsprinzip in der Mitgliedschaft

Die Beteiligung eines Gesellschafters ist Ausdruck für das besondere wirtschaftliche Interesse des Teilhabers an der Gesellschaft. Dieses Interesse wird bestimmt von dem vermögensrechtlichen Element der Mitgliedschaft und häufig von der Vorstellung geleitet, daß z. B. der Gesellschafter X mit 40 %, der Gesellschafter Y mit 35 % und der Gesellschafter Z mit 25 % an der Gesellschaft beteiligt seien. Das „Beteiligtsein" besteht jedoch nicht darin, daß der jeweilige Gesellschafter in Höhe seiner Beteiligungsquote über seinen Anteil am Gesellschaftsvermögen frei verfügen kann. Vielmehr besagt die Beteiligung nur, daß dem Gesellschafter eine seiner Beteiligung entsprechende Quote am Vermögen der Gesellschaft wertmäßig zusteht[24]; denn das Gesellschaftsvermögen gehört der Gesellschaftergemeinschaft zur gesamten Hand; eine selbständige Verfügungsbefugnis des Einzelgesellschafters über einzelne Objekte des Vermögens besteht nicht.

Das Gesamthandsprinzip beruht auf der durch den Gesellschaftsvertrag begründeten Verbundenheit aller Gesellschafter. Aus diesem Grunde sind die personenrechtliche Mitgliedsstellung und vermögens-

---

[23] RFH 43, 319 u. BFH, BB 1955, 889 bestimmen, daß auf Grund des § 5 Abs. I Satz 3 GewStG die Gewerbe-Steuer von allen Gesellschaftern als Gesamtschuldner geschuldet wird und die Haftungsgrenze nach § 171 Abs. I hier nicht gilt.

[24] Vgl. Siebert, StbJb 1955/56, S. 303 ff.; derselbe, Gesellschaftsvertrag u. Erbrecht, S. 6 ff. ... Den grundlegenden Ausführungen Sieberts wird im wesentlichen gefolgt.

rechtliche Teilhabe an der Gesamthand notwendig miteinander verknüpft.

Die Gegenstände des Gesellschaftsvermögens stehen jedem Gesellschafter zu, jedoch nicht dem Gesellschafter als Einzelperson, sondern in seiner Verbundenheit mit den übrigen Gesellschaftern. „Das Gesellschaftsvermögen tritt dadurch aus der Sondersphäre des Einzelmitgliedes heraus[25].“

Aus der gesamthänderischen Bindung folgt, daß der einzelne Gesellschafter keine selbständigen Verfügungsrechte über die zum Gesellschaftsvermögen gehörenden Sachen und Rechte besitzt. Zu einer Verfügung über einen Gegenstand oder ein Recht bedarf es vielmehr stets der Mitwirkung auch der übrigen Gesellschafter, also der gesamten Hand[26].

Im Gegensatz zur vermögensrechtlichen Seite der Mitgliedschaft ist das personenrechtliche Element eine qualitative Größe, dessen inhaltliche Bestandteile neben den Herrschafts- und Verwaltungsrechten auch die gesamthänderische Mitberechtigung an den Gegenständen des Gesellschaftsvermögens mit umschließen.

Die gesamthänderische Mitberechtigung besteht unabhängig von der Stärke der dem vollhaftenden Gesellschafter durch den Gesellschaftsvertrag zugebilligten Verwaltungsrechte und seiner kapitalmäßigen Beteiligung; als qualitatives Element haftet sie jeder Gesellschafterstellung ohne Einschränkung gleichmäßig an[27].

Wenn für das Bestehen einer auf Erwerb ausgerichteten Handelsgesellschaft ein Gesellschaftsvermögen zwingende Voraussetzung ist, so kann zur Begründung der Mitgliedschaft eines einzelnen Gesellschafters eine vermögensmäßige Beteiligung durchaus fehlen, wodurch seine Mitgliedsstellung als solche unberührt bleibt.

Es handelt sich um Sonderfälle, wenn ein Gesellschafter nur durch Einbringen seiner Arbeitskraft an der Unternehmung beteiligt wird und seine Mitgliedschaft ohne Kapitaleinlage beginnt. Neben den übrigen Gesellschaftern ist er aber gleichberechtigter Mitgesamthänder am Vermögen der Gesellschaft und hat wie diese ein Anteils- und damit ein Mitverfügungsrecht.

Der vermögensmäßig nichtbeteiligte Gesellschafter nimmt an der Verfügungsmacht der Gesamthand teil mit der Folge, daß die Verfügung über einzelne Gegenstände des Gesellschaftsvermögens auch seiner Zustimmung bedarf. Die gesamthänderische Mitberechtigung als notwendige Qualität der Mitgliedschaft zeigt sich in ihrer Geltung noch deut-

---

[25] Dür.-Hach., II, 1, Anm. 20.
[26] Dür.-Hach., II, 1, Anm. 20; vgl. Hueck, OHG, § 16, S. 137 f.
[27] Siebert, StbJb 1955/56, S. 304.

licher im Falle des Ausscheidens eines kapitalmäßig nicht beteiligten Gesellschafters. Nach § 738 BGB wächst den übrigen Gesellschaftern die Berechtigung des Ausscheidenden als Mitgesamthänder zu und verstärkt ihre Mitberechtigung am unverändert gebliebenen Gesellschaftsvermögen. Der ausscheidende Gesellschafter kann wegen seiner fehlenden quantitativen Beteiligung keinen Abfindungsanspruch geltend machen, obwohl er als Mitgesamthänder an der Substanz des Unternehmens mitbeteiligt war und ihm mehr Rechte zustanden, als solche ihm bei der Abfindung honoriert werden.

Für die verbliebenen Gesellschafter hat sich durch den Fortfall eines Mitberechtigten die Rechts- und Verfügungsmacht am Gesamthandvermögen vergrößert, ohne dabei mit einem Anfall von Vermögensobjekten verbunden zu sein. Sie werden auch nicht zu Zahlungen an den Gesellschafter verpflichtet, dessen Mitgliedschaft mit seinem Ausscheiden endet.

Für die Sicherung der Nachfolge und die Fortführung des Unternehmens als Rechts- und Wirtschaftseinheit ist eine Analyse der Mitgliedschaft eines Gesellschafters unerläßlich, wenn klargestellt werden soll, ob beim Tode eines Gesellschafters sein Erbe die Nachfolge in die volle Mitgliedschaft seines Erblassers oder nur die Nachfolge in ihren vermögensrechtlichen Teil antreten soll.

Die Beantwortung dieser Frage wird einerseits von erbrechtlichen, andererseits aber von gesellschaftsrechtlichen Fakten abhängig sein, wobei die erbrechtlichen Individualverfügungen mit den Verfügungen der in der Gesamthandsgemeinschaft verbundenen Gesellschafter in Einklang zu bringen sind.

II. Nachfolgesicherung durch Kongruenz erbrechtlicher und gesellschaftsvertraglicher Verfügungen

Der von dem Individualprinzip beherrschten Personalgesellschaft widerstrebt im wesentlichen ein Mitgliederwechsel durch Einrücken von Erben in die Gesellschaft nach dem Tode eines ihrer Gesellschafter.

Der im Gesellschaftsvertrag zum Ausdruck kommende Wille aller Gesellschaftsmitglieder kann jedoch den Übergang der Mitgliedschaft auf den oder die Erben eines Gesellschafters vorsehen und insoweit die *Mitgliedsstellung vererblich* gestalten.

„Der Gesetzgeber hat die gesellschaftsvertragliche Zulassung der Vererblichkeit in § 139 HGB stillschweigend anerkannt, indem er die besonderen Folgen einer durch Gesellschaftsvertrag ermöglichten Nachfolge von Todes wegen regelte[28].“

---

[28] Siebert, StbJb 1955/56, S. 311.

Die Nachfolge selbst kann jedoch nicht allein vom Gesellschaftsrecht her bestimmt werden, da die Bezeichnung des Nachfolgers in die Individualsphäre des Einzelgesellschafters gehört und erst durch seine erbrechtliche Verfügung Wirksamkeit erlangt.

Gesellschaftsvertragliche Fortsetzungsbestimmungen und erbrechtliche Verfügung von Todes wegen stehen sich gegenüber und verlangen Kongruenz hinsichtlich des Inhalts ihrer Anordnungen, wenn eine Nachfolge durch den Übergang der Mitgliedschaft auf den Erben-Gesellschafter gewährleistet sein soll.

1. Nachfolge in die Mitgliedschaft durch Vererbung nach Erbrecht und Vererblichkeit nach Gesellschaftsvertrag

a) Grundsätzliche Unvererblichkeit der Gesellschafterstellung

Aus der Verbindung der Gesellschaftsmitglieder durch den Gesellschaftsvertrag und des durch ihn begründeten besonderen Vertrauensverhältnisses erklärt sich die grundsätzliche Unvererblichkeit der Stellung eines persönlich haftenden Gesellschafters[29] (§§ 131 Z. 4, 161 Abs. II HGB).

Es darf eben kein Gesellschafter den übrigen zumuten, nach seinem Tode diesen einen häufig unbekannten Erben zu präsentieren, mit dem sie zusammenarbeiten müssen, ohne dessen persönliche Eigenschaften und Fähigkeiten näher zu kennen.

Beim Tode eines Kommanditisten hingegen wird die Gesellschaft mit den Erben des Verstorbenen fortgesetzt (§ 177 HGB), wenn keine anderslautende Vereinbarung vorliegt. Darin zeigt sich eine Abschwächung des individualistischen Elements[30]; denn die vorwiegend kapitalistische Beteiligung des Kommanditisten verlangt nicht eine derartige Persönlichkeitsentfaltung wie beim vollhaftenden Gesellschafter[31].

Die grundsätzliche Unvererblichkeit der Gesellschafterrechte ergibt sich aus den Bestimmungen des BGB, die für die Personalgesellschaften des Handelsrechts subsidiär gelten (§§ 105 Abs. II, 161 Abs. II HGB).

Die Unvererblichkeit der Mitgliedsstellung eines persönlich haftenden Gesellschafters soll der Erhaltung des Personenbestandes dienen und verhindern, daß den Gesellschaftern nicht genehme Erben präsentiert

---

[29] So auch im Ergebnis Dür.-Hach., II, 1, Anm. 26.

[30] Vgl. Dür.-Hach., II, 2, § 177 Anm. 3 HGB.

[31] In der weiteren Untersuchung wird deshalb die Nachfolge in die Mitgliedschaft des Kommanditisten-Erblassers weitgehend unberücksichtigt bleiben.

werden. Dieser dem Willen der Mitglieder entspringende Zweckgrundsatz kann jedoch durch eine übereinstimmende Willenserklärung im Gesellschaftsvertrag eine Abänderung erfahren[32].

Eine Vererblichkeit der Mitgliedschaft aber würde die Anerkennung einer Übertragbarkeit der Mitgliedschaft unter Lebenden vom Veräußernden auf den Übernehmenden voraussetzen.

„Da die unmittelbare Übertragbarkeit der Mitgliedschaft immer mehr anerkannt worden ist, bestehen insoweit keine Bedenken gegen die Vererblichkeit der Mitgliedschaft", die daher durch eine Nachfolgeklausel zu einem vererblichen Rechtsgut gemacht werden kann[33].

b) Erbenbestimmung durch Verfügung von Todes wegen und Nachfolgebestimmung durch gesellschaftsvertragliche Fortsetzungsklauseln

Verfügungen von Todes wegen sind das Testament und der Erbvertrag (§§ 1937, 2065 BGB, §§ 1 ff. TestG; §§ 1941, 2278 ff. BGB). Diese Verfügungen von Todes wegen, in denen der Unternehmer seinen Nachfolger bestimmt, lassen sich auch unter dem Begriff *Unternehmertestament* zusammenfassen[34].

Das Testament stellt also die Grundlage für den vom Unternehmer zu bestimmenden Nachfolger dar, der nach dessen Ableben an seiner Stelle die gesellschaftlichen Rechte und Pflichten übernehmen soll.

Die Nachfolgebestimmung im Testament wird dann wirksam, wenn keine Inkongruenz zwischen ihr und den Fortsetzungsbestimmungen des Gesellschaftsvertrages vorliegt.

In der Regel wird jedoch eine Kongruenz zwischen Gesellschaftsvertrag und Erbrecht wegen der erforderlichen Mitwirkung aller Gesellschafter an der Fortsetzungsbestimmung des Gesellschaftsvertrages und der sich daraus notwendig stellenden Forderung auf Abstimmung der eigenen testamentarischen Verfügung bestehen, was allerdings nicht die Gefahr einer Inkongruenz von vornherein mit Sicherheit ausschließt.

Wenn die Verfügung von Todes wegen die Grundlage für die Bestimmung eines Gesellschafter-Nachfolgers bildet, so ist die Grundvoraussetzung für den Eintritt einer solchen Bestimmung die *Vererblichkeitsklausel* im Gesellschaftsvertrag, wodurch die Möglichkeit einer Nach-

---

[32] Die Unvererblichkeit der Mitgliedsstellung wird aus dem BGB hergeleitet (§§ 717, 719 BGB) und subsidiär auf das Gesellschaftsrecht angewandt. Insoweit steht die Übertragbarkeit der Mitgliedschaft der Vererblichkeit der Mitgliedschaft gleich.

[33] Siebert, Gesellschaftsvertrag und Erbrecht, S. 19; Dür.-Hach., II, 1 Anm. 26.

[34] Heintzenberg, Rolf, Das Unternehmertestament; Seine betriebswirtschaftlichen und erbschaftsteuerlichen Grundlagen, Dipl.-Arb., Köln 1952, S. 3.

folge mit Erben zunächst erst eröffnet werden muß. Das Fehlen einer Fortsetzungsklausel führt beim Tode eines vollhaftenden Gesellschafters zur Auflösung der Gesellschaft (§ 131 Z. 4, § 161 Abs. II HGB) oder deren Fortsetzung unter den verbliebenen Gesellschaftern, wenn sie ohne Erben vorgesehen ist (§ 138 HGB).

Der Gesellschaftsvertrag kann von sich aus die Vererblichkeit begründen, was sich aus § 131 Z. 4 und aus § 139 HGB sowie aus der Interessenlage der Gesellschafter ergibt. Insoweit schafft der Gesellschaftsvertrag die Möglichkeit der Vererbung, während jedoch die Bestimmung der Erben und die erbrechtliche Nachfolge selbst auf dem Erbrecht beruhen.

Mit dem Tode eines Gesellschafters erlangen also die testamentarischen oder gesetzlichen Verfügungen Bedeutung und berühren das Gesellschaftsverhältnis insbesondere dann, wenn eine Nachfolgeregelung vorliegt[35].

Damit entsteht die bedeutsame Problematik des Verhältnisses von *Gesellschaftsrecht* und *Erbrecht*[36].

Es ist festzustellen, inwieweit und in welcher Form einerseits im Gesellschaftsvertrag Regelungen für die Nachfolge beim Tode eines Gesellschafters bestehen und andererseits in Ergänzung des Gesellschaftsvertrages erbrechtliche Verfügungen der Einzelgesellschafter damit in Übereinstimmung zu bringen sind.

Die im Gesellschaftsvertrag enthaltenen Fortsetzungsklauseln als Grundvoraussetzung für eine Nachfolge in die Mitgliedschaft des Erblassers werden nach *Siebert*[37] unterteilt in die *Eintritts-* und *Nachfolgeklauseln.*

aa) Eintrittsklauseln zur Begründung des Eintritts in die Mitgliedsstellung des Verstorbenen als Rechtsgeschäft unter Lebenden

Auf Grund einer Eintrittsklausel kann der zur Nachfolge Bestimmte durch Abgabe einer persönlichen Willenserklärung nach dem Erbfall darüber entscheiden, ob er in die Mitgliedschaftsrechte seines Erblassers eintreten will oder nicht.

Üblicherweise lauten die Eintrittsklauseln etwa so:

„Im Falle des Todes eines Gesellschafters steht seinen Erben (oder den von

---

[35] Merkel-Siebert, BB 1956, 835 ff.

[36] Diese Problematik wurde insbesondere herausgestellt durch die grundlegenden Ausführungen von Siebert anläßlich eines Vortrages am 2. 7. 1954 vor der Juristischen Studiengesellschaft in Karlsruhe. Vgl. Gesellschaftsvertrag und Erbrecht bei der OHG, Karlsruhe 1958.

Vgl. auch BGH (Urt. v. 22. 11. 1956 — II ZR 222/55) BB 1957, 9 ff. = BGH 22, 186.

[37] Siebert, Gesellschaftsvertrag u. Erbrecht, S. 12.

ihm zu bestimmenden Erben) das Recht zu, von den überlebenden Gesellschaftern die Aufnahme in die Gesellschaft zu verlangen", (oder: „in die Gesellschaft einzutreten").

Die Klauseln lassen sich durch mannigfache, jede Gesellschafterstellung berücksichtigende Regelungen modifizieren, die den Eintritt der Nachfolger an unterschiedliche Eintrittsbedingungen binden.

Durch die Eintrittsklauseln wird ein Recht zum Eintritt des Bedachten begründet, woraufhin er den Eintritt in die Gesellschaft — die bis zu seinem Eintritt unter den verbliebenen Gesellschaftern fortgesetzt wird (§ 138 HGB) — verlangen kann.

Verlangt der Eintrittsberechtigte seinen Eintritt in die Gesellschaft, so besteht für die verbliebenen Gesellschafter die Pflicht, einen Aufnahmevertrag mit dem Berechtigten zu schließen, kraft dessen sich sein Eintritt in die Mitgliedsstellung vollzieht (nicht aber kraft des alten Gesellschaftsvertrages[38]). Dieser Aufnahmevertrag ist dann ein Vertrag zugunsten Dritter nach § 328 BGB[39].

Der Eintrittsberechtigte kann andererseits auch durch Verfügung von Todes wegen von dem Gesellschafter-Erblasser verpflichtet werden, seinen Eintritt in die Gesellschaft zu erklären mit der Maßgabe, daß den übrigen Gesellschaftern durch Testament oder Erbvertrag als Vermächtnis der Anspruch gegen den Begünstigten auf Eintritt in die Gesellschaft zugewendet wird[40].

Ist der Eintretende noch minderjährig, so ist eine Genehmigung des Vormundschaftsgerichtes nach den Bestimmungen der §§ 1822 Z. 3, 1643 Abs. I BGB erforderlich[41].

Der Eintrittsberechtigte hat sich innerhalb einer angemessenen Frist dazu zu äußern, ob er in die Gesellschaft eintreten will oder nicht. Tritt der Erbe innerhalb dieser Frist nicht in die Gesellschaft ein, so hat er sein Recht verwirkt. Die Gesellschaft wird durch diese Tatsache zunächst nicht aufgelöst, sondern zumindest bis zur Entscheidung des Erben fortgeführt[42, 43].

Hueck[44] fordert, daß durch Auslegung des Gesellschaftsvertrages zu ermitteln ist, ob bei Eintrittsablehnung des Erben die Gesellschaft fortbestehen oder aufgelöst werden soll.

---

38 Dür.-Hach., II, 2, § 139 Anm. 4 HGB.

39 Siebert, BB 1956, 837.

40 Siebert, a. a. O.

41 Weipert, § 139 Anm. 17 HGB.

42 Hueck, OHG, § 28, S. 262 Anm. 5.

43 Weipert läßt einen Schwebezustand eintreten und gestattet eine Auflösung der Gesellschaft nach endgültiger Ablehnung durch die Erben, soweit keine Fortsetzungsvereinbarung vorliegt, vgl. Weipert, § 139 Anm. 3 HGB; Dür.-Hach., II, 2, § 139 Anm. 5 HGB, nehmen an, daß die Gesellschaft zunächst aufgelöst wird.

44 Hueck, a. a. O.; vgl. Siebert, Gesellschaftsvertrag u. Erbrecht, S. 13.

Durch das Vorhandensein einer Eintrittsklausel im Gesellschaftsvertrag kommt der Wille aller Gesellschafter zum Ausdruck, beim Tode eines vollhaftenden Gesellschafters die Gesellschaft nicht aufzulösen, sondern mit Erben (oder auch Dritten) fortzusetzen. In der Begründung eines Eintrittsrechts kann aber für den Bestand der Gesellschaft eine drohende Gefahr in der Ablehnung des Rechts auf Eintritt durch den Berechtigten liegen. Die Ablehnung des dem Berechtigten zugestandenen Eintrittsrechts kann jedoch nicht zur Auflösung der Gesellschaft führen, wenn man den der Eintrittsklausel zugrunde liegenden wirklichen Willen der Gesellschafter erforscht.

In der Eintrittsklausel im Gesellschaftsvertrag kommt indessen der natürliche Wille der Gesellschafter zum Ausdruck, die Gesellschaft nicht durch die Einwirkungen eines einzelnen zur Auflösung zu bringen, sondern sie fortzusetzen, auch wenn der Berechtigte keinen Gebrauch von seinem Eintrittsrecht machen sollte.

Da zunächst mit dem Tode des Gesellschafters die Gesellschaft unter den übrigen Mitgliedern fortgesetzt wird und die Mitgliedschaft des durch Tod ausgeschiedenen Gesellschafters erloschen ist, entsteht für die Erben ein Anspruch auf das Abfindungsguthaben. Beim Eintritt des Berechtigten wird dann das Abfindungsguthaben in einen für den Eintretenden neu zu begründenden Kapitalanteil umgewandelt und so der vermögensrechtliche Teil der Mitgliedschaft in Verbindung mit den übrigen Mitgliedschaftselementen wiederhergestellt.

Ist nur für *einen* Erben ein Eintrittsrecht begründet, so steht der Abfindungsanspruch als Nachlaßgegenstand der Erbengemeinschaft gesamthänderisch bis zur Erbauseinandersetzung zu. Der Berechtigte kann seine Mitgliedsstellung in der Gesellschaft begründen, wenn ihm in der Erbauseinandersetzung der seiner Erbquote entsprechende Abschichtungsanspruch zugewiesen wird, was in der Regel mit der Auszahlung an die übrigen Erben Hand in Hand geschieht.

Die Mitgliedschaft des Erblassers wird wieder hergestellt, indem der Berechtigte den Abschichtungsanspruch durch Einbringen in die Gesellschaft in einen Kapitalanteil zurückverwandelt.

Im übrigen ist es zweckmäßig, durch letztwillige Teilungsanordnung (§ 2048 BGB) die Abwicklung der Auseinandersetzung zu erleichtern.

Der Erblasser kann auch verfügen, daß sein Kapitalanteil mit dem Erbfall auf die *verbliebenen* Gesellschafter übergeht, die dann ihrerseits durch eine Bestimmung in der Eintrittsklausel verpflichtet werden, dem neu eintretenden Gesellschafter den Kapitalanteil auf seinen Namen zu übertragen oder ihm bei Nichteintritt den Betrag auszuzahlen[45].

---

[45] Siebert, Gesellschaftsvertrag u. Erbrecht, S. 15.

Im Gesellschaftsvertrag können auch Bestimmungen über die Bemessung der Abfindung getroffen werden. So kann beispielsweise vereinbart sein, den Abfindungsanspruch dem Eintretenden als seine Einlage anzurechnen.

Der Eintritt in die Gesellschaft kann demnach von der vermögensrechtlichen Seite der Mitgliedschaft her verschieden gestaltet werden, je nach den Verfügungen im Testament und in der Eintrittsklausel. Es ist auch möglich, einen Eintritt mit dem vollen Kapitalwert ohne jegliches Kapital oder nur mit einem Teil des Kapitalwertes zu begründen[46].

bb) Nachfolgeklauseln zur Begründung des unmittelbaren Übergangs der Mitgliedschaft des Verstorbenen als Vererbungsvorgang

Entsprechend den Nachfolgeklauseln, vollzieht sich eine *unmittelbare* Nachfolge des Berechtigten in die Mitgliedsstellung des Erblassers ohne eine Ablehnungsmöglichkeit des Erben. Die Nachfolgeklausel kann unterschiedlich ausgestaltet und im Einzelfall auf die speziellen Verhältnisse der Unternehmensstruktur abgestellt werden. Sie kann lauten:

„Beim Tode eines Gesellschafters treten mit dem Erbfall die Erben an die Stelle des verstorbenen Gesellschafters."

Üblicherweise werden der Gesellschafter und auch seine Erben namentlich genannt oder doch zumindest näher bezeichnet, um die Nachfolge zu konkretisieren und den Mitgesellschaftern schon zu Lebzeiten die vorgesehenen Nachfolger in Vorschlag zu bringen. Verschiebungen können sich allerdings dann ergeben, wenn der zur Nachfolge Vorgesehene vor dem Testator stirbt und ein anderer als Nachfolger bestimmt werden muß.

Die Nachfolgeklausel macht die Mitgliedschaft eines Gesellschafters zu einem *vererblichen Rechtsgut*. Der Erbe tritt *unmittelbar* nach dem Erbfall an die Stelle des Erblassers, nicht wie bei der Eintrittsklausel erst kraft eines besonderen Aufnahmevertrages[47].

Die vom Gesetzgeber eröffneten Fortsetzungsmöglichkeiten *mit* Erben in den Vorschriften der §§ 131 Z. 4, 139, 161 Abs. II HGB werden durch die Nachfolgeklauseln inhaltlich ausgefüllt. Auf diesem Wege wird dem Interesse der Gesellschaft an der Sicherung des Unternehmensbestandes Vorrang vor individuellen Wünschen und Absichten einzelner Gesellschafter verliehen, die mit dem Grundgedanken der Erhaltung einer wirtschaftlichen Einheit nicht in Einklang zu bringen sind. Wichtige Voraussetzung für den Übergang der Mitgliedschaft auf den Nachfolger ist, von der erbrechtlichen Seite betrachtet, einmal, daß der Nachfolger wirklich *Erbe* ist und zum anderen aus der Sicht des Gesellschafts-

---

[46] Siebert, NJW 1955, 813.

[47] Vgl. Dür.-Hach., II, 2, § 139 Anm. 5 HGB.

rechts, daß den bestimmten oder auch nur bestimmbaren Erben durch die Nachfolgeklausel im Gesellschaftsvertrag die Möglichkeit zu einer Nachfolge eröffnet ist und somit eine Kongruenz zwischen erbrechtlichen und gesellschaftsvertraglichen Verfügungen wirklich vorliegt.

Es stellt sich bei der Nachfolge mit Erben jedoch die Frage, inwieweit im Gesellschaftsvertrag die Erbfolge in den Gesellschaftsanteil eines Gesellschafters geregelt werden darf. Dabei sind die sich auf den Wortlaut des § 1922 BGB beziehenden Bedenken unerheblich, wenn dort lediglich vom Übergang des Vermögens auf den Erben gesprochen wird. Liegt indessen keine Inkongruenz zwischen der gesellschaftsvertraglichen Nachfolgeklausel und der Erbenbestimmung vor, so wird nach § 1922 BGB die im Gesellschaftsvertrag für vererblich erklärte Mitgliedschaft als Ganzes zu einem selbständig übertragbaren Rechtsgut und gehört mit zum Nachlaß des Erblassers.

Der Entscheidung des BGH vom 22. 11. 1956[48] muß zugestimmt werden, in der der BGH den Erkenntnissen der Wissenschaft[49] weitgehend gefolgt ist und ausgesprochen hat, daß sich die Nachfolge auch nach erbrechtlichen Gesichtspunkten regelt, soweit eine Vererblichkeit im Gesellschaftsvertrag zugelassen ist.

Die Mitgliedschaft eines verstorbenen Gesellschafters ist auf diese Weise zu einem vererblichen Rechtsgut geworden und unterliegt den Regeln des Erbrechts. Die Erben werden also mit dem Tode ihres Erblassers kraft des Gesellschafts- und Erbrechts Gesellschafter und treten in die vollen Mitgliedschaftsrechte ihres Erblassers ein[50].

Im übrigen sind die Bestimmungen des Gesellschaftsvertrages unter Berücksichtigung der Nachfolgeklausel maßgebend, wenn festgelegt werden soll, ob einer oder mehrere oder auch nur einer von mehreren Erben die Nachfolge antreten soll. Es ist dann dem oder den Nachfolgeberechtigten überlassen, sich mit den übrigen Miterben auseinanderzusetzen.

Der Sinn der Nachfolgeklausel besteht lediglich darin, den Bestand des Unternehmens auch in der Erbfolge zu gewährleisten und seine substantielle Gefährdung zu vermeiden.

c) Übergang der Geschäftsführungsbefugnis und Vertretungsmacht

Liegen die Voraussetzungen erbrechtlicher und gesellschaftsvertraglicher Art für eine Nachfolge mit den Erben eines Gesellschafters vor

---

[48] BGH (Urt. v. 22. 11. 1956 — II ZR 222/55) = BGH 22, 186, BB 1957, 9 ff.

[49] Vgl. insbesondere: Siebert, Gesellschaftsvertrag u. Erbrecht, S. 1 ff.; derselbe StbJb 1955/56, S. 319.

[50] Weipert, § 139 Anm. 16 HGB.

und tritt der Erbe in die Mitgliedschaftsrechte des Verstorbenen ein, so entsteht die Frage nach dem Übergang der Geschäftsführungsbefugnis und Vertretungsmacht.

Wenn auch die Meinungen zum Übergang dieser Verwaltungsrechte noch nicht einhellig sind, so spricht sich die herrschende Lehre doch für einen Übergang auch dieser Rechte auf den Erben aus[51].

Soweit dem Erblasser keine Beschränkungen bezüglich dieser Rechte auferlegt waren[52], geht das Gesetz davon aus, daß jedem persönlich haftenden Gesellschafter nach §§ 114, 125, 161 Abs. II HGB und damit auch seinen Erben die Geschäftsführungs- und Vertretungsrechte zustehen, zumal der Erbe ja ebenso in alle übrigen Rechte und Pflichten seines Erblassers einrückt.

Danach sollten für die persönlich haftenden Erbengesellschafter die Geschäftsführungsbefugnis und die Vertretungsmacht nicht nach erbrechtlichen Grundsätzen von ihrem Erblasser auf sie übergehen, der u. U. in der Ausübung dieser Verwaltungsrechte aus persönlichen Gründen beschränkt war, sondern man sollte sie vielmehr aus dem gesellschaftsrechtlichen Grundsatz ableiten, jedem persönlich haftenden Gesellschafter das Recht und die Pflicht zur Geschäftsführung und Vertretung zuzugestehen[53].

Wenn also für den Erben des Gesellschafters die Möglichkeit geschaffen ist, als vollwertiger Gesellschafter in die Gesellschaft einzutreten, dann müssen ihm auch die seiner Gesellschafterstellung zukommenden Rechte der Geschäftsführung und Vertretung eingeräumt werden.

Entscheidend ist jedoch für die Regelung im einzelnen die dementsprechende Vereinbarung im Gesellschaftsvertrag, nach der durchaus von der gesetzlichen Normvorschrift abweichende Bestimmungen Geltung haben können.

Bei einer derartigen Gestaltung nähern sich die Geschäftsführungsbefugnis und Vertretungsmacht den höchstpersönlichen Sonderrechten, die als reine Individualrechte nur einem bestimmten Gesellschafter auf Grund besonderer Interessenlagen zustehen und folglich nicht auf die Nachfolger übergehen können. Es kann also sein, daß die Geschäftsführung und Vertretung nur bestimmten, im Gesellschaftsvertrag näher bezeichneten Gesellschaftern zustehen soll, und zwar auf Grund

---

[51] Dür.-Hach., § 139 Anm. 14 HGB; Schlegelberger-Gessler, Kommentar zum HGB, 3. Aufl. 1955, § 139 Anm. 27 HGB; Baumbach-Duden, § 139 Anm. 1 D HGB; Hueck, OHG, § 28, S. 264; A. A. Weipert, § 139 Anm. 21 HGB.

[52] Weipert, a. a. O., stellt fest, daß es sich bei diesen Rechten um auf persönlichem Vertrauen beruhende Funktionen handelt, die bei Abweichen von dem gesetzlichen Normfall nicht ohne weiteres auf die Erben übergehen.

[53] Vgl. Fischer, Robert, BB 1956, 840; Merkel-Siebert, BB 1956, 838; Hueck, a. a. O.

ihrer besonderen Fähigkeiten oder guten Außenbeziehungen. Ein ähnlicher Fall liegt auch dann vor, wenn dem Gesellschafter-Erblasser die Geschäftsführungsbefugnis und Vertretungsmacht, bedingt durch sein hohes Alter, gänzlich entzogen oder beschränkt worden ist.

In all diesen oder ähnlich gelagerten Fällen, deren Regelung von *Eigenschaften* der Person des Gesellschafters abhängt, findet ein Übergang der Rechte und Pflichten auf den Erben *nicht* statt. Der Erbe wird also nicht in die Geschäftsführungs- und Vertretungsrechte eintreten, wenn seinem Erblasser diese Rechte nur auf Grund seiner besonderen Qualifikation zustanden; andererseits werden auf ihn die vollen Rechte übergehen, wenn sie seinem Erblasser auf Grund seines hohen Alters nicht mehr zustanden[54].

Diese Einschränkungen sind also Ausnahmen von der gesetzlichen Norm und nur dann gültig, wenn sie im Gesellschaftsvertrag vereinbart sind; denn durch sie wird der Gesellschafter erheblich belastet, da ihm nur ein *mittelbarer* Einfluß auf die Geschäfte bleibt, er aber andererseits unbeschränkt und persönlich mit seinem ganzen Vermögen haften muß[55].

Sind jedoch dem Gesellschafter-Erblasser Vorrechte wegen der Art und Höhe seiner besonderen kapitalistischen Beteiligung zugestanden worden, so gehen diese dann auch auf den Erben über, sofern seine Kapital-Beteiligung die gleiche bleibt[56].

In der KG können die Verhältnisse anders liegen, wenn einem Kommanditisten durch Erteilung der Prokura und den damit entstandenen besonderen Verpflichtungen Sonderrechte eingeräumt sind. Diese Regelung wird im allgemeinen Ausfluß einer Vereinbarung im Gesellschaftsvertrag und deshalb nicht auf den Kommanditisten-Erben zu übertragen sein.

d) Der eheliche Güterstand im Verhältnis zu Gesellschaftsvertrag und Erbrecht

aa) Der gesetzliche Güterstand

Nach § 1363 BGB leben die Ehegatten seit dem 1. 7. 1958 im gesetzlichen Güterstand der Zugewinngemeinschaft, soweit sie diesen nicht beschränkt oder ausgeschlossen haben. Das besondere Charakteristikum der Zugewinngemeinschaft besteht darin, daß in ihr eine *Gütertrennung* mit nachträglichem Ausgleichsanspruch vorliegt[57].

---

54 Vgl. auch Hueck, OHG, § 28, S. 264.
55 Vgl. Fischer, BB 1956, 841.
56 Vgl. Hueck, a. a. O.
57 Schneider-Zartmann-Martin, Familienunternehmen und Unternehmertestament, 3. Aufl., Heidelberg 1960, § 17, S. 330.

Das Vermögen eines jeden Ehegatten bleibt in seinem Eigentum und untersteht seiner eigenen Verwaltung, doch wird mit dem Tode eines Ehegatten ein Ausgleich des Vermögens herbeigeführt, das während der bestehenden Ehe gemeinschaftlich erworben wurde.

Der Sinn der Zugewinngemeinschaft liegt also darin, daß beide Ehegatten am wirtschaftlichen Erfolg der ehelichen Gemeinschaft teilnehmen sollen[58].

Für die Gesellschafter der Personalgesellschaften sind die Fragen des gesetzlichen Güterstandes deshalb von besonderem Interesse, weil durch den Tod eines verheirateten Mitgesellschafters im Hinblick auf den fälligen *Ausgleichsanspruch* des überlebenden Ehegatten der Fortbestand des Unternehmens gefährdet werden kann. Für den persönlich haftenden Gesellschafter besteht im besonderen Maße eine Gefahr, weil infolge seiner unbeschränkten Haftung im Falle eines Zugewinnausgleichs sowohl sein Privat- als auch sein Anteil am Gesellschaftsvermögen betroffen werden kann. Nicht minder gefahrvoll ist es auch für ihn, wenn seine *Mitgesellschafter* keine genügende Vorsorge für den Fall eines Zugewinnausgleichs getroffen haben[59].

Nach §§ 1373, 1374 Abs. I BGB ist der Zugewinn der Betrag, um den das Endvermögen eines Ehegatten, das beim Eintritt des Güterstandes schon vorhandene Vermögen, also das sogenannte Anfangsvermögen, übersteigt.

Es ist das Reinvermögen anzusetzen, das Vermögen also, das nach Abzug der Schulden übrigbleibt. In § 1374 Abs. I BGB ist festgelegt, daß die Verbindlichkeiten nur bis zur Höhe des Aktivvermögens abgezogen werden können und von einem negativen Vermögensstand nicht ausgegangen werden kann[60].

Die Vorschrift des § 1374 Abs. II BGB bestimmt, daß dem Anfangsvermögen das Vermögen zuzurechnen ist, „das ein Ehegatte nach Eintritt des Güterstandes von Todes wegen oder mit Rücksicht auf ein künftiges Erbrecht durch Schenkung oder durch Ausstattung erwirbt“, es sei denn, daß es sich um Zuwendungen handelt, die den Einkünften zuzurechnen sind.

Bei der Berechnung des Zugewinns im Falle des Todes eines Ehegatten hat sich der Gesetzgeber in § 1371 BGB grundsätzlich für die erbrechtliche Lösung entschieden. Danach erhöht sich der gesetzliche Erbteil des überlebenden Ehegatten um ein Viertel der Erbschaft (Zusatz-

---

[58] Buchwald-Tiefenbacher, Die zweckmäßige Gesellschaftsform nach Handels- und Steuerrecht, Heidelberg 1960, § 30, S. 95.

[59] Tiefenbacher, Erhard, BB 1958, 565.

[60] Vgl. Schneider-Zartmann-Martin, a. a. O., § 17, S. 334.

erbteil). Daraus folgt, daß beim Hinterlassen von gemeinsamen Abkömmlingen nach §§ 1931, 1371 Abs. I BGB der gesetzliche Erbteil des überlebenden Ehegatten die *Hälfte* des Nachlasses beträgt.

Wenn keine Abkömmlinge vorhanden sind, aber Eltern des verstorbenen Ehegatten sowie deren Abkömmlinge, dann beträgt der gesetzliche Erbteil des überlebenden Ehegatten nach §§ 1931, 1371 Abs. I BGB drei Viertel des Nachlasses, ohne Rücksicht darauf, ob ein Zugewinn erzielt wurde oder nicht[61].

An der Erhöhung des gesetzlichen Erbteiles hat der überlebende Ehegatte grundsätzlich keinen Anteil, wenn er nicht gesetzlicher, sondern *testamentarischer* Erbe ist. Ausnahmen bestehen allerdings dann, wenn dem Ehegatten nicht genügend zugewendet wurde oder ihm außerordentliche Belastungen auferlegt worden sind. In diesen Fällen soll der Ehegatte die Hälfte des gesetzlichen Erbteiles oder auch sein *Pflichtteil* bekommen. Der Pflichtteil beträgt nach § 2303 Abs. II BGB die Hälfte des Wertes des gesetzlichen Erbteils[62].

Die Zustimmungsbedürftigkeit bei einer Verfügung eines Ehegatten über das Vermögen (§ 1365 BGB) kann sich u. U. auch nachteilig bei größeren Personalgesellschaften bemerkbar machen, wenn die Kapitaleinlage eines Gesellschafters den größten Teil seines Vermögens ausmacht[63]. Die Einbringung dieses Vermögens in eine Gesellschaft ist als Verfügung über das Vermögen anzusehen und bedarf daher der Zustimmung des anderen Ehegatten, die u. U. nicht zu erlangen ist[64].

Betriebswirtschaftliche Schwierigkeiten ergeben sich insbesondere bei der *Berechnung* des Zugewinns, dem verschiedene Bewertungsmöglichkeiten zugrunde liegen können. Bestimmungen im Gesellschaftsvertrag über die Berechnung und Bewertung des Auseinandersetzungsguthabens sind für die Berechnung des Zugewinns nicht maßgebend.

Eine außerordentliche Gefahr für das Unternehmen liegt schließlich darin, daß der Ausgleichsanspruch mit seiner *Entstehung* fällig ist, selbst dann, wenn Schwierigkeiten bei der Berechnung entstehen.

Der überlebende Ehegatte soll *unmittelbar* an dem von ihm miterworbenen Vermögen partizipieren können[65]. Diese sofortige Auszahlung kann die Existenz des Unternehmens bedrohen und eine Fortsetzung der Gesellschaft vereiteln, insbesondere dann, wenn der wesentliche Vermögenswert im Gesellschaftsanteil des Verstorbenen lag[66].

---

[61] Vgl. auch Tiefenbacher, BB 1958, 565.
[62] Reinicke, D., BB 1958, 575.
[63] Vgl. Boesebeck, Ernst, DB 1958, 1147 ff.
[64] Vgl. auch Schneider-Zartmann-Martin, a. a. O., § 17, S. 345.
[65] Vgl. Schneider-Zartmann-Martin, a. a. O., § 17, S. 348.
[66] Vgl. Tiefenbacher, BB 1958, 566.

Ist dem überlebenden Ehegatten eine Befriedigung seiner Ansprüche aus den Mitteln der Gesellschaft nicht möglich, so bleibt ihm die Möglichkeit, seinen Ausgleichsanspruch gerichtlich geltend zu machen und auf dem Wege der Pfändung des Auseinandersetzungsguthabens und der Kündigung der Gesellschaft nach § 135 HGB zu versuchen, seinen Anteil zu erhalten. In besonderen Härtefällen kann gemäß § 1382 BGB eine *Stundung* beim Vormundschaftsgericht beantragt werden.

Diesen für den Unternehmensbestand offensichtlichen Gefahren durch den gesetzlichen Güterstand der Zugewinngemeinschaft kann auf verschiedene Weise begegnet werden. Die Ehepartner können im Ehevertrag bestimmen, daß sie beide oder wenigstens einer von ihnen von den beschränkenden Bestimmungen der §§ 1365, 1369 BGB befreit werden. Hinsichtlich der Zulässigkeit einer solchen Bestimmung bestehen keinerlei Bedenken[67].

Es kann auch im Ehevertrag festgelegt werden, daß sich beim Tode eines Ehegatten der gesetzliche Erbteil des Überlebenden nicht erhöht.

Besonders wichtig aber ist es, über die Fälligkeit der Ausgleichsforderung Bestimmungen zu treffen und zu vereinbaren, daß diese erst nach einem bestimmten Zeitraum oder auch in bestimmten Raten fällig sein soll[68].

Schließlich ist es bedeutsam, auf die Möglichkeit hinzuweisen, neben den ehevertraglichen Regelungen auch entsprechende Vorsichtsmaßnahmen im *Gesellschaftsvertrag* vereinbaren zu können.

Die Gesellschaftsmitglieder müssen also im eigenen und im Interesse ihres gemeinsam betriebenen Unternehmens darauf bedacht sein, im Gesellschaftsvertrag Bestimmungen zu treffen, nach denen sie angehalten werden, durch Regelung im Ehevertrag entweder die Auswirkungen der Zugewinngemeinschaft zu beschränken oder auch völlig auszuschließen, um die Existenz des Unternehmens beim Eintritt etwaiger Ausgleichsforderungen, bedingt durch den Tod eines Gesellschafters, nicht einer Gefährdung auszusetzen[69].

Der Nachfolgeklausel im Gesellschaftsvertrag kommt auch in dieser Beziehung besondere Bedeutung zu, nämlich dann, wenn von einer Mehrzahl von Erben nur *einer* von diesen für die Nachfolge in die Mitgliedsstellung des verstorbenen Gesellschafters vorgesehen ist und Abfindungsansprüche der Miterben bestehen. Das kann beispielsweise dann der Fall sein, wenn der Gesellschafter-Erblasser testiert hat, daß er seinen Sohn als Alleinerben in das Unternehmen einsetzen möchte und Pflichtteils-

---

67 Knur, Alexander, DNotZ 1957, 451 f.

68 Schneider-Zartmann-Martin, a. a. O., § 17, S. 352.

69 Schneider-Zartmann-Martin, a. a. O., § 17, S. 354.

ansprüche der Ehefrau und der übrigen Kinder anfallen. Außerdem kann die Ehefrau noch den Zugewinnausgleichsanspruch geltend machen. In derartigen Fällen erlangt die Nachfolgeklausel im Gesellschaftsvertrag besondere Bedeutung, wenn in ihr bestimmt ist, daß Abfindungsansprüche der übrigen Miterben gegen die Gesellschaft ausgeschlossen sind.

bb) Der vertragliche Güterstand

Der sicherste Weg, den Gefahren, die mit dem gesetzlichen Güterstand der Zugewinngemeinschaft entstehen, zu entgehen, besteht in dem ehevertraglichen Ausschluß des gesetzlichen Güterstandes oder seiner Aufhebung durch die Ehegatten nach § 1414 BGB, die dadurch den *vertraglichen Güterstand* der *Gütertrennung* herbeiführen.

Bei der Gütertrennung unterliegt der Gesellschafter-Ehegatte nicht den Verwaltungs- und Verfügungsbeschränkungen der Zugewinngemeinschaft gem. §§ 1365—1369 BGB und braucht auch weder die Erhöhung des gesetzlichen Ehegatten-Erbteils noch die Ausgleichsforderung zu fürchten[70], die die Existenz des Gesellschaftsunternehmens gefährden könnte. Für die Ehegatten bedeutet der Güterstand der Gütertrennung, daß ihnen die volle Verfügungsberechtigung über ihre rechtlich getrennten Vermögen zusteht und ihnen keinerlei Verfügungsbeschränkungen über ihr Vermögen auferlegt sind. Das gilt sowohl für das Anfangs- als auch für das Endvermögen. Wenn also beide Ehegatten am jeweiligen Erwerb des anderen Gatten unbeteiligt sind, so erhöht sich allein der Zugewinn des Gatten, der auch Unternehmer ist[71], durch unternehmerische Tätigkeit.

Schließlich besteht noch die Möglichkeit, im Güterstand der *Gütergemeinschaft* zu leben. In der Gütergemeinschaft wird das gesamte Vermögen beider Ehegatten nach § 1416 BGB gemeinschaftliches Vermögen (Gesamtgut), gleichgültig, ob es vor oder während der Ehe erworben wurde.

Die Gütergemeinschaft kommt wegen der Haftungsregelung für Unternehmer vorwiegend nur dann in Frage, wenn von den Ehegatten ein gemeinsam begründetes Unternehmen betrieben wird und die gegenseitige Haftung keine Gefahr bedeuten kann[72].

Die *fortgesetzte Gütergemeinschaft* (§§ 1483 ff. BGB) ist in den Fällen u. U. zweckmäßiger als Zugewinngemeinschaft oder Gütertrennung, in denen Abkömmlinge vorhanden sind, das Unternehmen fortgesetzt und die Geltendmachung von Pflichtteilsansprüchen verhütet werden soll.

---

[70] Tiefenbacher, BB 1958, 566.

[71] Vgl. Schneider-Zartmann-Martin, a. a. O., § 17, S. 356 f.

[72] Schneider-Zartmann-Martin, a. a. O., § 17, S. 358.

Dem überlebenden Ehegatten wird durch die fortgesetzte Gütergemeinschaft ein Verwaltungs- und Nießbrauchsrecht am gemeinschaftlichen Vermögen gewährt, das gegen Pflichtteils- und Auseinandersetzungsansprüche gesichert ist und keine Abrechnungs- und Verzeichnispflicht gegenüber den Abkömmlingen verlangt.

Nachteilig ist allerdings besonders, daß der überlebende Ehegatte sein erbrechtliches Viertel an der Gesamtgutshälfte des zuerst Verstorbenen verliert, weil dessen Hälfte nicht in den Nachlaß fällt, sondern den gemeinsamen Abkömmlingen zusteht.

Die Verfügungsrechte des überlebenden Ehegatten sind die gleichen wie bei der Gütergemeinschaft. Alle wichtigen Verfügungen über das Gesamtgut erfordern das Zusammenwirken des überlebenden Ehegatten mit den anteilsberechtigten Abkömmlingen[73].

Es kann somit festgestellt werden, daß der Regelung der güterrechtlichen Verhältnisse in Abstimmung mit den gesellschaftsvertraglichen Vereinbarungen eine besondere Bedeutung zukommt, wenn eine Nachfolge in die Mitgliedschaft eines Unternehmers mit seinen Erben und damit der Fortbestand der Gesellschaft gesichert werden soll.

cc) Steuerliche Folgerungen beim ehelichen Güterstand

Für die einzelnen Güterstände unter Eheleuten sind die *steuerlichen Konsequenzen* nicht unbedeutend, die im folgenden einer kurzen Betrachtung unterzogen werden sollen.

Die Zugewinngemeinschaft ist hinsichtlich der Erbschaftsteuer in § 6 ErbStG behandelt. Im Erbfalle ist der vierte Teil des Betrages als Zugewinn anzusehen, der dem überlebenden Ehegatten als Alleinerbe zugefallen wäre (§ 6 Abs. I ErbStG). Der Zugewinn ist aber bereits Vermögen des überlebenden Ehegatten und deshalb nicht erbschaftsteuerpflichtig.

Das weitere dem überlebenden Ehegatten zufließende Viertel (§ 1371 Abs. I BGB) des Nachlasses ist das ererbte Vermögen. Von diesem Erbteil ist der Freibetrag nach §§ 16 oder 17 Abs. I Z. 1 ErbStG[74] abzuziehen, bevor die Steuer nach Steuerklasse I der Tabelle (§ 11 Abs. I ErbStG) berechnet wird.

Bei der Vereinbarung von *Gütertrennung* steht fest, welches Vermögen jedem Ehegatten gehört. Für den überlebenden Ehegatten kommt im Erbfall der Freibetrag nach §§ 16 oder 17 Abs. 1 ErbStG in Betracht. Der gesamte Nachlaß wird nach Abzug der Freibeträge steuerpflichtig.

---

[73] Vgl. Haegele, Karl, Das eheliche Güterrecht, Stuttgart, München, Hannover 1958, S. 28.

[74] Dieser kommt in Betracht, wenn Kinder oder deren Abkömmlinge aus der Ehe mit dem Erblasser nicht mehr leben.

Die *allgemeine Gütergemeinschaft* nach §§ 1415 ff. BGB unterscheidet sich von der Regelung in § 1371 Abs. I BGB dadurch, daß vom Gesamtgut das Vorbehaltsgut ausgeschlossen ist. Es bleibt im Eigentum des Ehegatten, der es besorgt oder erworben hat. Im Erbfall ist vom Gesamtgut die Hälfte des Vermögens bereits Eigentum des überlebenden Ehegatten, während er an der anderen Hälfte zu einem Viertel erbberechtigt ist. Die dem überlebenden Ehegatten gehörende Hälfte ist nicht als Erbanfall zu versteuern. Der eigentliche Erbteil hingegen ist nach Abzug der Freibeträge gemäß §§ 16 und 17 Abs. I Z. 1 ErbStG in Steuerklasse I (§ 10 Abs. I und § 11 Abs. I ErbStG) zu versteuern.

Die Begründung der Gütergemeinschaft kann dann eine *Schenkung* sein, wenn ein Ehegatte mehr als der andere in die Gemeinschaft einbringt und die Ehegatten zu gleicher Zeit ihre erbrechtlichen Verhältnisse geregelt haben.

Die Vererbung des Vorbehaltsgutes ist für den anderen Ehegatten ein echter steuerpflichtiger Erbanfall.

Die im § 1483 BGB geregelte Lösung der *fortgesetzten Gütergemeinschaft* in dem Sinne, daß der Anteil des verstorbenen Ehegatten nicht zum Nachlaß gehört, wird für das Gebiet der Erbschaftsteuer ignoriert.

In § 5 Abs. I ErbStG wird vielmehr bestimmt, daß der Anteil des verstorbenen Ehegatten so behandelt werden muß, als wenn er den anteilsberechtigten Abkömmlingen zugefallen wäre. Damit ist er steuerpflichtiger Erwerb nach Abzug der Freibeträge in § 17 Abs. I Z. 1 ErbStG[75].

Nach Aufhebung des § 26 EStG durch Beschluß des Bundesverfassungsgerichtes v. 17. 1. 1957 1 BVL 4/54[76] war es zeitweise günstig, wenn die Einkünfte der Ehegatten getrennt der Einkommensteuer unterworfen wurden. Seit der Neufassung der Ehegattenbesteuerung im Einkommensteuerrecht vom 23. 9. 1958, das hinsichtlich der §§ 26, 26 a, 26 b EStG auch in der Fassung vom 6. 8. 1960 gleichbeblieben ist, ist die getrennte Veranlagung oder Zusammenveranlagung auf Antrag möglich (§ 26 Abs. II EStG). Im Sinne der Zugewinngemeinschaft wird für die Zusammenveranlagung unterstellt, daß jedem Ehegatten die Hälfte des Einkommens zugeflossen ist. Das Einkommen wird halbiert (= Splitting) und für jeden Ehegatten die Steuer nach der Grundtabelle ausgerechnet. Beide Steuerbeträge zusammen ergeben die von den Eheleuten aufzubringende Steuer.

---

[75] Megow, Heinrich, Erbschaftsteuergesetz, 3. Aufl., Berlin u. Frankfurt 1955, § 5 Anm. 2 f. ErbStG.

[76] BStbl. 1957, I 193.

Eine getrennte Veranlagung der Ehegatten zur Einkommensteuer ist gewöhnlich dem Vorrang des *Splittingverfahrens* gewichen.

Für den Fall der fortgesetzten Gütergemeinschaft nach § 1483 BGB trifft § 28 EStG zu. Der überlebende Ehegatte muß die gesamten Einkünfte als sein Einkommen versteuern. Im Gegensatz zum Erbschaftsteuergesetz findet die bürgerlich-rechtliche Regelung Anwendung.

2. Bedeutung des Erbenschutzes gemäß § 139 HGB in der Nachfolge

Die freie Gestaltung des Gesellschaftsvertrages eröffnet den Gesellschaftern die Möglichkeit, neben den Erben auch solche Personen zur Nachfolge zuzulassen, denen die Erbeneigenschaft fehlt.

In einem solchen Falle bleiben die Vorschriften des § 139 HGB unanwendbar, da die Erbeneigenschaft zur Erfüllung des in § 139 HGB geforderten Tatbestandes unbedingte Voraussetzung ist. Für die übrigen Gesellschafter besteht die Verpflichtung, diesen Nachfolger kraft Aufnahmevertrages[77] in die Gesellschaft aufzunehmen, da sie durch die Eintrittsklausel gebunden sind, jedoch ist für den Dritten damit keine Eintrittsverpflichtung verbunden, da er als Nichtgesellschafter und Nichterbe durch einen Gesellschaftsvertrag, an dem seine direkte oder indirekte Mitwirkung fehlt, nicht einseitig verpflichtet werden kann.

Die Möglichkeit der Eintrittsablehnung gewährt dem Dritten hinreichenden Schutz, ohne der Schutzrechte aus § 139 HGB zu bedürfen[78].

Unter Anwendung der normativen Vorschrift des § 139 HGB aber hat der Gesetzgeber beim Vorliegen einer Nachfolgeklausel den unmittelbaren Übergang der Mitgliedschaft eines verstorbenen persönlich haftenden Gesellschafters auf dessen Erben zugelassen und so die Fortsetzung der Gesellschaft mit Nachfolgern ermöglicht. Tatbestandliche Voraussetzung der Fortsetzung ist auch hier der Willensausdruck der Gesellschafter auf ein Weiterbestehen der Gesellschaft mit den Erben des Verstorbenen, der in der gesellschaftsvertraglichen Nachfolgeklausel seinen Niederschlag findet.

Wenn grundsätzlich die Personalgesellschaft auf Grund des Individualitätsprinzips an die Unveränderlichkeit ihres Mitgliederbestandes gebunden ist, so wird in der Anwendung des § 139 HGB die Durchbrechung dieses Prinzips gestattet.

---

[77] Vgl. KG, JW 1933, 119.

[78] Vgl. auch Hueck, OHG, § 28, S. 268.

In der Vorschrift des § 138 HGB, die es gestattet, die Gesellschaft ohne die Erben des Verstorbenen nach dessen Ausscheiden fortzusetzen, wird in erster Linie dem Bedürfnis der Gesellschafter nach der Erhaltung ihres Unternehmens ohne Berücksichtigung einer bestehenden Familiengebundenheit der Gesellschafter und Gesellschaftergruppen entsprochen.

Der § 139 HGB hingegen berücksichtigt eine umfassendere Interessenlage der Gesellschafter, indem er einerseits der Erhaltung des Unternehmens, andererseits aber auch der Wahrung der Beteiligung eines Gesellschafterstammes entgegenkommt und insoweit für eine wirtschaftliche Sicherstellung der Familienmitglieder eintritt.

Diese Auslegungsmöglichkeit des § 139 HGB macht also das Interesse der Gesellschafter verständlich, eine Fortsetzung der Gesellschaft auch *mit* den Erben zu beschließen. Das Interesse an der Existenzerhaltung und wirtschaftlichen Sicherung der Familienstämme findet seinen konkreten Ausdruck auch darin, daß, materiell betrachtet, die Kapitaleinlage des Erblassers der Gesellschaft nicht entzogen wird und, personell gesehen, die Leistungen des Erblassers als Geschäftsführer an seiner Stelle von den Erben weiter erbracht werden können, obgleich in der Nachfolge mit den Erben für die Mitgesellschafter und damit auch das Unternehmen ein gefährlicher Unsicherheitsfaktor liegen kann[79].

Für den Erben kann das Einrücken in die Gesellschafterstellung ebenso von verschiedenen Interessen bestimmt sein. Ihm kann daran liegen, sich eine Lebensstellung und Aufgabe zu schaffen, indem er wie sein Erblasser in der Unternehmung geschäftsführend tätig wird und sich für eine Vermögensmehrung einsetzt. Sein Interesse kann aber auch darauf ausgerichtet sein, nur die Kapitalbeteiligung seines Erblassers für sich zu erhalten, um auf diese Weise den Belastungen, die mit der Übernahme der geschäftsführenden Tätigkeit und unbeschränkten Haftung regelmäßig verbunden sind, aus dem Wege zu gehen[80].

Mit dem Tode des Gesellschafter-Erblassers können dem Erben durch die Übernahme der unbeschränkten persönlichen Haftung für bestehende und künftige Schulden sowie die Verpflichtung zur Ausübung der Geschäftsführung große Belastungen erwachsen, die ihn vielleicht zu einer völlig andersartigen Berufsausübung zwingen, wenn ihm, wie nach früherem Recht, nur die Wahl bleibt, die Belastung auf sich zu nehmen oder die Erbschaft auszuschlagen[81].

---

[79] So auch Betzler, Manfred, Die Stellung der Erben eines Offenen Handelsgesellschafters im Falle des § 139 HGB im Innenverhältnis, Diss., Köln 1952, S. 2.

[80] So im Ergebnis auch Betzler, a. a. O., S. 3.

[81] Hueck, OHG, § 28, S. 261.

„So wird er in eine Stellung verstrickt, die seine Persönlichkeit sowohl in personenrechtlicher wie in vermögensrechtlicher Hinsicht ergreift[82]".

Ihm wird durch die Übernahme der Position des vollhaftenden Gesellschafters die Pflicht zur Tätigkeit und eine unbeschränkbare Haftung für die Gesellschaftsverbindlichkeiten aufgebürdet, die nicht seinen Interessen und Fähigkeiten zu entsprechen brauchen.

Mit dem Erbfall wird der Erbe wie sein Erblasser persönlich haftender Gesellschafter[83]. Diese Stellung als persönlich haftender Gesellschafter hat aber keinen endgültigen Charakter; sie besteht nur während der ihm durch das Gesetz zugestandenen Überlegungsfrist, in der er sich eine endgültige Position wählen kann.

Die *Vorläufigkeit* seiner Stellung stellt ihn insoweit auch nicht den übrigen Gesellschaftern mit der Folge gleich, daß von ihm zunächst die geschäftsführende Tätigkeit nicht in vollem Umfange übernommen werden kann. Andererseits kann er während der Schwebezeit auch nicht die vollen Rechte eines persönlich haftenden Gesellschafters in Anspruch nehmen. Der Umfang seiner Rechte und Pflichten richtet sich vielmehr nach Treu und Glauben unter Berücksichtigung der mit dem Einzelfall verbundenen besonderen Umstände[84].

Die *Haftung* des vorläufigen persönlich haftenden Gesellschafters ist den Gesellschaftsgläubigern gegenüber beschränkt, da er bis zum Ablauf der Schwebezeit nur nach Maßgabe des BGB zu haften braucht[85].

Eine *Eintragung* in das Handelsregister hat schon mit der Übernahme der Gesellschafterstellung zu erfolgen, und zwar mit einem entsprechenden Vorbehalt des noch auszuübenden Wahlrechts nach § 139 HGB[86].

Der Vorbehalt muß gelöscht werden, sobald der Schwebezustand beendet und der Erbe als endgültiger persönlich haftender Gesellschafter in die Gesellschaft eingerückt ist.

Der Gesetzgeber hat den Gesellschafter- und Erbeninteressen in der Schutzvorschrift des § 139 HGB besonders entsprochen, indem er auf der einen Seite den Interessen der Gesellschafter durch die Sicherung der Kontinuität der Nachfolge und damit der Existenzerhaltung ihres

---

[82] Gierke, Julius von, Die Fortsetzung der OHG mit den Erben eines Gesellschafters, Festgabe zum 70. Geburtstag von Carl Wieland, Basel 1934, S. 102.

[83] Dür.-Hach., II, 2, § 139 Anm. 31 HGB; Weipert, § 139 Anm. 52 HGB; Gierke, J. v., a. a. O., S. 104; Hueck, OHG, § 28 S. 265; a. A. Jonen, August, Die Vereinbarung der Fortsetzung der OHG mit den Erben eines Gesellschafters, Bln. 1921, S. 26 ff.

[84] Hueck, a. a. O.

[85] Dür.- Hach., II, 2, § 139 Anm. 31 HGB; Weipert, § 139 Anm. 53 HGB.

[86] Dür.-Hach., II, 2, § 139 Anm. 32 HGB; Baumbach-Duden, § 139 Anm. 3 A HGB.

Unternehmens entgegenkommt; auf der anderen Seite finden die Interessen der Erben Berücksichtigung in der Möglichkeit, auf die aktive Mitarbeit in der Geschäftsführung zu verzichten und — durch Eintritt in die Kommanditistenstellung — die unbeschränkte Haftung in eine beschränkte umwandeln zu können.

Die Gesellschafter sind zwar möglicherweise durch das Einrücken eines ihnen vielleicht nicht genehmen Gesellschaftererben in der Wahrnehmung ihrer Rechte und Pflichten gefährdet, doch war ihnen diese Möglichkeit bereits zum Zeitpunkt der Abfassung der Nachfolgeklausel im Gesellschaftsvertrag nicht unbekannt. Zur Milderung möglicher Gefahren konnten den Erben aber Beschränkungen auferlegt werden.

Wenn der Gesetzgeber die Interessenlage sowohl der Gesellschafter als auch der nachfolgeberechtigten Erben berücksichtigt, so hat er der größeren Schutzwürdigkeit der Erben, die durch den Erbfall plötzlich vor größere Belastungen gestellt werden können, den Vorrang gegeben und die Möglichkeit eröffnet, ihrer Interessenlage durch das ihnen gem. § 139 HGB zugestandene Wahlrecht besondere Beachtung zu schenken.

a) Wahlrecht der Erben

Das *Wahlrecht* des § 139 HGB gewährt den Erben die Möglichkeit, entweder als unbeschränkt persönlich haftende Gesellschafter oder als Kommanditisten mit beschränkter Haftung in die Gesellschaft einzurücken oder aber auch die Erbschaft ganz auszuschlagen.

Entgegen der sonst weitgehend dispositiven Vorschriften im Gesellschaftsrecht liegt in § 139 HGB eine Bestimmung mit zwingender Wirkung vor, um dem Erben unter allen Umständen die Wahl auf eine unterschiedliche Stellung zu ermöglichen und ihn von Bindungen zu seinem Nachteil zu befreien und schließlich, ihn in seiner Entscheidung unbeeinflußt zu lassen.

In Abs. V des § 139 HGB heißt es: „Der Gesellschaftsvertrag kann die Anwendung der Vorschriften der Abs. I bis IV nicht ausschließen." Es kann lediglich bei Übernahme der Kommanditistenstellung der *Gewinnanteil* anders als der des Erblassers bestimmt werden.

Diese Regelung läßt aber eine erweiterte Interpretation zu, soweit die abweichenden Vereinbarungen des Gesellschaftsvertrages die Stellung des Erben *verbessern;* denn es besteht keine Veranlassung, die Gesellschafter in ihrer Vertragsfreiheit zu beschränken, soweit sie sich zugunsten der Nachfolger selbst belasten.

So kann die Kommanditeinlage des Erben nicht niedriger bemessen werden als die Einlage seines Erblassers; andererseits kann keine Erhöhung der Kommanditeinlage oder eine Kürzung des Abfindungsguthabens im Vergleich zu sonstigen Abfindungsfällen vorgesehen werden. Die andersartige Bemessung des Gewinnanteils ist für den Fall vorgesehen, daß der Erbe Kommanditist wird und ihm nicht wie seinem Erblasser die Verpflichtung zur Geschäftsführung und das Risiko der persönlichen Haftung auferlegt werden.

Soweit die Stellung der Gesellschaftsgläubiger nicht beeinträchtigt wird, sind alle von der Gesetzesnorm abweichenden Vereinbarungen zulässig, die der Interessenlage der Gesellschafter entgegenkommen und die Stellung des Gesellschaftererben nicht verschlechtern.

Der Anspruch auf die Kommanditistenstellung kann den Erben auch vertraglich zugestanden werden, jedoch ist § 139 HGB nicht anwendbar, wenn der Gesellschaftsvertrag die Fortsetzung der Gesellschaft nur mit den Erben als Kommanditisten vorsieht; denn dann bedürfen die Erben des Schutzes aus § 139 HGB nicht. Den Erben kann auch das Recht eingeräumt werden, sofort aus der Gesellschaft auszuscheiden, ohne vorher die Gewährung der Kommanditistenstellung zu fordern[87].

Durch den § 139 HGB wird also die Vertragsfreiheit der Gesellschafter eingeschränkt.

Anders ist es mit der *Testierfreiheit* des Erblassers. Der Erblasser kann im Testament eine Auflage anordnen, nach der der Erbe in die Gesellschaft einzutreten hat, nicht hingegen kann er ihm ein Eintrittsrecht zugestehen, das die Mitgesellschafter einseitig in unzulässiger Weise verpflichten würde.

Der Erbe kann bei einer derartigen Verpflichtung seines Erblassers nicht die Einräumung einer Kommanditistenstellung verlangen, da ihm die Erbschaft nur zufallen soll, soweit er dem Verlangen der übrigen Gesellschafter nachgibt und bereit ist, als persönlich haftender Gesellschafter in die Gesellschaft einzurücken.

So kann es zu einer Kollision der Interessen kommen, in der sich eine Inkongruenz erbrechtlicher und gesellschaftsrechtlicher Verfügungen zeigt. Es steht dem Merkmal der Individualität in der Gesamthandsgemeinschaft die weitaus weniger individuell bezogene Erbfolge auf Grund des Erbrechts gegenüber.

Die Bestimmung der Person des Nachfolgers im Gesellschaftsvertrag muß mit der Person des im Testament bestimmten Erben in Einklang stehen, wenn die Kongruenz von Erbrecht und Gesellschaftsvertrag gewahrt sein und die Mitgliedschaft durch Nachfolge von Todes wegen übergehen soll.

---

[87] Vgl. Dür.-Hach., II, 2, 139 Anm. 34 HGB; Weipert, § 139 Anm. 65—67 HGB; Hueck, OHG, § 28, S. 276 ff.

b) Nachfolge als vollhaftender Gesellschafter bei OHG und KG

aa) Vererbung auf den Alleinerben

Enthält der Gesellschaftsvertrag eine Nachfolgeklausel, so rückt der Erbe, falls nur *einer* vorhanden ist, als gesetzlicher oder testamentarischer Erbe unmittelbar in die Mitgliedschaft und damit in die personen- und vermögensrechtliche Stellung seines Erblassers ein. Die Mitgliedschaft wird durch die Nachfolgeklausel auf diese Weise zu einem vererblichen Rechtsgut gemacht[88].

Stimmen also gesellschaftsvertragliche Nachfolgeklausel und testamentarische Erbenbestimmung überein, so vollzieht sich der unmittelbare Übergang der Mitgliedschaft als ein Teil des Nachlasses auf Grund des § 1922 BGB.

Mit der Zurechnung der Mitgliedschaft zum Nachlaß des Erblassers folgt nicht ohne weiteres, daß sie in ihrer besonderen Eigenart auch von dem *Nachlaßverwalter* oder *Testamentsvollstrecker* als Nichtgesellschaftern ausgeübt werden kann; denn das würde einen Eingriff in die personenrechtliche Seite der Mitgliedschaft bedeuten und insoweit der engen Verbundenheit der durch die gesamthänderische Mitberechtigung zusammengeschlossenen Gesellschafter und Gesellschafter-Erben entgegenstehen[89].

bb) Vererbung auf mehrere Erben

Bereitet die Nachfolge eines Alleinerben bei Vorliegen einer entsprechenden Nachfolgeklausel keine besonderen rechtlichen Schwierigkeiten, so führen gesellschaftsvertragliche und erbrechtliche Verfügungen nicht ohne weiteres zu einer Übereinstimmung, wenn *mehrere* Erben in einer *Erbengemeinschaft* vorhanden sind.

Die Voraussetzung zu einer Nachfolgeregelung mit mehreren Erben liegt einmal in der Nachfolgeklausel des Gesellschaftsvertrages mit der Anordnung auf Fortführung der Mitgliedschaft mit den Erben eines verstorbenen Gesellschafters, zum anderen in der erbrechtlichen Verfügung mit der Bestimmung der zur Nachfolge vorgesehenen Erben.

Damit entsteht die Problematik der *Kollision* von *Gesellschafts-* und *Erbrecht,* da nach den erbrechtlichen Vorschriften der §§ 2032 ff. BGB den Erben die Mitgliedschaft nur in der Gemeinschaft zur gesamten Hand zustehen kann, und die gesellschaftsrechtlichen Normen in § 139 HGB fordern, daß „jeder" Erbe, d. h. also nur jeder *einzelne,* die Nachfolge antreten kann[90].

---

[88] Siebert, Gesellschaftsvertrag u. Erbrecht, S. 19.

[89] Vgl. Hueck, OHG, § 28, S. 268 f.; Siebert, Gesellschaftsvertrag und Erbrecht, S. 20.

[90] Vgl. RG 16, 56; Brundstädt, Gunther, Die Beerbung eines Kommanditisten durch mehrere Erben, Diss., Rostock 1939, S. 56, S. 65.

Eine Erbengemeinschaft ist nach bisher herrschender Lehre nicht in der Lage, als Mitglied einer Personalgesellschaft des Handelsrechts aufzutreten. Sie kann im Rechtsverkehr nicht als geschlossene Einheit erscheinen und auch keine unbeschränkte Haftung für ihre Mitglieder übernehmen, deshalb fehlen ihr die für eine Gesellschafterstellung erforderlichen Eigenschaften[91].

Wenn also nach den Normen des Gesellschaftsrechts eine Nachfolge in die Mitgliedschaft nur für die *einzelnen* Erben zulässig ist und vom Erbrecht her nur die Erbengemeinschaft als Erbin anerkannt wird, so ist keine Kongruenz zwischen den erbrechtlichen und gesellschaftsrechtlichen Verfügungen zu erzielen. Eine Beseitigung der Schwierigkeit kann indessen nicht dadurch erreicht werden, daß die Erbengemeinschaft sich auseinandersetzt und auflöst und die Miterben als einzelne Erben für die Nachfolge freigibt, „weil weder die Mitgliedschaft selbst noch ihr Kapitalwert in den Nachlaß gelangt sind, denn die Erbengemeinschaft, die vom Erbrecht her als allein möglicher Erwerber in Frage kommt, ist gesellschaftsrechtlich nicht nachfolgefähig“[92].

Die herrschende Lehre[93] löst diese Probleme durch die Annahme, daß die Erbengemeinschaft die Mitgliedschaft im Wege der Gesamtrechtsnachfolge erwirbt und die *Ausübung* der Mitgliedschaftsrechte durch jeden einzelnen Miterben erfolgt, der als selbständiger Erbe in die Gesellschaft eintritt, nachdem sich die Mitgliedschaft des Erblassers entgegen dem Gesamthandsprinzip vervielfältigt hat. Ein gemeinsames Handeln der Gemeinschaft zur gesamten Hand entfällt damit.

Hinzu kommt, daß auch begrifflich die Miterben nicht als Mitglieder einer Gesamthandsgemeinschaft Gesellschafter werden können, weil sonst die Möglichkeit einer Erbauseinandersetzung gemäß § 2042 BGB mit der Folge einer Zerschlagung der Gesellschaft eintreten und für die Miterben als Gesellschafter nur eine kollektive Ausübung der Geschäftsführungsbefugnis und Vertretungsmacht ermöglicht würde[94].

Der Ansicht der herrschenden Lehre hat sich auch der Bundesgerichtshof in einer Entscheidung vom 22. 11. 1956 angeschlossen und eine „Sondernachfolge der einzelnen Miterben in den geteilten Gesellschaftsanteil ihres Erblassers“ zugelassen[95].

---

[91] Dür.-Hach., II, 2, § 139 Anm. 15 HGB; Weipert, § 139 Anm. 25 HGB; Hueck, OHG, § 28, S. 265 f.; Siebert, Gesellschaftsvertrag u. Erbrecht, S. 21.

[92] Siebert, a. a. O., S. 21.

[93] Dür.-Hach., a. a. O.; Weipert, a. a. O.; Hueck, a. a. O.; Siebert, a. a. O.

[94] Zunft, NJW 1957, 1131; a. A. Buchwald, Friedrich, WP 1958, 152 f.; Eiselt, Gerhard, AcP, Bd. 158, 1959, S. 321 ff.

[95] BGH (Urt. v. 22. 11. 56 — II ZR 222/55) = BGH 22, 192 = NJW 1957, 180 = BB 1957, 9 f.

Eine Kongruenz erbrechtlicher und gesellschaftsvertraglicher Verfügungen bei der Beerbung eines Gesellschafters von *allen* Miterben wird also dadurch erzielt, daß die Erben, obwohl nach § 2032 BGB der Nachlaß nur gemeinschaftliches Vermögen der Erben darstellt, als Einzelpersonen mit einem quotenmäßigen Anteil ihres Erblassers Gesellschafter werden.

cc) Vererbung auf einen von mehreren Erben

Die Problematik von Gesellschaftsrecht und Erbrecht erreicht ein besonderes Maß an Schwierigkeiten, wenn nach dem Gesellschaftsvertrag die Mitgliedschaft des Gesellschafter-Erblassers nur mit *einem* von mehreren Erben fortgesetzt werden soll oder auch nur *einige* Erben die Nachfolgeschaft antreten können.

Wenn das Erbrecht nur eine Erbengemeinschaft als Erbin zuläßt, müßte also ein zur Nachfolge bestimmter Erbe aus dem Verband der Erbengemeinschaft herausgelöst und durch Verselbständigung seiner erbrechtlichen Rechtsstellung zum allein tauglichen Nachfolger gemacht werden, was allerdings mit den erbrechtlichen Grundsätzen nicht in Einklang stehen würde[96].

Während in einem Beschluß des LG Bremen[97] erklärt wird, nicht den gesamten Gesellschaftsanteil des Erblassers zum Nachlaß zu rechnen, sondern nur den vermögensrechtlichen Teil der Mitgliedschaft, fällt er nach Siebert[98] doch in den Nachlaß. Siebert nimmt eine *Sondererbfolge* in den Nachlaß an, nach der dem nachfolgeberechtigten Miterben, entsprechend den Bestimmungen des Gesellschaftsvertrages, die gesamte Mitgliedschaft allein zufällt und er sie als unmittelbar *selbständiger* Erbe erwirbt[99].

Die Erbengemeinschaft wird nach dieser Auslegung nicht Mitglied der Gesellschaft und hat auch keinen Abfindungsanspruch gegen sie, wenngleich der zur Nachfolge bestimmte Erbe seinen Miterben zur Ausgleichung und den Nachlaßgläubigern zur Haftung verpflichtet ist[100].

Wenn also Nachfolgeklausel und erbrechtliche Verfügung darin übereinstimmen, daß nur ein *bestimmter* Erbe in die Mitgliedsstellung eines Gesellschafters als Nachfolger eintreten soll, so geschieht das mit dem Erbfall unmittelbar. Die Mitgliedschaft wird sowohl mit ihren personen- als auch vermögensrechtlichen Elementen als Einheit auf

---

96 Siebert, Gesellschaftsvertrag u. Erbrecht, S. 22 f.

97 LG Bremen (Beschluß vom 27. 10. 1953 — 5 T 637/53) NJW 1954, 477, mit Anm. von Hueck.

98 Siebert, a. a. O.

99 Siebert, a. a. O., S. 24; derselbe, NJW 1955, 811; derselbe StbJb 1955/56, S. 319.

100 Siebert, Gesellschaftsvertrag u. Erbrecht, S. 24 f.

den Erben übertragen, der dadurch allein Gesellschafter wird, während für die übrigen Miterben keine Beziehungen zur Gesellschaft entstehen[101].

In der Untersuchung der Fragen, die mit der Erbfolge und Erhaltung des Unternehmens im Zusammenhang stehen, ist diejenige bedeutsam, inwieweit § 139 HGB auch anwendbar ist für den Fall, daß die Gesellschaft mit den *Erben eines Erben* fortgesetzt werden soll. Eine Beantwortung dieser Frage in der Literatur fällt unterschiedlich aus.

So wird u. a. gefordert, daß einem Erben durch das Einrücken in die vollen Rechte eines persönlich haftenden Gesellschafters auch die Stellung zufällt, die alle übrigen vollhaftenden Gesellschafter einnehmen und die Nachfolgeklausel, soweit sie allgemein für jeden Gesellschafter vorgesehen ist, ebenso für den Erbeserben gilt, ohne daß es einer neuen Vereinbarung für diesen Erben bedarf[102].

Die Möglichkeit einer Auflösung der Gesellschaft wird durch eine Fortsetzung der Gesellschaft mit Erbeserben nicht aufgegeben, da es den Gesellschaftern unbenommen bleibt, durch Kündigung, Beschluß oder Auflösungsklage die Auflösung herbeizuführen.

Die Vertreter einer anderen Meinung[103] lassen eine Bestimmung des Gesellschaftsvertrages nicht zu, nach der die Gesellschaft auch mit den Erben des als Erben eintretenden Gesellschafters fortgesetzt werden soll. Die Ansicht wird damit begründet, daß es nicht angehe, das Wort „Erbe“ auch auf die „Erbeserben“ auszudehnen. „Es wäre ungesund, die Gesellschafter auf Generationen hin aneinander zu ketten[104].“

In der Regel wird es im Interesse aller Gesellschafter liegen, die Gesellschaft durch eine Nachfolge mit den Erben zu erhalten. Wenn also eine Fortführung mit den Erbeserben nicht gewollt ist, so läßt sich eine entsprechende Vereinbarung jederzeit in den Gesellschaftsvertrag aufnehmen. Selbst beim Fehlen einer solchen Einschränkung bleibt es den Gesellschaftern unbenommen, die Fortsetzung mit Erbeserben zu verhindern und die Gesellschaft aufzulösen.

dd) Stellung der zur Nachfolge *nicht* bestimmten Erben

Die besondere Stellung der zur Nachfolge berechtigten Erben kann bei vorwiegend materieller Betrachtungsweise zu der Annahme füh-

---

[101] Im Ergebnis auch BGH (Urt. v. 22. 11. 1956 — ZR 222/55) BB 1957, 9 ff. = BGH 22, 186; vgl. RG, DR 1943, S. 1226; Hueck, OHG § 28, S. 266.

[102] Vgl. Hueck, OHG, § 28, S. 268.

[103] Dür.-Hach., II, 2, § 139 Anm. 13 HGB; von Welpert § 139 Anm. 6 HGB wird die Frage offen gelassen, doch die Zulässigkeit der Fortsetzung mit Erbeserben nicht bestritten.

[104] Dür.-Hach., II, 2, § 139 Anm. 13 HGB.

ren, daß eine einseitige Bevorzugung der Nachfolgeberechtigten durch den Erblasser zum Nachteil der übrigen Miterben vorliege.

Unter dem Gesichtspunkt der Unternehmenserhaltung ist diese Annahme nicht unbedingt gerechtfertigt, da mit der Übernahme der Stellung eines vollhaftenden Gesellschafters persönliche Rechte und Pflichten und ein großes Haftungsrisiko verbunden sind.

Dessenungeachtet wird eine materielle Besserstellung des Nachfolgeberechtigten in der Regel gewollt sein, und es erübrigt sich die Frage, wie ein Ausgleich im Verhältnis zu den Miterben vorgenommen werden kann.

Der Bundesgerichtshof hat in einem Urteil vom 22. 11. 56[105] zur Beantwortung der Frage eines Ausgleichs der übrigen Erben ausgesprochen, daß der allein zur Nachfolge berechtigte Erbe die Vermögensbeteiligung seines Erblassers an der Gesellschaft nur mit der Quote übernehmen darf, mit der er auch als Erbe eingesetzt ist und ihm nur seine Erbquote und nicht mehr oder weniger zufallen kann.

Um dem Nachfolgeberechtigten aber den vollen Wert des Kapitalanteils des Erblassers zukommen zu lassen, sind die anderen Gesellschafter verpflichtet, dem Gesellschaftererben die ihnen zugewachsenen Anteile abzutreten, um ihm eine Beteiligung mit dem vollen Kapitalanteil seines Erblassers zu ermöglichen, während die Miterben einen *Abfindungsanspruch* nach Maßgabe der gesellschaftsvertraglichen Regelung und in Höhe der ihnen zustehenden Erbteile gegen die Gesellschaft erhalten.

Bei der Annahme eines unmittelbaren Übergangs der Mitgliedschaft auf den allein nachfolgeberechtigten Erben können jedoch Abfindungsansprüche der übrigen Miterben gegen die Gesellschaft *nicht* erhoben werden, da die Mitgliedschaft als Ganzes zum Nachlaß gehört.

Es findet kein Ausscheiden und infolgedessen auch kein Zuwachsen des Kapitalanteils nach § 738 BGB an die übrigen Gesellschafter statt, weil beim Vorliegen einer entsprechenden Nachfolgeklausel die Mitgliedschaft vererblich gestaltet ist und der Nachfolger unmittelbar in die gesamte Mitgliedsstellung seines Erblassers einrückt und diese somit in vollem Umfange übernimmt[106].

Unabhängig von dieser Betrachtungsweise kann für den Fall des Todes eines Gesellschafters ein Abfindungsanspruch der Erben durch den Gesellschaftsvertrag auch gänzlich ausgeschlossen werden, was dann zu vereinbaren ist, wenn die Mitgliedschaft nicht zum Nachlaß gerechnet wird.

---

105 BGH 22, 186.

106 Vgl. Merkel-Siebert, BB 1956, 838; Zunft, NJW 1957, 1132.

Im Verhältnis der Erben *untereinander* steht nicht der Gesellschaftsvertrag, sondern das Erbrecht mit der Maßgabe im Vordergrund, bei der Auseinandersetzung der Miterben den Mitgliedschaftswert vollständig zu berücksichtigen. Der nachfolgeberechtigte Miterbe müßte danach Ausgleichszahlungen an die Miterben so lange leisten, bis deren Erbquote erfüllt ist[107].

Im Gegensatz dazu vertritt Zunft[108] die Ansicht, daß die unter den Miterben ausgleichspflichtigen Zuwendungen keine Bestandteile des Nachlasses sind, während der Gesellschaftsanteil zum Nachlaß gehört. Infolgedessen sieht Zunft keine gesetzliche Möglichkeit einer „Ausgleichspflicht des den Gesellschaftsanteil im Wege der Sondererbfolge erwerbenden Gesellschaftererben bei der Erbauseinandersetzung bzgl. der übrigen Nachlaßgegenstände".

Als Folge der nicht übereinstimmenden Ansichten sollte man in der Praxis jedenfalls beachten, den zur Nachfolge bestimmten Erben nicht mit übermäßigen Ausgleichsforderungen zu belasten. Soweit außerhalb des Gesellschaftsvermögens noch Privatvermögen vorhanden ist, könnte beim Vorliegen einer entsprechenden Teilungsanordnung (§ 2048 BGB) des Erblassers ein Ausgleich an die übrigen Erben über diese Vermögenswerte stattfinden. Der Erblasser kann ferner testamentarisch eine Beschränkung der Erbquote und Ratenzahlungen für den Ausgleich der nicht zur Nachfolge bestimmten Erben anordnen.

Mit Einverständnis aller Gesellschafter kann überdies für die weichenden Erben ein *Nießbrauchsrecht* an der Mitgliedschaft des Nachfolgeerben bestellt werden, das den Erben eine Beteiligung an der Substanz über längere Zeit sichert, ohne damit die Gesellschaft durch direkte Eingriffe in ihre Vermögenssubstanz zu belasten. Schließlich kann der Erblasser die übrigen Erben auch auf den ihnen zustehenden Pflichtteil beschränken[109].

Wichtig bei allen konstruktiven Möglichkeiten ist es, sowohl im Testament als auch im Gesellschaftsvertrag übereinstimmende Vereinbarungen mit der Maßgabe zu treffen, nach dem Grundsatz einer weitgehenden *Gerechtigkeit* einerseits den Nachfolger vor übermäßigen, das Unternehmen gefährdenden Ausgleichszahlungen zu schützen und andererseits die weichenden Erben mit einem entsprechenden Anteil an der Erbschaft zu bedenken.

---

[107] Merkel-Siebert, BB 1956, 839.

[108] Zunft, NJW 1957, 1133.

[109] Merkel-Siebert, BB 1956, 839.

ee) Haftung für Gesellschaftsschulden

Als endgültiger persönlich haftender Gesellschafter haftet der Gesellschaftererbe für die Gesellschaftsschulden, die vor und auch nach seinem Eintritt entstanden sind, unbeschränkt und persönlich[110].

c) Nachfolge als Kommanditist

Der § 139 HGB gesteht jedem Erben eines persönlich haftenden Gesellschafters die Möglichkeit der Geltendmachung eines Gestaltungsrechtes zu, durch das ihm die Berechtigung eingeräumt wird, die gefahrvolle Stellung des persönlich haftenden Gesellschafters aufzugeben und statt dessen die Stellung eines Kommanditisten zu verlangen mit den Vorteilen der beschränkten Haftung, der Aufgabe des Konkurrenzverbotes (§ 112 HGB) und der nicht erforderlichen Mitarbeit in der Geschäftsführung.

Die Geltendmachung dieses Rechts hat in der Form eines Antrages an die übrigen Gesellschafter innerhalb einer Frist von 3 Monaten zu erfolgen, die mit dem Zeitpunkt des Anfalls der Erbschaft zu laufen beginnt (§ 139 HGB).

Wenn der Antrag von den übrigen Gesellschaftern einstimmig angenommen wird, so verwandelt sich die Stellung des Gesellschaftererben in die eines Kommanditisten. Gleichzeitig wandelt sich, falls eine OHG vorliegt, die Gesellschaft unter Wahrung ihrer Identität in eine KG um[111].

Eine Veränderung tritt lediglich hinsichtlich der Rechtsstellung des Gesellschaftererben ein, der nun als vollwertiger Kommanditist der Gesellschaft angehört.

Der Kommanditist haftet für die *vor* seinem Einrücken in die Kommanditistenstellung entstandenen Schulden nach den erbrechtlichen Bestimmungen des BGB, die ihm eine Beschränkung seiner Haftung auf den Nachlaß gestatten.

Für die *nach* seinem Einrücken in die Kommanditistenstellung entstehenden Schulden haftet der Gesellschaftererbe nach den Haftungsgrundsätzen eines Kommanditisten. Insoweit haftet er persönlich grundsätzlich nur nach den Bestimmungen der §§ 171, 172 HGB.

aa) Die Behandlung der Kommanditeinlage

Für eine betriebswirtschaftlich annehmbare Auslegung des Gesetzestextes in bezug auf die Bestimmung der Kommanditeinlage reicht die

---

[110] Weipert, § 139 Anm. 22 HGB.

[111] Dür.-Hach., II, 2, § 139 Anm. 19 HGB; Weipert, § 139 Anm. 47 HGB; Hueck, OHG, § 28, S. 271.

dort gegebene Formulierung, die *Einlage* des Erblassers als Kommanditeinlage des Erben anzuerkennen, nicht aus. Es haben sich daraufhin auch verschiedene Ansichten zur Bestimmung der Kommanditeinlage mit dem Anliegen entwickelt, eine betriebswirtschaftlich und rechtlich tragbare Lösung zu finden.

Nach der ersten Auffassung soll als Einlage der vom Erblasser z. Zt. des Todes hinterlassene aktive Kapitalanteil ausschlaggebend sein[112].

Die zweite Ansicht will von der ursprünglich im Gesellschaftsvertrag geleisteten Einlage des Erblassers ausgehen[113].

Eine weitere Auffassung besteht darin, zu dieser Einlage spätere Kapitalmehrungen hinzuzurechnen, Kapitalminderungen aber nicht abzuziehen[114].

Schließlich wird als vierte Meinung vertreten, die Einlage des Erben nach Maßgabe des effektiven Wertes der Einlage des Erblassers unter Berücksichtigung der offenen und stillen Reserven festzusetzen[115].

Bei dem Widerstreit der Meinungen ist in erster Linie danach zu trachten, den wirtschaftlichen Gegebenheiten gerecht zu werden, der Gesellschaft das bisherige Vermögen ungeschmälert zu erhalten und den Erben keine Zuzahlungspflichten aus dem Privatvermögen aufzuerlegen.

Danach bietet sich als brauchbare und wirtschaftlich zu rechtfertigende Lösung die *erste* Auffassung an, nach der die Kommanditbeteiligung nach dem vereinbarten Kapitalanteil unter Berücksichtigung der noch rückständigen Einlage des Erblassers zum Zeitpunkte seines Todes bestimmt werden soll[116]. Die auf diese Weise bestimmte Kommanditeinlage kommt den Interessen des Erben besonders entgegen, da er als vollwertiger Gesellschafter sofort an den laufenden Erträgen des Unternehmens teilnimmt und nicht etwa verpflichtet ist, die Gewinne bis zum Erreichen einer nicht vollständigen Einlage stehen zu lassen.

Durch die Erhaltung der Substanz der Beteiligung des Erblassers in ihrer vollen Höhe wird dem Gesellschaftsinteresse weitgehend Rechnung getragen. Diese Lösung, die den nominellen Kapitalanteil des Erblassers der Kommanditeinlage seines Erben zugrunde legt, ist auch mit dem *Wortlaut* und dem *Zweck* der Bestimmung des § 139 HGB vereinbar.

Durch die verschiedenen Auslegungsmöglichkeiten des § 139 HGB werden den Gesellschaftern mannigfache Möglichkeiten einer Bemes-

---

[112] Gierke, J. v., a. a. O., S. 107; vgl. auch Hueck, OHG, § 28, S. 272.
[113] Weipert, § 139 Anm. 51 HGB.
[114] Dür.-Hach., II, 2, § 139 Anm. 19 HGB; Schlegelberger, § 139 Anm. 45 HGB.
[115] Baumbach-Duden, § 139 Anm. 3 B HGB.
[116] Vgl. Sudhoff, NJW 1958, 404; Hueck, OHG, § 28, S. 272.

sung ihrer Kommanditeinlage zugestanden, der sehr verschiedenartige Motive zugrunde liegen können.

Bei der Beurteilung und Einordnung der Kommanditeinlage für den Gesellschaftererben ist die Tatsache bedeutsam, daß es für Personalgesellschaften „weder ein gesellschaftsrechtlich über das Gesamthandsprinzip hinaus gebundenes Vermögen noch eine kraft zwingenden Rechts angeordnete Beschränkung des gesellschaftsrechtlichen Ertragsanteils auf den Reingewinn gibt. Namentlich ist etwa die Einlage des Kommanditisten trotz ihrer haftungsbeschränkenden Wirkung in ihrer gesellschaftsrechtlichen Funktion mit dem Grundkapital und den Rücklagen einer Aktiengesellschaft in dem hier entscheidenden Punkte nicht zu vergleichen“[117]. Die Bedeutung der Kommanditeinlage besteht in der für den Gesellschaftsgläubiger ersichtlichen Haftungssumme, während indessen ihre Bewertung in keiner Beziehung zu dem Gewinnausweis der Gesellschaft steht[118].

Es ist nicht Aufgabe der vorliegenden Arbeit, in den Streit der Meinungen über die Berechnung und die Festsetzung der Kommanditeinlage einzutreten, da eine brauchbare Lösung, die den wirtschaftlichen Bedürfnissen und dem *Zweck* des Gesetzes zu entsprechen hat, nur immer dann gefunden werden kann, wenn die Beteiligten sich im Einzelfall selbst zu einer für sie adäquaten Lösung durchringen[119].

bb) Die Bestimmung des Gewinnanteils des Erbenkommanditisten

Nach Abs. V Halbs. 2 des § 139 HGB kann in Abweichung von der sonst zwingenden Vorschrift der *Gewinnanteil* des Erbenkommanditisten anders als der seines Erblassers bestimmt werden.

Das wird namentlich dann der Fall sein, wenn dem Erblasser, der als geschäftsführender persönlich haftender Gesellschafter tätig und vielleicht besonders qualifiziert war, Sondervergütungen in Form von Tantiemen oder festen Gewinnvorwegnahmen zustanden.

Es muß also eine besondere vertragliche Vereinbarung getroffen werden, wenn dem Erbenkommanditisten ein anders bemessener Gewinnanteil zukommen soll, der ihm nach Abs. I des § 139 HGB bei Annahme seines Antrages „belassen“ wird, d. h., im gleichen Umfang bestehen bleibt, als wenn er persönlich haftender Gesellschafter geblieben wäre.

---

[117] Ballerstedt, Kurt, Kapital, Gewinn und Ausschüttung bei Kapitalgesellschaften, Tübingen 1949, S. 56.

[118] Ballerstedt, a. a. O.

[119] Deshalb sei nur auf die einschlägige Literatur verwiesen, die sich mit diesem Problem befaßt; vgl. Sudhoff, Heinrich, NJW 1958, 401 ff.; Buchwald, DB 1958, 1003 ff.; Hueck, OHG, § 28, S. 272 ff.; Betzler, a. a. O., S. 28 ff.

Wird eine Regelung der Bestimmung des Gewinnbezuges getroffen, so gilt diese Vereinbarung nach der Auslegungsregel des § 722 BGB, im Zweifel auch für die Verlustbeteiligung, wenngleich diese gem. § 167 Abs. III HGB begrenzt wird, da „der Kommanditist nur bis zum Betrage seines Kapitalanteils und seiner noch rückständigen Einlage“ am Verlust teilnimmt.

Der nach Maßgabe der getroffenen Vereinbarung freiwerdende Gewinnanteil wächst, wenn sich aus den vertraglichen Bestimmungen nichts Gegenteiliges ergibt, den übrigen Gesellschaftern entsprechend ihrer bisherigen Gewinnbeteiligungsquote zu[120].

cc) Ausscheiden des Erben aus der Gesellschaft bei fehlender Annahme des Antrages auf Kommanditistenstellung durch die übrigen Gesellschafter

Dem Gesellschaftererben steht nach § 139 Abs. II HGB das Recht zu, ohne Einhaltung einer Kündigungsfrist sein Ausscheiden aus der Gesellschaft zu erklären, wenn die übrigen Gesellschafter den von ihm rechtzeitig gestellten Antrag auf Einräumung einer Kommanditistenstellung ablehnen. Damit steht dem Erben ein *Recht* zu auszuscheiden. Sollte er es jedoch vorziehen, als persönlich haftender Gesellschafter in der Gesellschaft zu verbleiben, so steht den Mitgesellschaftern kein Recht auf Forderung seines Austritts zu.

Der Austritt ist allen Gesellschaftern gegenüber innerhalb einer Dreimonatsfrist zu erklären[121]. Wird die Austrittserklärung wirksam, so scheidet der Erbe aus, während die Gesellschaft unter den verbleibenden Gesellschaftern fortgesetzt wird. Der Vertragswille wird also wenigstens insoweit aufrechterhalten, als die Gesellschaft nicht der Auflösung verfällt[122].

Mit dem Ausscheiden, das mit Abgabe der Austrittserklärung erfolgt, entsteht der Anspruch des Erben auf das Abfindungsguthaben, dem bei der Berechnung auch dieser Zeitpunkt zugrunde zu legen ist und das sich nach den allgemeinen Grundsätzen der §§ 738—740 BGB richtet[123].

dd) Haftung für Gesellschaftsschulden

Der Erbe haftet bei seinem Ausscheiden für die bis zum Zeitpunkt des Ausscheidens entstandenen Gesellschaftsschulden nach Maßgabe der beschränkten Erbenhaftung und ist von der Haftung für später

---

[120] Vgl. Weipert, § 139 Anm. 49—50 HGB.

[121] Vgl. Dür.-Hach., II, 2, § 139 Anm. 25 HGB.

[122] Dür.-Hach., II, 2, § 139 Anm. 26 HGB; Hueck, OHG, § 28, S. 274.

[123] Dür.-Hach., II, 2, § 139 Anm. 27 HGB.

entstandene Schulden befreit, sofern die Berichtigung des Handelsregisters erfolgt ist[124].

Der § 139 HGB hat nur Gültigkeit für eine Nachfolge mit den Erben eines Gesellschafters. Die Gesellschafter sind also an die von § 139 HGB verlangte Erbeneigenschaft gebunden, wenn sie die Möglichkeiten der gesetzlichen Vorschrift in Anspruch nehmen wollen. Deshalb gestattet das Gesetz den Gesellschaftern keine erbrechtliche Regelung im Gesellschaftsvertrag des Inhalts, andere Personen in die Nachfolge eines verstorbenen Gesellschafters als die Erben zuzulassen. Pflichtteilsberechtigte und Vermächtnisnehmer können nicht auf Grund einer Nachfolgeklausel Gesellschafter werden, wenn sie nicht gleichzeitig Erben sind, ebenso nicht Erbschaftskäufer und Erwerber von Miterbenanteilen[125]. Insoweit kommt nur ein Eintrittsrecht in Betracht.

ee) Geltendmachung der Rechte gemäß § 139 HGB als Annahme der Erbschaft

Der zum Gesellschafternachfolger bestimmte Erbe setzt die Mitgliedschaft seines Erblassers dann nicht fort, wenn er nach § 1942 BGB die Erbschaft ausschlägt. Das Ausschlagungsrecht für den Erben geht mit der Annahme der Erbschaft verloren. Eine solche liegt in der Forderung der Rechte aus § 139 HGB.

Bei Erbausschlagung gilt der Erbanfall als nicht erfolgt, womit der Erbe gegen eine Inanspruchnahme für Nachlaß- und Gesellschaftsschulden gesichert ist.

3. Nichtgesellschafter in der Ausübung von Gesellschafterrechten zur Sicherung der Nachfolge

a) Der gesetzliche Vertreter und Vormund

Im Kreise der Beteiligten einer Personalgesellschaft werden häufig die als Nachfolger ausersehenen Personen noch minderjährig sein oder das im Gesellschaftsvertrag vorgeschriebene Mindestalter, das die gesellschaftsvertragliche Eintrittszulässigkeit begründet, noch nicht erreicht haben.

Die Berücksichtigung der Interessenlage Minderjähriger wird von Gesetzes wegen ausführlich geregelt. In der Gesellschaft werden durch den gesetzlichen Vertreter des Minderjährigen sowohl die personen- als auch vermögensrechtlichen Mitgliedschaftsrechte ausgeübt. Wenn der Minderjährige von der Geschäftsführungsbefugnis nicht ausge-

---

[124] Vgl. Hueck, OHG, § 28, S. 276.

[125] Dür.-Hach., II, 2, § 139 Anm. 12 HGB; Hueck, OHG, § 28, S. 268.

schlossen ist (was aber in der Regel der Fall sein wird), stehen dem gesetzlichen Vertreter diese Rechte zu. Selbst die Vertretungsmacht kann der gesetzliche Vertreter ausüben, soweit der Minderjährige nicht auch hiervon ausgeschlossen ist[126].

Der Einfluß eines gesetzlichen Vertreters in der Gesellschaft kann indessen von sehr zweifelhaftem Wert sein, wenn ein Dritter, dem u. U. die Fähigkeiten zur Führung der Geschäfte fehlen, den Gesellschaftern als berechtigter Vertreter präsentiert wird.

Deshalb werden die Gesellschafter darauf bedacht sein, die Bestellung eines Vormundes für einen ihrer minderjährigen Mitgesellschafter anzustreben, indem sie eine zum Vormund geeignete Person aus ihrem näheren Bekannten- oder Verwandtenkreise in Vorschlag bringen.

Eine Gefahr kann aber in der Bestellung einer Person zum Vormund dann liegen, wenn diese Ehegatte eines Gesellschafters aus einem anderen Gesellschafterstamm ist. Auf Grund des Eheverhältnisses und der Gesellschaftereigenschaft des anderen Ehegatten sowie des Mündels entsteht eine Interessenkollision, da zwischen dem Gesellschafterehegatten und dem Mündel ein Rechtsgeschäft gesellschaftlicher Art vorliegt. Dann kann nach § 1795 Abs. I Z. 1 BGB der Vormund den Mündel nicht bei einem Rechtsgeschäft vertreten, das zwischen dem Ehegatten des Vormundes und dem Mündel besteht. In einem solchen Falle muß also gemäß § 1909 Abs. I Satz 1 BGB wegen rechtlicher Verhinderung des Vormundes ein Pfleger bestellt werden. Der Minderjährige soll dagegen geschützt werden, daß der Vormund in der Kollision seiner Pflichten, die ihm sowohl als Ehemann als auch Vormund auferlegt sind, nicht rückhaltlos die Interessen des Mündels wahrt.

Die Rechtsfolge einer solchen fehlerhaften Vertretung ist die Unwirksamkeit des Rechtsgeschäftes[127]. Ein derartiges Rechtsgeschäft könnte in dem Abschluß oder auch nur in der Abänderung eines Gesellschaftsvertrages liegen.

Das Rechtsgeschäft kann jedoch während der Minderjährigkeit durch den Pfleger oder später den nunmehr volljährigen Erben nachträglich genehmigt werden; bis dahin besteht allerdings die schwebende Unwirksamkeit fort.

Der Abschluß eines Gesellschaftsvertrages bedarf zum Schutze eines jeden an der Gesellschaft beteiligten oder zu beteiligenden Minderjährigen oder Mündels der Genehmigung des *Vormundschaftsgerichtes*[128].

---

[126] Lehmann, Heinrich, Gesellschaftsrecht, II. Aufl. 1959, § 20, S. 120.

[127] Vgl. RGR Kommentar zum BGB, 9. Aufl. 1940, § 1795 Anm. 2 BGB.

[128] BGH (Urt. v. 30. 4. 1955 — II ZR 202/53) = BGH 17, 160 = NJW 1955, 1067, = LM (3) 1822 Z. 3 BGB (L. Fischer) = JZ 1955, 433 L = MDR 1955, 667

Die Eindeutigkeit des Erfordernisses der vormundschaftsgerichtlichen Genehmigung ist nicht gegeben, wenn lediglich eine *Änderung* des Gesellschaftsvertrages vorgenommen wird.

Diese Frage ist in der Literatur nicht besonders eingehend geregelt worden.

Weipert[129] vertritt die Ansicht, daß für die Änderung eines bereits abgeschlossenen Vertrages dasselbe gelten müsse in bezug auf das Zustandekommen, Form und Inhalt des Änderungsvertrages, wie für den Abschluß. Eingehender wird das Problem von Düringer-Hachenburg[130] behandelt. Sie fordern, daß Nichtgeschäftsfähige durch ihren gesetzlichen Vertreter vertreten werden und der Vormund zum Abschluß des Vertrages der Genehmigung des Vormundschaftsgerichts bedarf. Dieselben Grundsätze sollen für die Abänderung des Gesellschaftsvertrages Geltung haben.

Düringer-Hachenburg lehnen ein älteres Urteil des Kammergerichtes[131] aus dem Jahre 1912 ab, das die vormundschaftsgerichtliche Genehmigung bei der Abänderung eines Gesellschaftsvertrages für nicht erforderlich hält. Sie sind vielmehr der Auffassung, daß durch eine Abänderung des Gesellschaftsvertrages der Schutzzweck des § 1822 Z. 3 BGB umgangen werden könne. Die Einräumung der Alleinvertretungsmacht, z. B. an einen ursprünglich nur zur Gesamtvertretung befugten Gesellschafter, würde im Wege der Vertragsänderung weiter gehen als die nach § 1822 Z. 11 BGB stets genehmigungsbedürftige Erteilung einer Prokura.

Dieser Ansicht, nach der auch die *Abänderung* eines Gesellschaftsvertrages gemäß § 1822 Z. 3 BGB genehmigungsbedürftig ist, muß zugestimmt werden. Der Minderjährige ist bei einer Vertragsänderung genau so schutzbedürftig wie bei einem Vertragsneuabschluß.

Wenn aber infolge fehlender Genehmigung des Vormundschaftsgerichts oder fehlerhafter Vertretung des Minderjährigen der Gesellschaftsvertrag unwirksam ist, so hat dies nicht automatisch das Fehlen eines Gesellschaftsvertrages schlechthin zur Folge. Man wird vielmehr die Grundsätze über die *faktische Gesellschaft* anwenden müssen[132].

Besonderer Schutz kommt im Gesellschaftsverhältnis der faktischen Innengesellschaft dem Minderjährigen zu. Den Gesellschaftsgläubigern

---

(Nipperdey zustimmend) = BB 1955, 489 = DB 1955, 553 = DNotZ 1955, 530, = Siebert, StbJb 1955/56, S. 325;

Vgl. auch OLG Düsseldorf (Urt. v. 5. 1. 51 — 2 U. 222/49).

129 Weipert, § 105 Anm. 60 HGB.

130 Dür.-Hach., II, 2, § 105 Anm. 14 a HGB.

131 KG RJA 12, 48 = Recht 1913, Nr. 211.

132 Vgl. Siebert, StbJb 1955/56, S. 327 ff.

gegenüber haftet der Minderjährige nicht, weil nach bestehender Rechtsprechung der Schutz des nicht voll Geschäftsfähigen den Interessen gutgläubiger Dritter bevorzugt behandelt wird[133]. Selbst im Innenverhältnis entstehen dem Minderjährigen keine Verpflichtungen aus dem Gesellschaftsverhältnis[134].

Bis zum Abschluß eines endgültigen Vertrages werden daher die Beziehungen der Gesellschafter untereinander nach den gesetzlichen Vorschriften geregelt, wie z. B. die Geschäftsführung nach den Vorschriften der §§ 114 Abs. I, 161 Abs. II HGB.

b) Der Testamentsvollstrecker

Die Rechte des Testamentsvollstreckers, der ein gesetzliches Verwaltungsrecht ausübt, sind durch die letztwillige Verfügung des Erblassers nach § 2197 BGB angeordnet und stehen deshalb nicht ohne weiteres in Übereinstimmung mit den gesellschaftsvertraglichen Verfügungen. Die Gesellschafter brauchen infolgedessen die Ausübung der persönlichen Mitgliedschaftsrechte des Erben nicht gegen sich gelten zu lassen. Wegen der Bindung der Rechte und Pflichten der Gesellschafter im Gesellschaftsverhältnis kann die Anordnung der Testamentsvollstreckung nur durch ausdrückliche Vereinbarung im Gesellschaftsvertrag oder mit Zustimmung der Mitgesellschafter wirksam werden[135].

Der Testamentsvollstrecker, der am Nachlaß ein gesetzliches Verwaltungsrecht besitzt und den Erben gegenüber eine gesetzliche Vertretungsmacht ausübt, unterscheidet sich wesentlich von den übrigen gesetzlichen Vertretern. Seine Aufgabe ist es, den letzten Willen des Erblassers auszuführen (§ 2203 BGB), indem er ein durch Rechtsgeschäft entstandenes Verwaltungsrecht mit umfassenden Befugnissen unter Ausschaltung der Erben ausübt[136].

Wenn grundsätzlich die Gesellschafter ihre mitgliedschaftlichen Rechte auf Grund der Individualität in der Gesellschaft nur persönlich ausüben können, so steht dem die Bevollmächtigung eines Testamentsvollstreckers durch die Gesellschafter-Erben nicht entgegen, da die Rechtssubstanz ungeschmälert bei dem Gesellschafter verbleibt und nur zusätzlich eine Befugnis in der Person des Bevollmächtigten begründet wird. Eine Bevollmächtigung zur Ausübung der Verwaltungsrechte widerspricht nicht dem Wesen der Mitgliedschaft; denn von ihr

---

133 RG 154, 155.

134 BGH 17, 160.

135 RG 172, 199; Siebert, StbJb 1955/56, S. 326; BGH 24, 114; Baumbach-Duden, § 139 Anm. 4 A HGB.

136 Siebert, StbJb 1955/56, S. 326; Richardi, Reinhard, Das Verwaltungsrecht des Testamentsvollstreckers an der Mitgliedschaft in einer Personenhandelsgesellschaft, Berlin und Frankfurt 1961, S. 19.

werden nur die Interessen der übrigen Gesellschafter berührt[137]. Voraussetzung ist daher zunächst die allgemeine Zulässigkeit im Gesellschaftsvertrag oder die Zustimmung der übrigen Gesellschafter. Eine weitere Voraussetzung liegt in der Widerruflichkeit der Bevollmächtigung durch die Erben, denen jederzeit auch persönlich eine Ausübung der Herrschaftsrechte in der Gesellschaft ermöglicht sein muß; denn keinesfalls darf mit Hilfe einer unwiderruflichen Vollmacht die Rechtsausübung von der Mitgliedschaft abgespalten werden.

Eine unbeschränkte Haftung für die Gesellschafter-Erben, die sich durch die Tätigkeit des Testamentsvollstreckers ergibt, wird durch die Vollmacht der Erben gedeckt[138].

Der Testamentsvollstrecker kann mit Zustimmung der Mitgesellschafter bei übereinstimmendem Willen des Erblassers auch den Gesellschaftsanteil auf sich als Treuhänder übertragen lassen. Dabei kann es sich sowohl um den Anteil eines persönlich haftenden Gesellschafters[139] als auch um den eines Kommanditisten[140] handeln.

Wenn also der Testamentsvollstrecker die Mitgliedschaftsrechte in seiner Eigenschaft als Bevollmächtigter der Erben-Gesellschafter geltend macht, müssen sich die Gesellschafter und die Erben-Gesellschafter die Ausübung dieser Rechte durch den Testamentsvollstrecker gefallen lassen, der auf diese Weise bei entsprechend fachlicher und menschlicher Eignung erheblichen Einfluß auf eine Fortsetzung des Unternehmens und die Sicherung der Nachfolge nehmen kann.

III. Die Nachfolgeregelung durch Rechtsgeschäft unter Lebenden auf den Todesfall

1. Nachfolge in die Mitgliedsstellung durch Übertragung der Mitgliedschaft

In der Übertragbarkeit der Mitgliedschaft eines Gesellschafters auf seinen Nachfolger als Rechtsgeschäft unter Lebenden auf den Todesfall kann eine weitere Möglichkeit gesehen werden, die Nachfolge zu regeln und den Fortbestand des Unternehmens zu sichern.

Eine im Gesellschaftsvertrag entsprechend ausgestaltete Nachfolgeklausel kann die Bestimmung enthalten, daß die Mitgliedschaft eines Gesellschafters, aufschiebend durch seinen Tod bedingt, auf einen Nachfolger übertragen werden soll.

---

[137] Siebert, a. a. O., S. 321 f.; Richardi, a. a. O., S. 39.

[138] Richardi, a. a. O., S. 45 f.

[139] BGH 24, 112; Baumbach-Duden, § 139 Anm. 4 D HGB.

[140] RG 172, 199; Baumbach-Duden, § 139 Anm. 4 D HGB.

Der Tod des Gesellschafters würde die Bedingung gleichzeitig eintreten lassen und die Mitgliedschaft auf diese Weise dem zur Nachfolge Bestimmten zufallen, wobei die Bedeutung der Nachfolgeklausel lediglich darin liegen würde, die Übertragung zu gestatten[141].

Die Bestimmung des Gesellschaftsvertrages allein bewirkt aber keineswegs die Übertragbarkeit der Mitgliedschaft, da es eine eigenständige, gesellschaftsrechtliche Nachfolge in unserem Rechtssystem nicht gibt. Deshalb kann nur ein Verfügungsgeschäft unter Lebenden auf den Todesfall in Frage kommen, durch das dem Nachfolgeberechtigten die Mitgliedschaft seines Erblassers im Augenblick seines Todes anfällt.

Wenn aber ein Verfügungsvertrag im Verhältnis der Gesellschafter untereinander nicht abgeschlossen werden kann, so bleibt als Verfügungstatbestand nur ein solcher zwischen dem verfügenden Gesellschafter und dem Nachfolgeberechtigten, in dem sich beide darüber einigen, daß nach dem Tode des ersteren die Mitgliedschaft auf den letzteren übergehen wird und sie diesem dann unmittelbar außerhalb des Erbganges zufällt[142].

Voraussetzung für den Übergang der Mitgliedschaft auf diesem Wege ist allerdings eine Schenkung zu Lebzeiten zwischen Gesellschafter und Nachfolgeberechtigtem und die absolute Bestimmung der Person des Nachfolgers und des weiteren, daß der Nachfolger seinem künftigen Eintritt auch rechtsgültig zustimmt.

Die gesellschaftsvertragliche Bestimmung in Verbindung mit der Annahmeerklärung des künftigen Nachfolgers wird nach heute vorherrschender Meinung als Schenkungsvollzug im Sinne des § 2301 Abs. II BGB ausgelegt, wenn der verfügende Gesellschafter seinem späteren Nachfolger auf diesem Wege eine geschützte Anwartschaft verschafft hat, soweit er durch die aufschiebend bedingte Übertragung gebunden werden soll[143].

Eine Berührung mit dem Erbrecht ergibt sich bei der Übertragung der Mitgliedschaft auf Grund eines Rechtsgeschäfts unter Lebenden auf den Todesfall allein durch die im § 2301 BGB ausgesprochene Schenkung von Todes wegen.

Der verfügende Gesellschafter-Erblasser muß den Willen zum Ausdruck bringen, seine Mitgliedschaft am Nachlaß vorbei direkt auf den Berechtigten zu übertragen mit der Folge, sie damit den übrigen Erben und auch den Nachlaßgläubigern zu entziehen[144].

---

[141] Siebert, Gesellschaftsvertrag und Erbrecht, S. 17.

[142] Siebert, NJW 1955, 812.

[143] Merkel-Siebert, BB 1956, 837.

[144] Siebert, NJW 1955, 812.

Die Bindungswirkung der Verfügung ist dann so stark, daß die Nachfolgeklausel nur im Einverständnis mit dem Nachfolgeberechtigten umgestaltet und die Bindung aufgehoben werden kann.

In der Praxis kann dieser Übertragungsform keine besondere Bedeutung beigemessen werden, da es einerseits nicht im Interesse des Nachfolgeberechtigten liegen wird, sich auf einen ungewissen Zeitpunkt für den Eintritt in die Mitgliedsstellung eines Gesellschafters zu binden und andererseits es auch in der Regel für die übrigen Gesellschafter unzumutbar sein wird, sich zu Lebzeiten ihres Mitgesellschafters schon auf einen von diesem präsentierten künftigen Nachfolger festzulegen.

Wenn auch die übrigen Gesellschafter nicht die Partner des Verfügungsvertrages zwischen Gesellschafter und Nachfolgeberechtigtem sind, so ist doch ihr Wille, der im Gesellschaftsvertrag und in der Nachfolgeklausel zum Ausdruck kommt, entscheidend dafür, ob die Mitgliedsstellung übertragbar gestaltet werden kann. Gemäß § 717 BGB ist der Anteil an einer Personalgesellschaft grundsätzlich unübertragbar. Es bedarf daher der Zustimmung der Mitgesellschafter entweder im Gesellschaftsvertrage oder im Einzelfall, wenn eine Übertragung unter Lebenden stattfinden soll. Der Gesellschaftsvertrag ist also allein auch hier nicht in der Lage, den Übergang der Mitgliedsstellung zu begründen, vielmehr liegt seine Bedeutung darin, eine Verfügung über die Mitgliedsstellung überhaupt erst zu ermöglichen.

Das Individualitätsprinzip würde allerdings nicht verletzt, wenn ein Gesellschafter eine Übertragbarkeit seiner Mitgliedschaft auf den Todesfall mit einem *Mitgesellschafter* vereinbaren würde. Durch die Nachfolgeklausel würden alle Gesellschafter in gleicher Weise gebunden, weil sich der Vorgang *innerhalb* des Gesellschaftsverhältisses abspielen würde und eine einseitige Änderung der Klausel ohne Zustimmung des übernehmenden Mitgesellschafters unmöglich wäre.

Mit dem Todesfall würden die Mitgliedschaftsrechte ohne weitere Berührung des Erbrechts auf den zur Nachfolge vorgesehenen Mitgesellschafter übergehen. Die Antwort auf die Frage, ob das gleiche auch gelten würde, wenn der Mitgesellschafter zugleich als Erbe des Verfügenden fungiert, ist umstritten[145].

2. Erbenbestimmung durch Erbvertrag

Neben der letztwilligen Verfügung in Form des Testaments nach § 1937 BGB besteht eine weitere Möglichkeit der Verfügung von Todes wegen noch im *Erbvertrag*, der gleichfalls zur Bestimmung eines Gesellschafternachfolgers herangezogen werden kann.

---

[145] Siebert, NJW 1955, 812.

Während das Testament eine einseitige Verfügung des Erblassers enthält und durch eine später abgefaßte letztwillige Verfügung jederzeit widerrufen werden kann (§§ 32, 33 TestG), hat der Erbvertrag die Bedeutung einer letztwilligen Verfügung mit vertragsmäßiger Bindung und kann in der Regel nur dann aufgehoben werden, wenn ein Rücktrittsvorbehalt vorliegt und eine Erklärung dem anderen Vertragsteil gegenüber abgegeben worden ist (§ 2296 BGB).

Der Erbvertrag (§§ 2274—2300 BGB) kann vom Erblasser mit jedem beliebigen Vertragspartner, auch einem Nichterben, vor einem Notar oder Richter geschlossen werden. Beide Vertragsteile können vertragsmäßig Erbeinsetzungen, Vermächtnisse und Auflagen[146] anordnen. Nach § 2278 BGB können andere Verfügungen mit erbvertraglicher Bindung nicht getroffen werden. Anordnungen, die nicht vertragsmäßig festgelegt werden, wie z. B. die Ernennung eines Testamentsvollstreckers, werden als testamentarische Verfügungen angesehen und auch durch spätere Verfügungen aufgehoben.

Der Partner des Erblassers soll durch den Erbvertrag vor einer einseitigen, späteren Änderung der Verfügung von Todes wegen durch den Erblasser gesichert werden: in der Rechtswirkung des Erbvertrages liegt also eine Schutzwirkung für den Erbvertragspartner[147].

Der Erbvertrag, der von einem Gesellschafter mit seinem künftigen Nachfolger zur Sicherung der Kontinuität der Nachfolge geschlossen wird, soll dem Bedachten schon zu Lebzeiten des Erblassers eine Rechtsstellung einräumen, an die der Erblasser gebunden ist[148].

Die starke Bindungswirkung des Erbvertrages kann für die Vertragspartner mitunter eine schwere Fessel bedeuten, wenn gewichtige Umstände eintreten, die eine Beseitigung des Vertrages rechtfertigen würden[149]. Es erscheint deshalb zweckmäßig, wenn sich der Erblasser im Erbvertrage nach § 2293 BGB den Rücktritt vorbehält.

Die Nachfolge in die Mitgliedschaft des Erblassers vollzieht sich in gleicher Weise wie bei testamentarischer Verfügung, wenn die Nachfolgeklausel im Gesellschaftsvertrag den unmittelbaren Übergang der Mitgliedsstellung auf den Nachfolger gestattet.

Das der Gesellschaft zugrunde liegende Vertrauensverhältnis läßt es dringend geboten erscheinen, daß auch die Mitgesellschafter den erbvertraglich bestimmten Nachfolger kennen. Andererseits hat die Bin-

---

[146] Model, Otto, Testament und Güterstand des Unternehmers, 3. Aufl., Köln 1959, S. 225.

[147] Siebert, Wolfgang, Die Bindungswirkung des Erbvertrages, Festschrift für Justus Hedemann zu seinem 80. Geburtstag, Bln. 1958, S. 245.

[148] Vgl. Siebert, a. a. O., S. 260.

[149] Palandt, BGB mit Kommentar, 17. Aufl. München u. Bln. 1958, § 2293 Anm. 1 BGB.

dung durch Erbvertrag für die Gesellschafter den Vorteil, ihren künftigen Mitgesellschafter schon frühzeitig kennenzulernen und infolgedessen auch auf seine spätere Gesellschafterposition rechtzeitig vorbereitend einwirken zu können.

Der Nachteil des Erbvertrages liegt vor allem darin, daß dem Erblasser durch die vertragsmäßige Bindung die Möglichkeit genommen wird, einer durch mögliche Umstände veränderten Situation gerecht zu werden. „Diese durch den Erbvertrag bewirkte feste Bindung an das einmal Gewollte hat in unserer schnellebigen Zeit keine Bedeutung mehr[150]".

Deshalb erlangt der Vorbehalt eines Rücktrittsrechts, insbesondere bei betriebswirtschaftlicher Betrachtung, eine erhöhte Bedeutung, wenn der Forderung nach einer Anpassung an verschiedene Lebenslagen entsprochen werden soll.

3. Nachfolgebestimmung durch Beschluß der Gesellschafter und Einigung mit den Erben

Die Fortführung einer Personalgesellschaft beim Tode eines persönlich haftenden Gesellschafters braucht nicht wie in den bereits besprochenen Fällen auf eine Fortsetzungsvereinbarung des Gesellschaftsvertrages allein begründet zu sein, sondern kann auch durch *Beschluß* der Gesellschafter und *Einigung* mit den Erben herbeigeführt werden.

Der Fortsetzungsbeschluß nach einer durch den Gesellschaftertod eingetretenen Auflösung kann einstimmig oder auch mit Stimmenmehrheit zustande kommen, was sich nach der entsprechenden Regelung im Gesellschaftsvertrage richtet. Das Ausscheiden des verstorbenen Gesellschafters vollzieht sich dadurch gleichzeitig.

Für die Gesellschafter kann diese Fortsetzungsmöglicheit deshalb vorteilhafter sein, weil sie nicht wie im Falle des § 138 HGB von vornherein an die Fortführung des Unternehmens gebunden sind, sondern erst im Zeitpunkt des Todes des Gesellschafters ihre Interessen abstimmen und eine Fortsetzung der Gesellschaft beschließen können[151].

Die Gefahr und der Nachteil einer solchen Regelung liegen allerdings darin, daß es im Falle eines Einstimmigkeitsbedürfnisses an einer Stimme oder bei Stimmenmehrheit an der erforderlichen Stimmenzahl fehlen kann und dann die Gesellschaft vollbeendet werden muß.

---

[150] Bannenberg, Josef, Betriebswirtschaftliche Probleme in der Erbfolge in gewerblichen Unternehmungen unter besonderer Berücksichtigung der Erbschaftsteuer, Diss., Köln 1949, S. 8.

[151] Hueck, OHG, § 23, S. 229; vgl. auch Sudhoff, Der Gesellschaftsvertrag, S. 226.

Wird also die Fortsetzung unter den Beteiligten nach eingetretener Auflösung beschlossen, so wird der Gesellschaftszweck erneut geändert, indem an die Stelle des Abwicklungszwecks wieder der Erwerbszweck tritt. Die Interessen der Gesellschaftsgläubiger werden durch diese Rückgängigmachung nicht verletzt[152]. Die Gesellschafter erhalten nach der Rückführung der Gesellschaft wieder ihre alten Rechte, und die Organisation des Gesellschaftsverhältnisses richtet sich nach den früheren Vereinbarungen; denn die Identität der Gesellschaft bleibt gewahrt.

Die Gesellschafterstellung der Erben, ob als persönlich haftende Gesellschafter oder als Kommanditisten, richtet sich ausschließlich nach dem Inhalt des Fortsetzungsbeschlusses. Die Erben brauchen nicht gegen ihren Willen die unbeschränkte Haftung in der Stellung eines vollhaftenden Gesellschafters zu übernehmen, wie andererseits die übrigen Gesellschafter nicht die Haftungsbeschränkung eines Erbengesellschafters in der Stellung eines Kommanditisten gegen sich gelten zu lassen brauchen. Ist allerdings eine Einigung in dieser Frage nicht zu erzielen, so kann die Gesellschaft nicht fortgeführt werden und geht ihrer Vollbeendigung entgegen[153].

IV. Das Verhältnis der Erbschaftsteuer zur Einkommensteuer und seine Auswirkungen auf das Unternehmen

Wird das Vermögen eines Gesellschafters statt auf *einen* auf *mehrere* Nachfolger aufgeteilt, so kann die erbschaftsteuerliche Belastung gemildert werden, was für das Unternehmen von erheblichem Vorteil sein dürfte.

Der Ehegatte bleibt nach § 16 ErbStG mit einem Betrage von DM 25.000,— steuerfrei, während für jedes Kind im Sinne des § 10 Abs. I Z. 2 ErbStG nach § 17 Abs. I Z. 1 ErbStG eine Steuerbefreiung von DM 30.000,— zu berücksichtigen ist. Die Steuertabelle des § 11 Abs. I ErbStG ist außerdem für jeden Fall der Schenkung oder Erbschaft anzuwenden. Beim Erwerb von Todes wegen ist noch zusätzlich die Regelung des § 6 Abs. 1 ErbStG zu beachten, daß für den Zugewinn (§ 1371 Abs. I BGB) ein Viertel des Nachlasses als Vermögen des überlebenden Ehegatten steuerfrei bleibt.

Es zeigt sich also, wie die Belastung mit Erbschaftsteuern infolge der Freibeträge und Verminderung der Steuerprogression geringer wird, wenn der Nachlaß auf mehrere Nachfolger aufgeteilt wird.

---

[152] Hueck, OHG, § 23, S. 225.

[153] Hueck, OHG, § 28, S. 261.

Die bemerkenswerteste Steuerersparnis ist bei der weiteren Aufteilung des Vermögens und der Gewinnbeteiligung auf dem Gebiet der *Einkommensteuer* zu erwarten. Es handelt sich dabei nicht nur um einen einmaligen, sondern einen jährlich wiederkehrenden Vorteil.

Die Freibeträge, die es bei der Einkommensteuer gibt, sind zwar geringer, ebenfalls ist die Progression kleiner, doch die Auswirkung wegen der hohen Steuersätze, finanziell gesehen, ist größer. Es muß dabei jedoch stets berücksichtigt werden, daß weder die Erbschaft- noch Einkommensteuer von der Gesellschaft zu tragen sind und insoweit nur eine indirekte Belastung für das Unternehmen entsteht.

Für das Unternehmen ergibt sich bei dem einmaligen Erbschaftsteueranfall dann eine höhere Liquiditätsbelastung, wenn nur ein Erbe vorhanden ist. Hingegen liegt auf dem Gebiet der Einkommensteuer wohl eine Steuerersparnis vor. Sie braucht aber nicht unbedingt zu einer Liquiditätsverbesserung des Unternehmens zu führen, da jeder Nachfolger an der Gewinnbeteiligung partizipieren will und erfahrungsgemäß die Gewinnentnahmen im Laufe der Zeit nicht niedriger werden. Handelt es sich um ein Unternehmen mit hohem Gewinnausweis, so wird der Vorteil bei der Einkommensteuer leicht zum größten Teil durch die schnell wachsende Progression bis zum Plafond von 53 % absorbiert. Beispielsweise macht bei Einkommen von ca. DM 400 000,— und drei Unverheirateten oder bei Einkommen von ca. DM 800 000,— und drei Verheirateten der einkommensteuerliche Vorteil nur noch wenig aus, wenn das gleiche Einkommen nur einem zufließt. Immerhin können drei Gesellschafter für das Unternehmen wegen ihrer Entnahmen eine größere Liquiditätsbelastung als nur ein Gesellschafter sein.

Bei Unternehmen mit nur geringem Gewinn kann es soweit kommen, daß wegen der Gewinnentnahmen in voller Höhe eine Kapitalneubildung gänzlich unterbleibt und der bei der Erbschaftsteuer einmalig gewonnene Vorteil in der Liquiditätsbelastung rasch aufgezehrt wird.

Im Rahmen der vorliegenden Arbeit kann indessen eine Behandlung der steuerrechtlichen Problematik nicht erschöpfend sein, weil das Schwergewicht auf die vorwiegend handelsrechtlichen, erbrechtlichen und betriebswirtschaftlichen Tatbestände gelegt werden soll.

Zweiter Teil

Die Synthese rechtlicher und betriebswirtschaftlicher Gestaltungsmöglichkeiten unter Berücksichtigung der Interessenkonstellation der Gesellschafter in der Regelung der Nachfolgeschaft und Sicherung des Fortbestandes der Unternehmung beim Erbgang

A. Gefährdung der Kontinuität der Nachfolge und des Fortbestandes der Unternehmung auf Grund ungenügenden Vertrauens und divergierender Interessen bei Gesellschaftern und Gesellschafter-Nachfolgern

In der Personalgesellschaft haben sich die Gesellschafter mit Abschluß des Gesellschaftsvertrages zu einer Gemeinschaft zusammengefunden, die auf der Individualität ihrer Mitglieder beruht[1] und deren Grundlage das gegenseitige Vertrauen ist.

Die persönliche Mitgliedsstellung vermittelt eine gesamthänderische Mitberechtigung des Gesellschafters am Gesellschaftsvermögen und macht ihn zwar zum rechtmäßigen Inhaber der einzelnen Objekte dieses Vermögens, aber das Mitgesamthändersein verleiht dem Gesellschafter keine selbständige Verfügungsbefugnis über das Gesellschaftsvermögen. Vielmehr wird seine Rechtsmacht an die Mitwirkung der übrigen Gesellschafter gebunden[2].

In dieser Gemeinschaft leben die Gesellschafter, um ein gemeinsames Ziel zu erreichen, dem sie ihre Arbeitskraft durch Einsatz ihrer ganzen Persönlichkeit widmen[3].

Das Typische der Personalgesellschaft ist also die Interessenverbindung[4], die auf dem Mitgesamthändersein und der Verfolgung eines gemeinsamen Zweckes beruht mit der Folge, daß es das besondere An-

---

[1] Vgl. Würdinger, Gesellschaften, Teil I, S. 134.

[2] So auch Siebert, Gesellschaftsvertrag u. Erbrecht, S. 6.

[3] Das trifft in dieser Ausschließlichkeit nicht für die Kommanditisten zu, deren wesentliche Leistung die Kapitalleistung ist, ferner nicht für die von der Geschäftsführung ausgeschlossenen offenen Handelsgesellschafter.

[4] Würdinger, a. a. O., S. 11.

liegen eines jeden Beteiligten sein wird, den Fortbestand der Gesellschaft durch eine konsequente Nachfolgepolitik zu sichern.

Die starke personenrechtliche Bindung der Beteiligten bringt häufig Spannungen und Konflikte persönlicher oder sachlicher Art mit sich, die sich bei dem Einblick eines jeden in die Intimsphären und bei dem Einfluß des privaten Lebens der Beteiligten auf das Gesellschaftsverhältnis leicht einstellen und vielfach unvermeidbar erscheinen.

Bei reinen Familiengesellschaften, d. h. bei Gesellschaften, deren Mitglieder ausschließlich aus Angehörigen einer Familie stammen, wird es in der Regel eher möglich sein, die gegenseitigen Interessen fachlicher und persönlicher Art aufeinander abzustimmen als bei Gesellschaften, deren Teilhaber sich aus mehreren Familien oder Familiengruppen zu einer Gesellschaft zusammengeschlossen haben.

Vorwiegend die Soziologie hat sich der wissenschaftlichen Untersuchung einzelner Menschengruppen und ihrer Verhaltensweisen angenommen und die Reaktionen ihres Verhaltens im besonderen Maße analysiert.

Selbst eine wissenschaftlich einwandfreie Grundsatzforschung wird nicht durch eine Analyse der Verhaltensweisen zu einem System führen, aus dem sich das Verhalten des einzelnen in bestimmten Lebenslagen ablesen und als Folge davon ein Katalog mit Merkmalen aufstellen ließe; denn die Vielschichtigkeit einer Persönlichkeit und ihrer Beziehungen zur Umwelt ist eine zu differenzierte Erscheinung.

Es werden sich somit auf Grund menschlicher Verschiedenheit bei gemeinschaftlicher Arbeit Interessengegensätze und Spannungen zwischen den Gesellschaftern nie ganz vermeiden lassen. Aus dieser Feststellung braucht durchaus nicht ein negatives Fazit gezogen zu werden, wenn man daran denkt, daß Gegensätzlichkeiten in der Auffassung oft neue Erkenntnismöglichkeiten zur besseren Erreichung eines gemeinsamen Zieles eröffnen und dem Zweck dienlich sein können.

„Diese Gegensätze vermögen aber nur dann die positive Folge der Leistungssteigerung zu haben, wenn sie zu einem harmonischen Ausgleich gelangen, statt als ständige Quelle der Disharmonie sich lähmend und zersetzend auf das gesamte gesellschaftliche Leben auszuwirken[5]".

Der Gesetzgeber hat der personenrechtlichen Verbundenheit der Gesellschafter in der Gemeinschaft zur gesamten Hand entsprochen und den Mitgliedern eine allgemeine *Treuepflicht* auferlegt. Danach besteht die Gesellschaft in einer Personal- und Arbeitsgemeinschaft[6], aus der

---

[5] Küster, Werner, Inhalt und Grenzen der Rechte der Gesellschafter, insbesondere des Stimmrechts im deutschen Gesellschaftsrecht, S. 7.

[6] RG 105, 104.

sich die Notwendigkeit gegenseitigen Vertrauens und die gesetzliche Regelung ergibt, daß gemäß § 114 HGB jeder persönlich haftende Gesellschafter zur Geschäftsführung und gemäß § 115 HGB zur Vertretung der Gesellschaft grundsätzlich selbständig berufen ist und seine Mitgesellschafter durch sein Handeln nicht nur mit dem Gesellschaftsvermögen, sondern auch mit deren Privatvermögen verpflichten kann (§ 128 HGB)[7].

Das durch den Gesellschaftsvertrag geschaffene starke persönliche Vertrauensverhältnis, das von dem Grundsatz von *Treu* und *Glauben* beherrscht ist, erlegt den Gesellschaftern Rechte und Pflichten im Innen- und Außenverhältnis auf, und zwar sowohl bei der Auslegung von Bestimmungen des Gesellschaftsvertrages als auch der Würdigung des Verhaltens der Gesellschafter innerhalb ihrer Gemeinschaft. Die Treuepflicht besteht im besonderen Maße gegenüber den Mitgesellschaftern, deren Verletzung mit erheblichen rechtlichen Folgen für die Mitglieder verbunden sein kann[8].

Die Treuepflicht, die mit Eingehung des Gesellschaftsverhältnisses schon besteht, äußert sich für das einzelne Mitglied auch in einer *Offenbarungspflicht* über Umstände, die für die Erreichung des Gesellschaftszwecks und den Beitritt weiterer Gesellschafter bei der Nachfolge bedeutsam sein können[9]. Ihre Grenze findet jedoch die Treuepflicht darin, daß der Gesellschafter seine eigenen, berechtigten Interessen nicht hinter denen der Gesellschaft zurückzusetzen braucht, vor allem nicht, wenn es sich für ihn um die Wahrnehmung lebenswichtiger Interessen handelt[10].

Beim Übergang des Unternehmens auf die Nachfolger wird das Prinzip der Individualität durchbrochen. Es stehen sich plötzlich Personen gegenüber, die durch die gesellschaftliche Zielsetzung zu gemeinsamer Arbeit veranlaßt sind, denen aber eine gegenseitige Kenntnis der menschlichen und fachlichen Qualitäten und Interessen im Gegensatz zu einer bereits bestehenden Arbeitsgemeinschaft noch fehlt und für die die Verhaltensweise eines jeden mit großen Ungewißheiten belastet ist.

Es muß also ein *neues* Vertrauensverhältnis geschaffen werden, wenn das Unternehmen erfolgreich fortgeführt werden soll.

Leicht kann es daher zwischen verschiedenen Partnern der Gesellschaft zu einem unversöhnlichen und nicht mehr lösbaren Interessen- und Meinungsgegensatz kommen mit der Folge, daß sich diese Dis-

---

[7] Vgl. Weipert, § 105 Anm. 31 HGB.

[8] Vgl. Dür.-Hach., II, 1. Anm. 8.

[9] Vgl. Weipert, § 105 Anm. 31 HGB.

[10] Hueck, OHG, § 13, S. 122; Weipert, a. a. O.

harmonien mit tiefgehender Wirkung lähmend und zerstörend auf die Initiative und die Entschlußmöglichkeiten einer Geschäftsführung auswirken[11]. Diese tiefen, im Menschlichen begründeten Gegensätze werden durch den Zeitablauf nicht an Gewicht verlieren, sondern durch den täglichen, nicht vermeidbaren Umgang besonders im Bereich der Geschäftsführung eher zu vertieften und verschärften Gegensätzlichkeiten führen. Schließlich können sie sogar bewirken, daß die Partner in allen gegenseitigen Vorschlägen und Maßnahmen nur eine neue beabsichtigte Desavouierung und Unehrlichkeit des anderen sowie eine Verletzung des eigenen Rechtsgefühls zu sehen geneigt sind.

Die Differenziertheit der Charaktere und der oft große Altersunterschied der Partner werden häufig die Schwierigkeiten nur vergrößern. Eine Beseitigung der Gegensätze wird indessen nur bei allseitiger Erkenntnis und Einsicht der Ursachen möglich sein.

1. Das „Problem der dritten Generation“ für die Erben als ausersehene Träger des Unternehmens

Eine geschichtliche Betrachtung der Entstehung und Entwicklung der Personalgesellschaften zeigt ihre Verbreitung vornehmlich um die Mitte und gegen Ende des vorigen Jahrhunderts in der sogenannten Gründerperiode, „als sich der Übergang von einem überwiegend agrar- und handelsorientierten zu einem vorwiegenden Industrielande in Preußen und Deutschland anbahnte“[12].

Die Gründer der Gesellschaften kamen meist aus dem Handwerk und Handel, aber auch aus dem Bauernstand[13]. Sie beschränkten sich zumeist auf Angehörige einer Familie, die gleicher Gesinnung waren und das gleiche Bildungsniveau besaßen[14]. Viele Betriebe, besonders der Kleineisen- und Maschinenindustrie können heute auf Gründer zurückblicken, die vornehmlich aus dem Handwerkerstand stammten. So durchlebten diese Handwerksbetriebe oft einen durchaus organischen Entwicklungsprozeß, wenn sich durch Verfeinerung der Geräte und Typisierung sowie Spezialisierung der Produkte ein stufenloser Übergang zu einem industriellen Unternehmen mit einer neuen Struktur vollzog.

Dieser Prozeß beanspruchte bei den einzelnen Betrieben ein unterschiedliches Maß an Zeit und richtete sich vornehmlich nach der möglichen Kombination der Produktionsfaktoren.

---

[11] Vgl. Küster, a. a. O., S. 9.

[12] Steiner, Die OHG und die KG in der deutschen Wirtschaft, S. 33.

[13] Steiner, a. a. O., S. 36.

[14] Vgl. auch Böttcher, Conrad, StbJb 1956/57, S. 173.

Die Problematik der dritten Generation läßt sich in der den Trägern dieser durch vielfach eigene Interessenlosigkeit am Unternehmen erkennen, das jedoch seinerseits einer sicheren Führung bedarf, wenn es auch weiterhin als Wirtschaftsfaktor erfolgreich bestehen soll.

Paulsen[15] schreibt dazu in seinem bemerkenswerten Aufsatz über „Das Gesetz der dritten Generation", daß diese Erscheinung der Wissenschaft und Praxis durchaus bekannt sei und auch schon in den Handelsgesellschaften des Mittelalters vielfach auftrat, heute im In- und Ausland aber ständig beobachtet werden könne.

Übereinstimmend mit Paulsen lassen sich freilich aber auch etliche Beispiele für eine Reihe von Unternehmungen aufzählen, die heute unter der Leitung von Gesellschaftern der dritten Generation erfolgreich ihre Existenz behaupten.

So kann man aus derartigen Verfallserscheinungen keine Gesetzmäßigkeit ableiten, nach der mit der Erbfolge auch regelmäßig eine Generationenschwäche mit besonderer Auswirkung auf die dritte Unternehmergeneration verbunden sein soll. Insoweit kommt Paulsen in der Fassung seines Themas zu einer überspitzten Formulierung.

Diese Feststellung darf jedoch nicht dazu führen, auf eine fehlende Problematik in der Nachfolge der dritten Generation zu schließen; denn das äußere Erscheinungsbild eines Unternehmens braucht durchaus nicht der Spiegel seiner inneren Struktur zu sein.

a) Die Verbundenheit der Erben mit dem Unternehmen und das Bewußtsein ihrer unternehmerischen Aufgabe

Der Kern des Problems kann in einem den Enkeln der Unternehmensgründer fehlenden Bewußtsein ihrer eigentlichen unternehmerischen Aufgabe erblickt werden. Infolgedessen konzentriert sich ihr Interesse vielfach nicht mehr in dem Maße wie bei ihren Vorfahren auf die von volks-, betriebswirtschaftlichen und sozialen Forderungen durchdrungenen Führungsaufgaben der Unternehmung.

Die *Auswirkungen* für das Unternehmen selbst werden je nach der Fundierung und Kombination der Produktionsfaktoren, Kapital und Arbeit, unterschiedlich sein und sich im wesentlichen zunächst innerbetrieblich durch Organisationsmängel, ungenügende Disziplin und menschliche Spannungen bemerkbar machen. Erst später wird sich dann ein Rückgang der Leistungsfähigkeit des Unternehmens auch nach außen zeigen.

---

[15] Paulsen, Andreas, Das „Gesetz" der dritten Generation. Erhaltung und Untergang von Familienunternehmungen. Der praktische Betriebswirt, 1941, S. 271.

Eine *Ursachenforschung* mit dem Ziel festzustellen, welche Faktoren zu der bezeichneten Problematik führen, wird sich indessen nicht damit begnügen können, Veränderungen in der Wirtschaftsstruktur heranzuziehen, sondern vielmehr genötigt sein, Lebenslagenanalysen sowohl unter psychologischen als auch biologischen Gesichtspunkten anzustellen.

Es ist den Einflüssen nachzugehen, die die Errichtung, Entwicklung und Entfaltung, schließlich auch den Verfall und das Vergehen von Personalgesellschaften im Verhältnis zu den Kapitalgesellschaften bestimmen. Eine vergleichende Betrachtung der Kapitalgesellschaften erscheint dabei unternehmensmorphologisch besonders wertvoll, soweit die Lebensfähigkeit der Personal- und Kapitalgesellschaften unterschiedlich in ihrer Beurteilung ausfällt. Der wesentliche Unterschied der Personalgesellschaft zur Kapitalgesellschaft liegt in der für sie typischen Vereinigung von Eigner- und Leitungsfunktion (OHG) in den Händen der Gesellschafter, für die das gesamte Risiko besteht, während die Trennung dieser Funktionen bei der Kapitalgesellschaft ein getrenntes Risiko zur Folge hat.

Für die Führung der Personalgesellschaft bedeutet eine größere Elastizität in der Anpassung an verschiedene Wirtschaftslagen größere Dispositionsfreiheit sowie schnellere Entschlußfassung. Der Unternehmer-Gesellschafter ist nicht gebunden oder behindert durch Aufsichtsrat und Hauptversammlung, wenngleich letztere auch so schwach zu sein pflegt, daß von ihr keine fühlbaren Hemmungen im Gegensatz zur Gesellschafterversammlung der GmbH ausgehen. Das Aufsichtsorgan der Kapitalgesellschaft aber lenkt die Dispositionen der Geschäftsführer-Unternehmer in eine prästabilierte Ablaufsystematik, die zwar von einer mangelnden Elastizität begleitet sein kann, aber doch weitgehend vor unkontrollierten Entscheidungen und imponderabilen Widerständen schützt.

So steht die Persönlichkeitsbezogenheit der Personalgesellschaft im Vordergrund. Die Entwicklung und Bedeutung eines Betriebes mit personalgesellschaftlicher Struktur wird wesentlich von der Persönlichkeit des Unternehmer-Gesellschafters bestimmt. Die Vorteile sind unverkennbar, vor allen Dingen dann, wenn eine hervorragende unternehmerische Begabung an der Spitze der Gesellschaft steht; um so größer sind aber auch auf der anderen Seite die Gefahren beim Fehlen einer solchen Persönlichkeit[16].

b) Kriterien der Generationsstadien

Die unternehmerischen Fähigkeiten, die nicht zwangsläufig Bestandteil der Erbanlagen zu sein brauchen, sind entscheidend von den spe-

---

[16] So auch Paulsen, a. a O., S. 272.

zifischen Begabungen des Nachfolgers abhängig; sie kommen von Generation zu Generation in verschiedenem Maße zur Entfaltung.

Dabei sind vorzugsweise die in der unternehmerischen Sphäre liegenden Qualitäten des Nachfolgers schicksalhaft bestimmend für die Existenz des Unternehmens.

Die persönlichen Qualifikationen stehen im engen Zusammenhang mit dem *Stadium*, in dem sich das Unternehmen seit seiner Gründung befindet, d. h., es besteht eine Relation zwischen der *Persönlichkeit* des geschäftsführenden Gesellschafters und dem *Generationsstadium*. Im Stadium der Gründung des Unternehmens, also in der *ersten Generation*, wird vor allem ein dynamischer Unternehmer der Gesellschaft vorstehen, den instinktive Gesamtschau und Phantasie, Zielstrebigkeit, Willenshärte, Planungssinn, kühle Ratio und vielleicht auch Rücksichtslosigkeit kennzeichnen[17].

Diesem „geborenen Unternehmer" stellen sich noch keinerlei Hemmnisse entgegen, die in der Tradition und der Verflochtenheit gesellschaftlicher Bindungen ihren Ursprung haben. Die natürliche Tüchtigkeit des Unternehmers ergibt sich von selbst schon aus der erfolgreichen Gründung des Unternehmens.

Im Stadium der *zweiten Generation* werden schon deshalb andere Fakten bestimmend sein, weil es nicht um eine Neugründung, sondern den Ausbau, die Erhaltung und die Fortführung des bestehenden Unternehmens geht.

Die vom Gründer geschaffenen Werte bedürfen der Pflege, der Erhaltung und des Ausbaus. Das Unternehmen, das sich vielleicht schon einen anerkannten Platz im Wirtschaftsleben errungen hat, muß der Nachfrage durch ein Angebot seiner erstellten Güter entsprechen. Im goodwill sind alle die begrifflich nicht faßbaren, aber doch sehr ausschlaggebenden Werte enthalten, die mit zum Ruf des Unternehmens beitragen und insgesamt vom Einfluß der unternehmerischen Persönlichkeit in hervorragendem Maße geprägt sind.

Die Unsicherheit in der Vererbung unternehmerischer Fähigkeiten stellt jedes Wirtschaftsunternehmen vor seine Schicksalsfrage, wenn der Nachfolger nicht Fähigkeiten in gleichem Umfang wie sein Vorgänger mitbringt und die erfolgreiche Tätigkeit des Unternehmens allein von den Entscheidungen dieses einen Mannes bestimmt wird.

Zur Erhaltung und zum Ausbau der bestehenden Werte bedarf es ohne Zweifel auch der unternehmerischen Leistung, doch nicht einer Unternehmerbegabung mit den spezifischen Eigenschaften, die den Begründer einer Unternehmung qualifizieren. Die eigentliche schöpferische Tä-

---

[17] Vgl. auch Paulsen, a. a. O., S. 272 f.

tigkeit kann einer mehr verwaltungsmäßigen und organisatorischen weichen, die sich durch bedachtsame Planung und fortschreitende Rationalisierung auszeichnet. Keineswegs soll aber verkannt werden, daß jedes Unternehmen immer wieder schöpferischer Impulse bedarf, wenn es sich im Wechsel des wirtschaftlichen Gefälles erfolgreich behaupten will[18].

Die innere Verbundenheit der Erben zum Unternehmen und ihr traditionales Empfinden sind in der Regel besonders ausschlaggebend für ihr unmittelbares Interesse an der väterlichen Unternehmung, in der sie mit weitgehender Selbstverständlichkeit ihre Lebensaufgabe finden.

Diese Feststellungen führen zu dem Ergebnis, daß eine Schwächung des sich im Familienbesitz befindenden Unternehmens in der zweiten Generation eine Ausnahme bildet.

Wesentlich anders ist die Situation des Unternehmens und seiner Träger in der *dritten Generation.*

Wenn sich in der zweiten Generation das Interesse der Erben noch im wesentlichen auf die Belange des Unternehmens erstreckte und infolgedessen die Erhaltung und der Ausbau der Unternehmung gefördert wurden, so zeigt sich hier plötzlich der Hang, die geschaffenen Werte zur Befriedigung privater Interessen heranzuziehen.

Die Ursachen, die zu einer derartigen Erscheinung führen, werden mannigfacher Art sein und erschöpfen sich nicht allein in den Auswirkungen der unternehmerischen Begabung des Nachfolgers als einer Folge der vielleicht grundsätzlichen Unvererblichkeit dieser Eigenschaft. Vielmehr werden auch umweltbedingte Einflüsse hinzutreten, die zu dieser Problematik führen.

Die bereits jahrzehntelange Existenz des Unternehmens wird den Gesellschaftern zu einem Wohlstand verholfen haben, der sich auf ihre gesamte Lebensführung auswirkt. Man hat sich daran gewöhnt, daß das Unternehmen durch die fundierte Stellung auf dem Markt möglicherweise weitgehend unabhängig von Konjunkturschwankungen geworden ist, zumindest doch insoweit, als das vorhandene Vermögen ausreicht, den einmal erreichten Lebensstandard zu halten und den bisher gepflegten Lebensstil unverändert fortzuführen.

Die Erben wachsen in mehr oder weniger großem Wohlstand auf, erhalten eine gediegene theoretische und auch praktische Ausbildung, oder man legt ihnen nahe, sich die erforderlichen praktischen Kenntnisse im väterlichen Betrieb anzueignen, die ohne Aufwendung von viel Mühe und Zeit ausreichen würden, dem Unternehmen vorzustehen.

---

[18] So auch Paulsen, a. a. O., S. 274.

Auf diese Weise bleibt den Erben ein harter Existenzkampf erspart; sie rechnen sich von Anfang an zu den „gehobenen Schichten“[19] und stellen Ansprüche an das Leben, deren Erfüllung für sie außer Zweifel steht. Diese Freizügigkeit in der Erziehung, bedingt durch den erlangten materiellen Wohlstand, öffnet den Erben auch den Blick für eine Umwelt, die über die gedankliche Bezogenheit zum Unternehmen hinausgeht. Hugo *Stinnes* hat gelegentlich auch auf die Gefahren des einmal erlangten Reichtums hingewiesen und festgestellt, „daß der Reichtum der Eltern die geistige Entwicklung der Nachkommen nicht gerade günstig beeinflußt“ und eine Neuordnung der Vorbildung gefordert und gewünscht, „daß aus der großen Suppenterrine die Fettaugen nach oben kommen, um an die Stelle der verbrauchten Familien zu treten“[20].

Bei der Ursachenforschung und Betrachtung der Lebenslagenanalysen unter *biologischem* Gesichtspunkt ist mit Paulsen hervorzuheben, daß sich leicht bei gehobener Lebensführung eine *Kinderscheu* zeigt, die insbesondere bei den Frauen eine Rolle spielt, die einem anspruchsvollen, gesellschaftlichen Lebensstil genügen wollen[21].

Inwieweit aus dieser Einstellung auf die Erbanlagen zu schließen ist und daraus Schlüsse auf die Erziehung der Erben zu ziehen sind, kann nicht Gegenstand dieser Untersuchung sein.

Zweifellos wird eine Auswirkung der Kinderscheu aber darin liegen, daß eine Nachfolge für das Unternehmen gänzlich in Frage gestellt wird, zumindest aber insoweit, als sich keine für das Unternehmen tauglichen Nachfolger unter den Erben finden und der Fortbestand des Unternehmens gefährlich bedroht wird.

In diesem Zusammenhang weist *Knorr*[22] auf den Tatbestand der *Generationenlücke* hin. Er sieht bei der Übertragung der Führungsaufgabe vor allem die Schwierigkeit, daß der Vater-Unternehmer vielfach zu alt und der Sohn noch zu jung ist, um einen störungsfreien Übergang in der Führung zu gewährleisten. Knorr fordert deshalb beim Fehlen eigener Söhne oder einer nicht genügenden Vorbereitung der Söhne, sich keinesfalls zu scheuen, einen tüchtigen Schwiegersohn oder Neffen aufzunehmen.

---

[19] Vgl. Paulsen, a. a .O., S. 275.

[20] Albach, Die Tragödie des Hauses Stinnes, Essen 1925, S. 18, nach Paulsen, a. a. O., S. 273.

[21] So Paulsen, a. a. O., S. 276.

[22] Knorr, Ernst, Grundzüge der Unternehmenssicherung unter Berücksichtigung betriebswirtschaftlicher, gesellschafts-, familien-, erb- und steuerrechtlicher Fragen; Unternehmer- und Wirtschaftsprüfer mit dem Blick in die Zukunft, Bericht über die Fachtagung des Instituts der Wirtschaftsprüfer am 4. und 5. 6. 1959 in Stuttgart, Düsseldorf 1960, S. 158 f.

c) Die „Generationenlücke" als Gefahrenquelle für eine Überfremdung der Gesellschaft

Die Erscheinung der Generationenlücke und die Forderung Knorrs nach einer Nachfolge mit Schwiegersöhnen oder Neffen beim Fehlen männlicher Abkömmlinge wirft gleichzeitig die rechtliche wie auch wirtschaftlich bedeutungsvolle Problematik einer *Überfremdung* der Gesellschaft durch Aufnahme Dritter zur Ausübung der Geschäftsführungsrechte auf[23].

Der Tatbestand der Generationenlücke kann in einem zu großen Altersunterschied zwischen Vater und Sohn bestehen mit der Folge, daß der Vater häufig nicht mehr in der Lage ist, seinen Sohn auf die Nachfolge in die Stellung des geschäftsführenden Gesellschafters vorzubereiten. Die gleiche Situation kann durch frühzeitigen Tod des Vaters herbeigeführt werden.

Um aber die Fortführung des Unternehmens sicherzustellen, werden die Gesellschafter entweder aus ihrem Kreise einen anderen Gesellschafter präsentieren oder einen Dritten zur Übernahme der Führungsposition bestimmen müssen. Schließlich kann durch Wiederverheiratung der Mutter des künftigen Nachfolgers der zweite Ehemann in die Geschäftsführung des Unternehmens eintreten, ohne Gesellschaftereigenschaften zu besitzen, die durch den Tod des Vaters allein auf die Frau und die Kinder aus erster Ehe übergegangen sind.

Erschwerend kann weiter noch hinzutreten, daß die Gesellschaft durch verschiedene Erbgänge, Aufnahme neuer Teilhaber etc. nicht nur aus Familienangehörigen besteht, sondern inzwischen mehrere *Gesellschafterstämme* verschiedener Familien umfaßt, die unter ähnlichen Nachfolgeschwierigkeiten zu leiden haben.

Bei dieser Annahme tritt eine echte Überfremdung in der personellen Verbundenheit der Gesamthandsgemeinschaft ein. Sie wird sich vor allem dann gefahrvoll für einen Nachfolger und damit den Fortbestand des Unternehmens auswirken, wenn, wie im Falle der Wiederverheiratung, Abkömmlinge aus zweiter Ehe vorhanden sind und die Mutter für den Fall ihres Todes zugunsten aller Kinder, also der aus erster und zweiter Ehe, testamentarisch über ihren Gesellschaftsanteil verfügt hat. Weitere Schwierigkeiten ergeben sich für den aus erster Ehe zur Nachfolge bestimmten Abkömmling vor allem im Hinblick auf die Tatsache, daß er sich bei Erfüllung der Voraussetzungen zur Nach-

---

[23] Vgl. dazu auch Mügel, Die Erhaltung der Familiengesellschaft, Soziale Praxis, 1939, Spalte 1049 f., der beim Fehlen von Familienmitgliedern andere Personen als Gesellschafter aufnehmen und den Charakter der Familiengesellschaft dadurch wahren will, daß die Weiterübertragung von Gesellschaftsrechten grundsätzlich nur an Familienmitglieder erfolgen kann.

folge mit seinem Verwalter — hier also mit seinem Stiefvater — hinsichtlich der Übernahme der Führungsposition im Unternehmen einigen muß.

Wenn im Gesellschaftsvertrag keine Vorschriften für derartige Nachfolgefälle vorhanden sind, wird es in der Regel sowohl innerhalb der betreffenden Familie als auch in der Gesellschaft zwangsläufig zu unliebsamen Spannungen und Auseinandersetzungen kommen.

Die Generationsproblematik liegt in diesen Fällen praktisch im Stadium des *Übergangs* von der zweiten zur dritten Generation.

Eine außerhalb des Vererbungsvorganges liegende Gefahr für den Bestand des Unternehmens kann mit der Interessenlage des Nichtgesellschafters als Geschäftsführer in direktem Zusammenhang stehen. Für den Dritten als Verwalter eines Gesellschaftsanteils und vielleicht nur vorübergehenden Leiter des Unternehmens fehlen naturgemäß die Verbundenheit und ein Traditionsempfinden zum Unternehmen. Der Unternehmer-Geschäftsführer[24] wird sich also in Anbetracht seiner u. U. nur vorläufigen Position vorwiegend den wirtschaftlichen Belangen des Unternehmens widmen, soweit sich positive materielle Auswirkungen innerhalb des Zeitraumes seiner Verwaltung zeigen und in seinem eigenen Lebensbereich gewinnbringend niederschlagen werden.

Es ist durchaus nicht unmöglich, daß sich — infolge ähnlicher Verwaltungsaufgaben anderer am Unternehmen beteiligter Gesellschafterstämme — ähnliche Verhaltensweisen zeigen und ihren konkreten Ausdruck im gleichartigen Handeln mehrer Unternehmer-Geschäftsführer finden.

Ist die Geschäftsführung einer Personalgesellschaft nur mit Verwaltern besetzt, so wird eine Kontrolle ihrer Tätigkeit durch die Gesellschafter schon deshalb fehlen, weil sie selbst nicht in der Lage sind oder auch keine Bereitschaft zeigen, die Geschäfte persönlich zu führen. Daraus kann eine große Gefahr für den Bestand des Unternehmens entstehen, vor allem dann, wenn die geschäftsunkundigen Gesellschafter den Leitern blind vertrauen und auch kein Organ bestellen, das die Tätigkeit der Geschäftsführer beaufsichtigt, kontrolliert oder sogar steuert.

Gesellschaftsvertragliche Bestimmungen, die derartige Fälle mit berücksichtigen, können von vornherein mit dazu beitragen, Schwierigkeiten in dieser Richtung zu vermeiden; doch wird in Anbetracht der Komplexion und Differenziertheit der Vorgänge eine elastischere Formulierung im Vertrage angebracht sein, wenn eine Anwendung der Bestimmungen auf möglichst alle gleich oder ähnlich gelagerten Fälle gewährleistet sein soll.

---

[24] Diese Bezeichnung soll den Unterschied zum Gesellschafter-Geschäftsführer herausstellen und wird im folgenden verwendet.

In der Person des Unternehmer-Geschäftsführers läßt sich — organschaftlich betrachtet — eine gewisse Ähnlichkeit mit der des Vorstandsmitgliedes einer Aktiengesellschaft erkennen. Auch dort wirtschaften die Beauftragten mit fremdem Geld und tragen das Kapitalrisiko nicht selbst[25].

Die Eigenschaften des Unternehmer-Geschäftsführers werden von *Mähler*[26] besonders dadurch hervorgehoben, daß dieser als Unbeteiligter nicht mit den Hemmnissen eigener Beteiligung belastet ist, die ihn zu übertriebener Vorsicht veranlassen könnten und er deshalb in der Lage sei, die Lenkungsfunktion vielleicht noch besser auszuüben als der klassische Unternehmer.

Diese Ansicht wird weitgehend zutreffen für das Vorstandsmitglied einer Aktiengesellschaft, weil der Unternehmer-Geschäftsführer einer ständigen Beaufsichtigung und Kontrolle unterworfen ist und er den Eignern des Unternehmens über seine Tätigkeit und den wirtschaftlichen Erfolg der Unternehmung Rechenschaft abzulegen hat. Indessen wird der Unternehmer-Geschäftsführer der Personalgesellschaft einem Vergleich mit dem der Aktiengesellschaft in vielen Fällen nicht standhalten, es sei denn, daß die äußeren Voraussetzungen dazu gegeben sind und seine charakterliche Haltung ihn dazu befähigt, auch ohne Aufsichtsorgan die Unternehmung würdig zu führen.

d) Existenzsicherung des einzelnen im Vorrang vor der Existenzerhaltung der Gemeinschaft

aa) Das Sicherheitsbedürfnis der Erben als Motiv zur Abwendung vom unternehmerischen Bereich

Wenn sich die Erben vom Unternehmen abwenden, so können dafür verschiedene Gründe maßgebend sein. Gerade in der heutigen Zeit werden vielfach solche Motive, die stark von Vernunftsprinzipien geleitet sind, entscheidend für ein Abwenden vom väterlichen Betrieb sein. Die starken Veränderungen in der Wirtschaftsstruktur in den letzten Jahrzehnten, die kürzer werdenden Intervalle zwischen Konjunkturen und Krisen, Währungsumstellungen und die zunehmende Verflochtenheit in- und ausländischer Märkte haben für alle am Wirtschaftsprozeß Beteiligten große materielle Errungenschaften, aber auch neue, zum Teil unübersehbare Unsicherheiten und Gefahren mit sich gebracht.

---

[25] Mähler, Kurt, Die Entwicklung der Willensbildung in deutschen Aktiengesellschaften in den letzten Jahrzehnten, ein Beitrag zur Methodik der Betrachtung und zur praktischen Analyse im Blick auf eine neuerliche Aktienrechtsreform, Diss., Köln 1957, S. 15.

[26] Mähler, a. a. O.

Eine Gleichförmigkeit in der technischen und wirtschaftlichen Entwicklung ist einer sprunghaften, oft geradezu rasanten Schnelligkeit und fortschrittlichen Entwicklung gewichen. Die Anforderungen an den Menschen, geistiger und körperlicher Art, sind nicht geringer geworden, und im Zuge der Entwicklung werden an den Unternehmer weiter steigende Ansprüche gestellt.

Diese Anforderungen setzen meist überdurchschnittliche Fähigkeiten, Weitsicht und Anpassungsfähigkeit voraus und vererben sich nicht regelmäßig von einer Unternehmergeneration auf die nächste[27].

Nicht zuletzt kann ein Unsicherheitsmoment, das die Erben in ihr Kalkül ziehen, auch darin liegen, daß Kapitalgesellschaften weniger krisenempfindlich, auf eine breitere Kreditgrundlage gestellt sind und insofern einer neuen Konkurrenzsituation eher gewachsen zu sein scheinen als die meisten Personalgesellschaften.

Die Motive der Erben zur Abwendung vom väterlichen Betrieb liegen in einem Streben nach *Sicherheit*. Der Erbe strebt nach *Sicherung seiner Existenz*, besonders im Hinblick auf zukünftige politische und wirtschaftliche Veränderungen, die ihn in der Stellung eines Unternehmers einer Personalgesellschaft wesentlich eher bedrohen können als in einer auf diese Schwankungen weniger reagiblen Stellung. Der Erbe ist also nicht bereit, Opfer auf sich zu nehmen, die mit der zukünftigen Entwicklung auf ihn zukommen können. Selbst die Möglichkeit einer Situationsverbesserung und einer weitgehenden persönlichen Unabhängigkeit für ihn in der Stellung des Unternehmers ist er bereit aufzugeben, wenn ihm dafür Sicherheit geboten wird.

Als eine weitere Folge dieser Einstellung zeigt sich die fehlende Bereitschaft, Verantwortung in größerem Maße zu übernehmen. Statt dessen wird vielmehr eine Beschränkung des Verantwortungsbereiches durch Abwendung vom Unternehmen vorgezogen, wenngleich diese Tatsache nicht nur Folge, sondern auch mit ein Motiv seiner Einstellung sein kann. Der Erbe scheut es, die drückende Last der Verantwortung zu tragen, die ihm das Erbe als eine Verpflichtung auferlegt hat.

bb) Kulturelle Betätigung als Ausfluß materiellen Wohlstands

Die an den Wohlstand und die materielle Unabhängigkeit gewöhnten Erben in der dritten Generation werden sich vielfach vom Unternehmensbereich *abwenden* und statt dessen ein Betätigungsfeld außerhalb dieses Bereichs vorziehen.

---

[27] Vgl. Heintzenberg, Die Einzelunternehmung im Erbgang, S. 196.

So sieht Paulsen[28] primär die Hinwendung des Erben zur Lebensform des Adels und Künstlertums als einen Ausdruck dieser Situation an.

Die Aufnahme der Unternehmerfamilien oder Mitglieder in den Adelsstand entspricht nicht mehr dem heutigen Zeitgeist, während eine Betätigung auf künstlerischem Gebiet auch heute keine Seltenheit ist. Der vielleicht luxuriöse Lebensstil, die reiche Jugend und die Vielseitigkeit in der Erziehung erschließen den Erben vielfach Lebensbereiche, in denen sie den Werten künstlerischer Schöpfung begegnen, sie schätzen lernen und sich stark mit ihnen beschäftigen.

Häufig geben sich gerade Unternehmer als Mäzene der Kunst; nicht zuletzt ist auf eine derartige Einstellung die Unterstützung vieler Künstler durch die Industrie zurückzuführen, die ihren besonderen Ausdruck auch in den Veranstaltungen des Bundesverbandes der Deutschen Industrie gefunden hat[29].

Den Erben wird durch die *„ästhetischere"* Form des Lebens oft der Blick geöffnet für eine Welt, die mit dem Materialismus des Wirtschaftslebens wenig in Berührung kommt und infolgedessen für sie neuartige Werte vermitteln kann.

In dieser Atmosphäre wird es auch weniger künstlerisch Begabten, die unter härteren Verhältnissen nicht zu einer Entfaltung und Entwicklung gekommen wären, leichter gemacht, einen künstlerischen Beruf zu wählen. Es liegt die Gefahr nahe, daß mit einer derartigen Hinwendung zum Künstlerischen eine Verachtung des sogenannten „bürgerlichen" Lebensstils einhergehen kann und schließlich statt eines von der Ratio bestimmten Unternehmers ein Ästhet präsentiert wird, der seine bescheidene Begabung hinter einem wohlgespielten künstlerischen Gebaren verbirgt[30].

Dabei darf diese Unterstellung nicht zu der Annahme führen, ein solcher Weg bilde den Normalfall. Es können sich auch wirklich echt befähigte Naturen aus innerer Überzeugung für einen künstlerischen Beruf vom väterlichen Unternehmen abwenden, um in diesem Lebensbereich ihre Aufgabe zu finden.

e) Die geistige Interessenlage der Erben bei Abwendung vom Unternehmen und die Nachfolgesituation in der Gesellschaft

Die Betrachtung würde jedoch einseitig sein, wenn man das Schwergewicht einer Verhaltensanalyse der Erben ausschließlich auf das Stre-

---

[28] Paulsen, a. a. O., S. 276 ff.

[29] Der BDI veranstaltet Kunstausstellungen und stellt in seinem jährlich erscheinenden Werk „Der Jahresring" wertvolle Beiträge über das künstlerische Schaffen zusammen.

[30] So auch Paulsen, a. a. O., S. 277.

ben nach Sicherheit und eine Beschränkung des Verantwortungsbereiches legen würde.

Sehr häufig wird vielmehr die *geistige Interessenlage* das Handeln des Erben in ausschlaggebender Weise bestimmen, obgleich auch das Streben nach Sicherheit damit verbunden sein kann.

Die traditionelle Denkweise, von der die Vorfahren des Erben möglicherweise beherrscht waren, wird von ihm aufgegeben; statt dessen hat er seinen Blick erweitert und erkennt verschiedene Möglichkeiten zur Ausübung eines Berufes außerhalb der Sphäre des väterlichen Unternehmens. Bei ausreichender Vorbildung bieten sich dem Erben bei der Vielfalt der Berufsgruppen zahlreiche Gelegenheiten, einen seiner Begabung und seinen Neigungen entsprechenden Beruf auszuüben. Der materielle Wohlstand ermöglicht es ihm, sich weitgehend materiell und zeitlich, unabhängig von seiner Ausbildung und Aufgabe, diesem Beruf zu widmen. Er wird, nachdem er sich vom väterlichen Unternehmen abgewendet hat, sehr häufig eine Betätigung außerhalb des Bereichs der Wirtschaft suchen. Dabei bleibt es ihm dann nicht erspart, sich bei der Existenzneugründung ohne Begünstigung durch seine Gesellschafterposition hochzuarbeiten und seine Fähigkeiten unter Beweis zu stellen.

Andererseits werden sich die Erben die überkommene Tradition und Erziehung neben ihren Interessen zunutze machen und ihre Aufgabe im Bereich der Wirtschaft, jedoch mehr im verwaltenden Bereich, wie z. B. als Leiter von Verbandsgruppen usw., suchen. Schließlich wird ihnen die Möglichkeit einer mehr praktischen Betätigung in der Stellung als Berater eines Beratungsinstituts oder als Wirtschaftsprüfer einer Treuhandgesellschaft geboten. Aus der Sicht des Unternehmens betrachtet, werden also Vermögensteile dazu benutzt, einem zur Nachfolge bestimmten Erben Ausbildungsmöglichkeiten für eine außerhalb des Unternehmensbereiches liegende Tätigkeit zu gewähren.

Für die Gesellschaft kann eine solche Einstellung eines Erben eine erhebliche Bestandsgefahr bedeuten, wenn namentlich aus dem Gesellschaftskreise keine weiteren Erben für die Nachfolge zur Verfügung stehen und man darauf angewiesen ist, die entstandene Lücke durch Einsetzen Gesellschaftsfremder zu schließen.

Inwieweit eine Regelung mit den Erben selbst hinsichtlich eines evtl. Ausscheidens oder einer rein kapitalistischen Beteiligung zu treffen ist, wird von Fall zu Fall einer unterschiedlichen Beurteilung unterliegen.

Andererseits kann es für die Gesellschafter vielleicht nicht unwillkommen sein, wenn sich der Kreis der Beteiligten verringert und der Weg auf diese Weise für Erben frei wird, deren Interesse auf die Führung des Unternehmens gerichtet ist und die die entsprechenden Führungseigenschaften besitzen, bisher aber wegen der vorhandenen Erben zur Gesellschafterstellung nicht zugelassen waren.

So wird in der Regel dem Unternehmen besser gedient sein, wenn sich der zur Nachfolge nicht berufene Erbe von der unternehmerischen Tätigkeit zurückzieht, als wenn er ohne positive Einstellung zur Unternehmung die Aufgaben eines geschäftsführenden Gesellschafters übernehmen würde. Die Gesellschafter werden es allerdings bei der mitgliedschaftlichen Bindung an einen sehr engen Personenkreis nicht leicht haben, einen geeigneten Nachfolger zu finden, zumal, wenn sie sich nicht entschließen können, durch eine organisatorische Umgestaltung ihres Gesellschaftsverhältnisses auch Dritten die Möglichkeit einer geschäftsführenden Tätigkeit zu eröffnen.

Im Rahmen dieser Arbeit würde es zu weit führen, allen Ursachen nachzugehen, die eine Interessenverlagerung der Erben, also weg vom Unternehmen, begründen. Deshalb muß eine derartige Untersuchung anderen wissenschaftlichen Disziplinen vorbehalten bleiben.

Mit der Tatsache, daß heute zahlreiche Personalgesellschaften von Interessengegensätzen und daraus resultierenden Streitigkeiten beherrscht sind, wird nichts Neues gesagt. Zahlreiche Unternehmungen sind nur an der Verschwendungssucht der Gesellschaftererben zugrunde gegangen, durch die das Geschaffene und mühsam Erworbene mehr oder weniger sinnlos vertan wurde.

Der Untergang von Familienunternehmen war aber nicht weniger häufig auch eine Folge der geistigen Unfähigkeit der Gesellschafter, die nicht rechtzeitig mit der herkömmlichen Tradition brechen konnten und sich statt dessen auf die bestehende Situation in ihrer Gesellschaft einstellten, um sie nach einer neuen Konzeption zu reorganisieren[31].

Es wäre deshalb unklug, die mangelnde Bereitschaft der Erben, geschäftsführend in der Unternehmung tätig zu sein, zu kritisieren und daraus Werturteile abzuleiten.

---

[31] Vgl. dazu auch Sauermann, Heinz, Sozialwissenschaftliche Probleme der Unternehmer-Nachfolge, ZfhwF 1956, 605 ff., der das Beispiel anführt, daß nach Ableben des 75jährigen Vater-Unternehmers der 50jährige Sohn in die Führung der Unternehmung eintreten sollte, ohne jedoch vom Vater ausreichende Instruktionen erhalten zu haben. So bemerkt S., daß es in diesen Fällen nicht lange dauern würde, bis altangesehene Familien-Unternehmen in fremde Hände übergingen. S. fordert, daß auch im Gesellschaftsvertrag und Testament rechtzeitig für den Generationenwechsel gesorgt werden solle. In der Regel brauche es nicht zu einem „entweder — die Alten — oder die Jungen", zu kommen. S. fordert den allmählichen Übergang der Führungsaufgaben vom Vater auf den Sohn durch vorübergehende Zweiteilung in der Geschäftsführung, so daß es erst später zur alleinigen Geschäftsführung des Sohnes kommen kann, wenn der Vater sich zurückzieht und das Generationenproblem auf diese Art, ohne Härte und Bitterkeit, am besten gelöst werden kann.

S. sieht als weitere Folge der nicht vorhandenen Unternehmerpersönlichkeit den Eigentumswechsel, die Ausweitung des Gesellschafterkreises oder aber auch eine Änderung der Rechtsform.

Entscheidend ist hier nicht die Frage nach der Schuld der Erben oder Gesellschafter, sondern vielmehr die nach einer frühzeitigen Erkenntnis der Nachfolgeproblematik, der Fähigkeit, diese zu erkennen und Wege und Möglichkeiten zur Sicherung der Kontinuität der Nachfolge und des Fortbestandes der Unternehmung zu finden.

Wenn das Erbe nicht nur ein Recht, sondern auch eine Verpflichtung bedeutet, so kann die Verpflichtung für den Erben gerade darin liegen, sein Verhalten so einzurichten, daß der gesellschaftlichen Gemeinschaft und dem Unternehmen als Wirtschaftseinheit der geringste Schaden zugefügt wird.

2. Streit unter den Beteiligten als Ursache für eine Existenzbedrohung des Unternehmens

Die vorangegangenen Ausführungen haben bereits verschiedentlich Anlaß gegeben, auf die Gefahren für die Existenz des Unternehmens hinzuweisen, wenn sich Interessenkonflikte zwischen der Unternehmer- und Erbengeneration ergeben, die dann schließlich zu Streitigkeiten führen.

Die enge Verbundenheit der Gesellschafter in der Gemeinschaft zur gesamten Hand einerseits und die familiären Bindungen einzelner Gesellschafter andererseits können trotz eingehender Regelung im Gesellschaftsvertrag Meinungsverschiedenheiten grundsätzlich nicht ausschließen, da der gesamte Lebensbereich aller Beteiligten von dem Gesellschafterdasein durchdrungen ist und die gegenseitige Abhängigkeit der Gesellschafter als Einzelpersönlichkeiten Unterschiede im Denken und Handeln zwangsläufig mit sich bringt[32].

Die vom Gesetzgeber zugelassene Vertragsfreiheit wird sich nicht immer vorteilhaft für die Gestaltung des Gesellschaftsverhältnisses und das Zusammenleben der Gesellschafter auswirken, da es den Gesellschaftern freigestellt ist, die grundsätzlich geforderte Gleichbehandlung aller im Innenverhältnis nicht anzuerkennen, und es hier im Gegensatz zu den Kapitalgesellschaften an Normen für eine sachgerechte Abfassung des Gesellschaftsvertrages und an zwingenden gesetzlichen Vorschriften für die Regelung der Beziehungen der Gesellschafter im Innenverhältnis weitgehend fehlt.

---

[32] So im Ergebnis auch Böttcher, StbJb 1956/57, der feststellt, „daß zwar die Gesellschaftsverträge im einzelnen recht gut formuliert sein mögen, daß aber im Raum der harten wirtschaftlichen Tatsachen unendliche Reibungen auftreten, weil das Zusammenspannen so verschiedener Persönlichkeiten nicht gut enden kann“.

Hieraus ergeben sich häufig anzutreffende mangelhafte Vertragsabfassungen sowie die Ursache für Unzufriedenheiten und Streitigkeiten unter den Gesellschaftsmitgliedern.

Zartmann[33] führt dazu mit Recht aus: „Es ist eine ständig wiederkehrende Erfahrungstatsache, daß aus den Gesellschaftsverträgen der Personalgesellschaften weitaus häufiger Streitigkeiten unter den Gesellschaftern entstehen als aus den Satzungen von Kapitalgesellschaften".

Auch Schmalenbach[34] stellt die Tatsache heraus, daß viele Gesellschaftsverträge in ihren Bestimmungen höchst mangelhaft sind und dadurch eine verhältnismäßig große Zahl von Gesellschaften auf Jahre von Streitigkeiten geplagt sind, die vor Schiedsgerichten oder auch ordentlichen Gerichten ausgetragen werden, wenn es zu Verschiebungen im Gesellschaftsverhältnis kommt. Deshalb fordert er, „durch vorsichtige Fassung des Vertrages die Schattenseiten der Offenen Handelsgesellschaften zu beseitigen, damit ihre zweifellos großen Vorzüge sich um so ausschließlicher geltend machen können".

Die Differenzierung der Spannungs- und Streitmomente sowie die fehlende gesetzliche Konkretisierung bestimmter Vorschriften, die den Unzuträglichkeiten im Gesellschaftsverhältnis Vorschub leisten können, stellen den Gesellschaftern die Aufgabe, dem inneren und äußeren Zerfall der Gesellschaft entgegenzutreten, indem sie mögliche Störfaktoren erkennen und ihre Auswirkung durch vertragliche Vereinbarungen rechtzeitig unterbinden. Dennoch ginge es vielleicht zu weit, „demgegenüber die natürlichen, der Uneinigkeit entgegenwirkenden Kräfte zu unterschätzen, welche der OHG aus der Gemeinsamkeit des unbeschränkten Kapitalrisikos und aus dem gleichen Interesse der solidarisch verbundenen Unternehmer an einer funktionsfähigen Geschäftsleitung erwachsen"[35].

a) Streit zwischen den Unternehmergenerationen um die Fortführung des Unternehmens

Der generationenbedingte Altersunterschied zwischen den tätigen Gesellschaftern und ihren Nachfolgern wird in der Regel auch zu verschiedenen Meinungen über die *Fortführung* der Unternehmung im allgemeinen und die Art und Weise der Fortsetzung im besonderen führen.

Zahlreiche, durch den Altersunterschied bedingte Faktoren sprechen bei diesen Überlegungen mit, die aber im einzelnen wegen ihres vielfach psychischen Ursprungs nicht konkret faßbar sind.

---

[33] Zartmann, Heinrich, BB 1951, Beilage NB, 49.

[34] Schmalenbach, Die Beteiligungsfinanzierung, S. 109.

[35] Steiner, a. a. O., S. 54.

Bei der in der Regel aus Verwandten bestehenden Personalgesellschaft stehen sich Vater und Sohn, Onkel und Neffe, Schwiegervater und Schwiegersohn gegenüber. „Hieraus ergibt sich von selbst Autorität und Ehrfurcht, nicht nur Respekt, Liebe und nicht Ehre, deren Verwirklichung die Treue ist, und das ist die Seelenschicht, in der die zugrunde liegenden Impulse und Hemmungen ihren Ort haben[36]".

Diese Ansicht, die der verwandtschaftlichen Bindung große Bedeutung einräumt, erscheint zwar zunächst sehr überzeugend, doch hat die Erfahrung gelehrt, daß sehr viele Personalgesellschaften — auch die nur aus Verwandten bestehenden — durch grundlegende Meinungsverschiedenheiten und Streitigkeiten sehr stark zersetzt sind.

Die epochalen Veränderungen in den letzten Jahrzehnten im gesamten Lebensbereich, im besonderen im Bereich der Wirtschaft, haben die Interessenlagen der Erben außerordentlich stark geprägt und die auf Grund des natürlichen Altersunterschiedes bestehenden Auffassungsgegensätze im zusätzlichen Maße verstärkt.

Die in dieser Zeit gewonnene Lebens- und Weltanschauung sowie die sich aus dem Generationenstadium ergebenen Konsequenzen, werden — wie schon früher angedeutet — die Erben häufig veranlassen, sich vom Unternehmen abzuwenden. Das aber ist nur insoweit möglich, als der Gesellschaftsvertrag dies gestattet; denn als Nachfolger und persönlich haftende Gesellschafter sind sie zur Geschäftsführung berechtigt, aber auch verpflichtet (§ 114 HGB). Indessen wird sich fast immer ein Grund für die nicht zur Übernahme der Gesellschafterstellung bereiten Erben finden, sich der Führung des Unternehmens zu entziehen.

Für die Art der Abwendung der Erben wird die *Wirtschaftslage* des Unternehmens betriebswirtschaftlich bedeutsam sein; denn bei guter Rentabilität wird es stets in ihrer Absicht liegen, auch ferner an der Rendite teilzuhaben, dagegen werden sie bei schlechter Rentabilität und ungünstig zu beurteilender Zukunftsertragslage eher daran denken, das Unternehmen aufzulösen. Der zu erwartende Liquidationserlös wird ihnen dazu dienen, die in Aussicht genommene neue Existenz zu begründen.

Diese Einstellung der Erben gefährdet den Bestand des Unternehmens und wird in der Regel im Gegensatz zur Ansicht der übrigen Gesellschafter stehen, deren Bestreben darin besteht, die Kontinuität der Nachfolge und den Fortbestand der Gesellschaft zu sichern. Die Erben stellen sich also in Widerspruch zu den Altgesellschaftern, die bisher die alleinigen Träger des Unternehmens waren. Sie werden damit

---

[36] Weygand, Johannes, AcP, 38. Band, n. F., Tübingen 1959, S. 166, der diese Meinung bei ähnlich bezogenem Tatbestand vertritt.

zwangsläufig fast unüberwindliche Schwierigkeiten und Streitigkeiten heraufbeschwören.

Eine klare Vereinbarung im Gesellschaftsvertrag, die das Ausscheiden nicht am Unternehmen interessierter Erben und die Fortsetzung der Gesellschaft unter den übrigen Erben oder mit Dritten vorsieht, würde diese Streitigkeiten von vornherein abwenden.

Nicht weniger häufig wird der Fall sein, daß die Fortführung des Unternehmens durch Auflösungsabsichten der *älteren* Generation in Frage gestellt wird, bevor es zur Übernahme der Führung durch die jüngere kommt. In dieser Situation wird auch für die Überlegungen der Altgesellschafter die Wirtschaftslage des Unternehmens von Wichtigkeit sein; denn bei schlechter Gegenwarts- und Zukunftsrendite kann es in ihrem Interesse liegen, das vorhandene Vermögen zu liquidieren, das u. U. ausreichen würde, um ihre Ansprüche auf einen geruhsamen Lebensabend zu befriedigen. Dabei ist für sie die Existenzgrundlage der Nachfolger von untergeordnetem Interesse.

Die Gründe ihrer Einstellung werden verschiedenen Ursprungs sein, doch zeigt sich gerade in Depressionszeiten oder bei besonders schlechter Ertragslage der Unternehmung, daß den Gesellschaftern das nötige Vertrauen zu den Führungsqualitäten ihrer Nachfolger fehlt, dem Unternehmen zur Verbesserung seiner wirtschaftlichen Ertragskraft zu verhelfen. Infolgedessen erscheint es den Altgesellschaftern ratsamer, das noch vorhandene Vermögen durch eine Auflösung zu retten, als einer Zeit mit weiterer Vermögensminderung oder auch totalem Vermögensverlust entgegenzugehen.

Die zur Übernahme der Führungsaufgabe bereiten Nachfolger, die ihre gesamte Lebensaufgabe und ihre Existenzgrundlage im Bereich der Unternehmung sehen, werden sich einer solchen Einstellung der Altgesellschafter entgegenstellen, jedoch nicht ohne damit grundlegende Konflikte und Auseinandersetzungen auszulösen.

Eine Vermeidung derartiger Schwierigkeiten könnte auch wieder durch entsprechende Vereinbarungen im Gesellschaftsvertrag erreicht werden. Dies ließe sich im genannten Falle dadurch erzielen, indem den vertrauenslosen Altgesellschaftern für ihren Ruhestand ein finanzielles Bezugsrecht zugestanden wird, das bei einer Rentenanstalt in Form eines Versicherungsvertrages verbrieft wird und nicht in Abhängigkeit zur Vermögenssituation des Unternehmens steht, während die Nachfolger dem Unternehmen allein vorstehen. Eine Bindung der Altgesellschafter an das Unternehmen besteht dann nur noch in der Zahlung der Prämien, nicht aber darin, daß Ansprüche in Form von Rückstellungen für sie als Gesellschafter in der Unternehmungsbilanz stehen.

Darüber hinaus werden sich nach Lage des Einzelfalles noch weitere Gestaltungsmöglichkeiten im Gesellschaftsvertrag finden lassen, die Gegensätzlichkeiten in der Frage der Unternehmensfortführung vermeiden und von vornherein eine klare Richtung weisen. Eine allgemein gehaltene Fassung der Bestimmungen wird einer Auslegung der Vorschriften einen großen Spielraum lassen und insoweit einer erweiterten Anwendung entgegenkommen.

b) Streit im Organisations- und Führungsbereich der Unternehmung

Die Rechtsstellung des Gesellschafter-Nachfolgers im Organisations- und Führungsbereich des Unternehmens wird grundsätzlich die gleiche wie die seines Erblassers mit Ausnahme der höchstpersönlichen Rechte sein, die sich nicht aus den allgemeinen Gesellschaftsrechten herleiten lassen.

Mit dem Eintritt in die Führungsstellung stehen dem Nachfolger alle Tätigkeitsrechte zu, wie ihm gleicherweise Verpflichtungen auferlegt sind, sofern sich keine Einschränkungen aus dem Gesellschaftsvertrag ergeben.

Soweit der Gesellschafter-Erbe alleiniger geschäftsführender und vertretungsberechtigter Gesellschafter ist, wird die Geschäftspolitik im wesentlichen von ihm bestimmt werden.

Beim Vorhandensein mehrerer Gesellschafterstämme dagegen wird gewöhnlich ein gleichberechtigter Partner neben ihm die gesellschaftlichen Interessen dieses Stammes in der Geschäftsführung wahrnehmen. In solchen Fällen ist es nicht ungewöhnlich, Gesamtgeschäftsführung und -vertretung anzuordnen, um einer gegenseitigen Abstimmung und Kontrolle von vornherein gewiß zu sein.

Sind also auf Grund mehrerer Familienstämme auch entsprechend zahlreiche Vertreter in der Geschäftsführung, so wird sich nicht selten die Kollektivgeschäftsführung aus Partnern verschiedener Generationen als Folge eines zeitlichen Unterschiedes der Erbfälle zusammensetzen.

Mit dem Erbfall finden sich also Angehörige verschiedener Generationen und verschiedener Familienstämme zur Führung der Geschäfte des gemeinsam betriebenen Unternehmens zusammen, deren Erfahrungen und Ansichten häufig sehr voneinander abweichen. Daher muß in der Regel ein neues Vertrauensverhältnis begründet werden, das aber nur dann zustande kommen kann, wenn einerseits der Juniorpartner die Erfahrungen des Seniorpartners respektiert, andererseits sich der Seniorpartner aber bemüht, den Altersunterschied nicht ständig als Vorwand für eine nicht mögliche Gleichberechtigung vorzubringen. Sieht sich der Juniorpartner mehreren Seniorpartnern gegenüber, so hat er es oft schwer, sich zu behaupten und den Beweis seiner Befähigung zu erbringen. Häufig wird er viele Jahre lang als der „junge Mann“ abgestempelt, der nur kuriose Ideen und wenig Erfahrung mitbringt.

Leicht entwickelt sich bei einer solchen Einstellung des Seniorpartners dem Juniorpartner gegenüber ein gespanntes und vertrauensloses Verhältnis, das sich sehr schnell auf das gesamte Betriebsklima ausdehnt und häufig auch die Mitarbeiterschaft in zwei Parteien trennt, wovon die eine für den Seniorpartner und die andere für den Juniorpartner eintritt. Schließlich kommt häufig noch hinzu, daß die Seniorpartner unter sich oder auch mit den nicht geschäftsführenden Gesellschaftern intrigant zusammenwirken und mit allen Mitteln versuchen, dem Juniorpartner die ihm gebührende Position streitig zu machen.

Eine besondere Gefahr der Entstehung von Diskrepanzen liegt in der Abgrenzung der *Kompetenzen*. Die Größe des Unternehmens ist bestimmend dafür, ob eine Teilung der Aufgaben im Bereich der Geschäftsleitung möglich ist. Man findet daher vielfach die Aufteilung in den kaufmännischen und den technischen Sektor. Voraussetzung für eine derartige Aufteilung ist:

a) daß zwei Personen für die Übernahme dieser Sachgebiete zur Verfügung stehen,

b) daß die Personen für die jeweiligen Bereiche fachlich qualifiziert sind.

Sind diese Voraussetzungen nicht erfüllt, so wird es wieder zu Spannungen kommen, die das Gesellschaftsverhältnis trüben.

Wenn beispielsweise zwei betriebswirtschaftlich geschulte Geschäftsführer tätig sind, denen es an fundiertem technischem Wissen jedoch fehlt, so wird sich eine Lösung nur finden lassen, indem ein technisch versierter Betriebsleiter der Geschäftsführung unterstellt wird, dem man weitgehende Befugnisse zuerkennen und Vertrauen entgegenbringen muß. Eine Kontrollmöglichkeit bei technischer Unkenntnis der Geschäftsführer sollte darin bestehen, einen außenstehenden technischen Berater hinzuzuziehen, der periodisch oder auch sporadisch die Tätigkeit des Betriebsleiters kontrolliert.

Die Lösung des umgekehrten Falles, wo die geschäftsführenden Gesellschafter selbst nur eine technische Vorbildung mitbringen, ist gleichermaßen schwierig.

Schwierigkeiten ergeben sich aber auch im Verhältnis unter den Geschäftsführern selbst als Folge einer gleichartigen Ausbildung. Man muß also eine Aufteilung des gesamten Arbeitsbereiches vornehmen und jeden Bereich einem der Leiter unterstellen. Praktisch ließe sich im kaufmännischen Bereich eine Abgrenzung in den Einkaufs- und Verkaufssektor und in das gesamte Rechnungswesen, einschließlich der allgemeinen Verwaltung, durchaus erreichen. Bis es allerdings zu einer Vereinbarung zwischen den Partnern darüber gekommen ist, werden viele Streitigkeiten auftauchen und Auseinandersetzungen nicht zu umgehen sein. Es wird nicht immer leicht sein, vor allem für den Seniorpartner, von seinem bisherigen Arbeitsgebiet an den Juniorpartner etwas abzugeben und gleichzeitig die Verantwortung dafür auf diesen zu übertragen; denn regelmäßig ist es nicht nur der Verlust der eigentlichen Arbeitsaufgabe, die ihm dieses schwer macht, sondern vielmehr der damit in seinen Augen gleichzeitig einhergehende *Prestigeverlust* bei Mitarbeitern und Außenstehenden.

An der Schwierigkeit der zweckmäßigsten Kompetenzabgrenzung im Organisations- und Geschäftsführungsbereich der Unternehmung haben sich schon Streitigkeiten großen Ausmaßes entzündet. Eine nicht klare Abgrenzung der den einzelnen zustehenden Rechte und Pflichten eröffnet den subjektiven, ichbezogenen Wünschen und Vorstellungen der Beteiligten weitesten Spielraum. Sie verleiht den naturgewollten und „für die lebendige Fortentwicklung des gesellschaftlichen Ablaufs nahezu unerläßlichen Interessen- und Meinungsunterschieden häufig eine geradezu tödliche und zerstörende Bedeutung“[37].

Wenn grundsätzlich jedem geschäftsführenden Gesellschafter ein Arbeitsgebiet unterstellt werden soll, für das er Anweisungsbefugnis besitzt und die Verantwortung trägt[38], so sind gerade diejenigen Punkte, die einer *gemeinschaftlichen* Erledigung bedürfen, wieder besonders dazu angetan, Zwistigkeiten aufkommen zu lassen. Es empfiehlt sich daher, eine *Geschäftsanweisung* aufzustellen, die die gemeinsam zu erledigenden Aufgaben aufzählt und eine inhaltliche Umgrenzung der dazugehörenden Arbeitsbereiche vornimmt.

Eine derartige Geschäftsanweisung könnte für die Geschäftsführung eines mittleren Industriebetriebes folgendes Aussehen haben:

Vereinbarung

Die Herren A und B geben sich mit Wirkung vom heutigen Tage eine Geschäftsanweisung. Sie werden in Offenheit nach bestem Wissen und Gewissen vertrauensvoll zusammenarbeiten und die folgenden Aufgaben gemeinsam erledigen:

1. Aufstellung der Jahresbilanz, einschließlich der Gewinn- und Verlustrechnung
2. Geld- und Kreditfragen
   a) Kreditaufnahme
   b) Krediterneuerung — Kreditverlängerung
   c) Bankberichterstattung
3. An- und Verkauf von Wertpapieren

---

[37] Küster, a. a. O., S. 8.

[38] Vgl. dazu auch Potthoff, Erich, Die Gesellschaftsverträge der Personalgesellschaften in betriebswirtschaftlicher Betrachtung, Diss., Köln 1941, S. 41.

4. Beschaffung von Investitionsgütern ab DM 5000,— Wert wie z. B. Maschinen, maschinelle Anlagen, Geräte und sonstige Gegenstände des Anlagevermögens
5. Gewährung von Darlehen, Kredite jeglicher Art
6. Abschluß von Verträgen außergewöhnlichen Charakters, z. B. Wettbewerbsverträge, Kartellverträge, Verträge über Austausch von Lieferungen mit Konkurrenzwerken, Verträge über Zusammenschluß mit anderen Unternehmungen, Verträge über Errichtung von Filialbetrieben, Tochtergesellschaften etc., Grundstücksverträge
7. Verkaufsgebarung im weiteren Sinne
   a) Einstellung und Entlassung von Vertretern und Reisenden
   b) Vertretertagungen
   c) Werbemaßnahmen größeren Umfanges
8. Personalfragen
   Einstellung, Entlassung und Umsetzung von Angestellten in gehobener Stellung (ab DM 800,— Monatsgehalt)
9. Lohn- und Tarifverhandlungen
   (einschließlich halbjährlicher bzw. jährlicher Überprüfung des Lohn- und Gehaltswesens)
10. Organisationsfragen
    a) Beauftragung und Kündigung von Wirtschaftsprüfern und außenstehenden Beratern
    b) Rationalisierungsmaßnahmen größeren Umfangs
11. Sozialwesen
    a) Satzungsfragen der Betriebskrankenkasse
    b) Pensionszusagen im Rahmen der betrieblichen Altersversorgung
    c) Besondere Maßnahmen, betreffend Werkswohnungen und sonstige soziale Einrichtungen
12. Betriebsratsangelegenheiten
    a) Betriebsvereinbarungen
    b) Betriebsversammlungen
13. Wirtschaftsausschuß
14. Ergreifung von Notstandsmaßnahmen aller Art

Bei Abwesenheit eines der Unterzeichneten sind diesem zu seiner ständigen Information über das betriebliche Geschehen *Geschäftsberichte* zuzusenden.

Ort und Datum Unterschriften:

A

B

Die Störfaktoren im Organisations- und Führungsbereich zeigen immer mit besonderer Deutlichkeit die Wichtigkeit eindeutiger vertraglicher Vereinbarungen.

c) Gewinnverteilung und Entnahmeregelung als Streitgegenstand

Einer der häufigsten Anlässe streitiger Auseinandersetzungen betrifft die Frage der Errechnung der *Bezüge* und beschränkt sich nicht nur auf die geschäftsführenden, sondern berührt in gleicher Weise auch die Interessen der übrigen Gesellschafter.

Die gesetzliche Regelung der Gewinn- und Verlustverteilung für die Personalgesellschaft gemäß §§ 121, 168 HGB ist nachgiebigen Rechts und wird häufig den tatsächlichen Verhältnissen durch entsprechende Änderungen im Gesellschaftsvertrage angepaßt. So wird die Verschiedenartigkeit der Leistungen in der Gewährung entsprechender Vergütungen Berücksichtigung finden. Für den Fall der Nachfolge entsteht also die Frage, inwieweit für den Erblasser mit Rücksicht auf seine geschäftsführende Tätigkeit ein sogenanntes Geschäftsführergehalt oder eine Vorwegvergütung bei der Gewinnverteilung vereinbart war.

Auf Grund dieser Vereinbarung ist der besondere Charakter der Vergütung klarzustellen. Wenn die Vergütung ein Entgelt für geschäftsführende Tätigkeit ist, so hat der Erbe auf diese Vergütung nur Anspruch, wenn er wie sein Erblasser auch geschäftsführend tätig ist. Das Recht auf Vorwegvergütung auf den Gewinn geht im Erbfall mit dem Kapitalanteil auf den Erben über. Wenn aber die Vergütung den Charakter einer Unterstützung, eines Ehrenvorzuges für den Seniorpartner oder einer anderen höchstpersönlichen Leistung hat, so kann der Nachfolger kein Recht auf diese Leistungen geltend machen.

Uneinigkeiten werden besonders dann entstehen, wenn diese Sonderrechte als solche bei der Gewährung nicht besonders herausgestellt und auf die betreffende Person abgestellt wurden, so daß der Nachfolger sich darum bemühen wird, die gleichen Rechte auch für sich zu erlangen. Es kann auch zu Konflikten kommen, wenn einem Gesellschafter auf Grund besonders hoher Geldeinlagen über eine entsprechende Quote hinaus feste Vergütungszusagen zugestanden wurden, die auch sein Erbe wegen Erbringung der gleichen Kapitalleistung für sich in Anspruch nehmen will, die übrigen Gesellschafter dies aber mit dem Hinweis ablehnen, daß die einmalige Leistung nicht von ihm, sondern von seinem Erblasser erbracht worden und er insofern an der Leistung persönlich unbeteiligt sei.

Im Falle der Kommanditgesellschaft ist eine befriedigende Ergebnisverteilung weitaus schwieriger als bei der OHG zu erzielen, da sich die Gesellschafterleistungen bei Komplementären und Kommanditisten unterschiedlich zusammensetzen.

Der Gesetzgeber sah sich auch vor die Lösung dieses Problems gestellt und hat sie schließlich dadurch erreicht, daß er die Frage der Ergebnisverteilung für die KG praktisch offengelassen hat[39].

Die Gewinnbezüge des Kommanditisten-Erben werden sich meist nach der Regelung, die für den Erblasser maßgebend waren, richten, da ge-

[39] Baltes, Heinz, Gesellschaftsvertragliche Gestaltungen bei der Kommanditgesellschaft und ihren Erscheinungsformen betriebswirtschaftlich betrachtet, Diss., Köln 1956, S. 139.

wöhnlich außer der Kapitalleistung vom Kommanditisten keine weiteren Leistungen erbracht und ihm infolgedessen auch keine Sonderrechte eingeräumt wurden.

Die *Entnahmeregelung* (§§ 122, 169 HGB) bildet namentlich dann Grund zu Streitigkeiten, wenn die Gesellschafter ihren Lebensunterhalt aus den Erträgen des Unternehmens bestreiten müssen, weil Einkünfte aus Privatvermögen nicht oder nicht genügend vorhanden sind und der Gesellschaftererbe mit zum Unterhalt seiner elterlichen Familie beisteuern muß.

Anlaß zu Spannungen ergibt sich auch dann, wenn dem Erben im Gegensatz zu seinem Erblasser auf Grund eines verhältnismäßig starken Absinkens des Kapitalkontos des Erblassers durch ungewöhnlich hohe Entnahmen Beschränkungen in der Entnahme auferlegt werden. Dann kann u. U. eine Entnahme schließlich sogar auf das gesetzliche Entnahmerrecht gemäß § 122 HGB festgesetzt werden, um das Kapitalkonto wieder auf die vertraglich vorgeschriebene Höhe zu bringen.

Bei entsprechenden Vereinbarungen im Gesellschaftsvertrag und einer gleichgerichteten Einstellung der Beteiligten werden indessen diese Schwierigkeiten nicht zu unausräumbaren werden.

Anders hingegen wird sich das Verhalten solcher Kommanditisten auswirken können, die mit den „dividendenhungrigen Aktionären" zu vergleichen sind und primär ein Interesse an festen rechnerischen Bezügen haben, ohne der jeweiligen geschäftlichen Situation des Unternehmens besonderes Verständnis entgegenzubringen. In Zeiten des geschäftlichen Rückgangs werden sie deshalb rücksichtslos die ihnen unter normalen Verhältnissen zukommenden Bezüge fordern und nicht zu Opfern bereit sein.

Das über die Hafteinlage hinausgehende, in der Form der *Pflichteinlage* gebundene Kapital werden sie mit besonderem Nachdruck fordern, wenn nicht eindeutige vertragliche Vereinbarungen diese Entnahmen unterbinden.

Alle aus der Gewinnverteilung und Entnahmeregelung resultierenden Schwierigkeiten sind in der Regel leichter zu beseitigen, wenn sich die Gesellschafter dazu entschließen, *feste Kapitalkonten* einzuführen, die nur bei einer Kapitalherauf- oder Kapitalherabsetzung verändert werden, während die laufenden Zu- oder Abschreibungen auf Unterkonten des Kapitalkontos (Kapitalkonto II) zu verbuchen sind.

Durch entsprechende Beteiligungsquoten und einen Zinsanreiz lassen sich sowohl die Höhe der Gewinnverteilung als auch die Entnahmeregelung steuern, ohne für die Gesellschafter die Gefahr streitiger Auseinandersetzungen befürchten zu müssen.

Die vorstehenden Ausführungen haben gezeigt, wie sehr es im wesentlichen auf klare und allen Bedürfnissen gerecht werdende vertragliche Vereinbarungen ankommt, um Streitigkeiten zwischen den Gesellschaftern zu vermeiden. Indessen wird es nicht möglich sein, alle Fälle möglicher Streitursachen im voraus zu übersehen, so daß sich keine ausreichenden Mittel anbieten, den Streitigkeiten von vornherein Einhalt zu gebieten. Die Diskrepanzen zwischen den realen Gegebenheiten und vertraglichen Konsequenzen führen in der Regel zu Gegensätzen zwischen den Gesellschaftern.

Diese vielfach so gravierenden und folgenreichen[40] Spannungen können eine Fortsetzung der Gesellschaft völlig in Frage stellen.

Es bleibt dann nur noch der Weg einer Verständigung oder die Möglichkeit des Ausschlusses eines Gesellschafters aus der Gesellschaft, dem eindeutig die Schuld an den Auseinandersetzungen zugesprochen werden kann.

Ein besonderer Anlaß zu derartigen Auseinandersetzungen ist meist angesichts eines Gesellschafterwechsels infolge Erbfalls gegeben, wenn der Erbe als Vertreter einer neuen Generation die Führung der Geschäfte übernehmen will.

---

[40] Wie eine Reichsgerichtsentscheidung (RG 162, 390) aus dem Jahre 1940 zeigt, können die Streitigkeiten so weit gehen, daß, wie in dem dort entschiedenen, allerdings wohl ganz singulären Falle, ein Gesellschafter sich nicht scheut, gelegentlich einer Auseinandersetzung seinem Mitgesellschafter einen Messerstich in den Leib zu versetzen.

B. Nachfolgeschaftsregelung und Bestandssicherung der Personalgesellschaften durch Ausschöpfung rechtlicher und vertraglicher Gestaltungsmöglichkeiten wegen der typisch beim Erbgang auftretenden Interessenkonflikte

I. Allgemeine gesetzliche und gesellschaftsvertragliche Gestaltungsmöglichkeiten

Wie die vorangegangenen Ausführungen gezeigt haben, ist die Personalgesellschaft auf Grund ihrer individualrechtlichen Struktur durch den im Erbfall eintretenden Gesellschafterwechsel sowohl hinsichtlich der Nachfolge als auch ihres eigentlichen Fortbestandes ständigen Bedrohungen ausgesetzt.

Die Ursachen sind im gegebenen Fall unterschiedlich und äußern sich häufig als ein komplexer, scheinbar unabwendbarer Tatbestand. Dennoch wird bei eingehender Untersuchung des Problems in den seltensten Fällen eine völlige Unabwendbarkeit vorliegen.

Der Gesetzgeber konnte im Rahmen des HGB bei der Abfassung der Bestimmungen des Gesellschaftsrechts nicht den Einzelbelangen aller Gesellschaften gerecht werden, da die Nachfolgeschaft im Wechsel der Generationen von völlig andersartigen, der wirtschaftlichen Führung eines Unternehmens auch häufig widersprechenden Fakten bestimmt werden kann. Hinzu kommt, daß der Personenbestand der Gesellschaften in der Regel mit dem Eintritt der Erbfälle eine Vermehrung und insoweit auch eine andersartige Zusammensetzung erfährt, wobei der Anteilsbesitz ständig weiter aufgesplittert wird. „Je kleiner aber der Gesellschaftsanteil jedes einzelnen Gesellschafters wird, desto größer ist die Gefahr, daß der Inhaber dieses Zwerganteils den Belangen der Gesellschaft gleichgültig gegenübersteht[1]."

Mit der Vermehrung der Zahl der Gesellschafter wächst aber in gleichem Maße auch die Möglichkeit einer Interessenkollision; fühlen sich doch nicht alle Erben in gleicher Weise wie ihre Vorgänger an das Unternehmen gebunden.

Es ist daher keine Seltenheit, wenn Gesellschafter zur Nachfolge berufen werden, deren Grundinteressen nicht im Bereich der Unternehmung liegen und denen es deshalb auch an der notwendigen Qualifi-

---

[1] Schneider-Zartmann-Martin, a. a. O., § 6, S. 98.

kation fehlt, die Geschäfte *selbst* zu führen, wie es das Gesetz in den §§ 114, 161 Abs. II. HGB verlangt. Ihre Verbundenheit zum Unternehmen wird sich deshalb häufig in einem reinen Kapitalinteresse erschöpfen.

Die beim Übergang der Mitgliedschaft durch Erbfall zutage tretenden Interessengegensätze veranlassen die Erben häufig — früher oder später —, ihre Stellung als Gesellschafter in der Unternehmung wieder aufzugeben und ganz auszuscheiden. Die Gründe zu einer derartigen Einstellung können verschiedener Natur sein, vor allem aber darin liegen, daß entweder die Interessen der Erben außerhalb des Unternehmensbereiches liegen oder Meinungsverschiedenheiten mit den übrigen Gesellschaftern zu einem ernsthaften Spannungsverhältnis geführt haben und sie es deshalb vorziehen, aus der Gesellschaft auszuscheiden.

Der Gesetzgeber hat die Notwendigkeit eines Austrittsverlangens aus der engen Bindung der Gesamthandsgemeinschaft erkannt und diesem Bedürfnis Rechnung getragen.

1. Austritt eines Gesellschafters auf Grund des ordentlichen Kündigungsrechts gemäß § 132 HGB

Der Gesetzgeber regelt die Kündigung als Auflösungsgrund für die Personalgesellschaften in den Vorschriften der §§ 723 BGB, 131 Z. 6 HGB. Insbesondere ergibt sich das Kündigungsrecht aus der entscheidenden Vorschrift des § 138 HGB (§ 736 BGB) in Verbindung mit § 161 Abs. II HGB, nach der ein Gesellschafter, soweit es im Gesellschaftsvertrag vereinbart ist, kündigen kann, während die Gesellschaft unter den übrigen Gesellschaftern fortbestehen soll.

Der § 132 HGB regelt das *ordentliche Kündigungsrecht*, das dem Gesellschafter gestattet, durch einseitige Erklärung ohne Bekanntgabe oder auch Vorliegen von Gründen das Gesellschaftsverhältnis zu beendigen[2]. Danach kann *jeder* Gesellschafter die Gesellschaft, falls sie nicht auf eine bestimmte Zeit eingegangen ist, mit einer sechsmonatigen Frist zum Schluß eines jeden Geschäftsjahres kündigen.

Wenn der Gesellschaftsvertrag keine anderslautenden Bestimmungen enthält, ist die regelmäßige Folge der Kündigung die Auflösung der Gesellschaft gemäß § 131 Z. 6 HGB, da grundsätzlich der Bestand der Gesellschaft von der gleichbleibenden Personenzusammensetzung abhängig ist.

Die Auflösungswirkung als Folge der Kündigung wird aber in der Regel nicht im Interesse der übrigen Gesellschafter liegen; daher ist es üblich, die Fortsetzung der Gesellschaft unter den verbleibenden Ge-

---

[2] Weipert, § 132 Anm. 2 HGB.

sellschaftern nach dem Vorliegen der Kündigung unter Zustimmung des Kündigenden[3] zu beschließen oder schon bei Abschluß des Gesellschaftsvertrages eine Fortsetzungsklausel für derartige Fälle vertraglich aufzunehmen.

Es treten dann die Wirkungen des § 138 HGB ein. Der kündigende Erbe scheidet mit dem Kündigungsstichtag aus der Gesellschaft aus, während sie unter den übrigen Gesellschaftern fortgesetzt wird.

Für den Erben und die Gesellschafter ergeben sich dann die normalen Ausscheidungsfolgen, nach denen der Kündigende Gesellschaftsgläubiger wird und den übrigen Gesellschaftern gemäß §§ 738—740 BGB der Anteil des Ausgeschiedenen am Gesellschaftsvermögen zuwächst.

Von der Kündigungsmöglichkeit kann also der Erbe Gebrauch machen, wenn seine Interessen einem Verbleiben in der Gesellschaft entgegenstehen. Es wird seinen Interessen besonders entgegenkommen, nicht auf das Vorhandensein bestimmter wichtiger Gründe bei der Kündigung angewiesen zu sein; denn eine objektive Wichtigkeit der Gründe ließe sich schwerlich in jedem Falle nachweisen.

Abweichend von der gesetzlichen Kündigungsfrist im § 132 HGB, kann eine andere Kündigungsfrist im Gesellschaftsvertrag vereinbart werden. Das Kündigungsrecht kann für eine kürzere oder längere Kündigungsfrist geltend gemacht und auch für einzelne Gesellschafter verschieden gestaltet werden[4]. So kann zum Schutze der Substanz der Gesellschaft vereinbart werden, daß die Erben erst nach Ablauf einer bestimmten Zeit nach dem Erbfall von ihrem Kündigungsrecht Gebrauch machen können. So läßt sich verhindern, daß sie unmittelbar nach dem Erbanfall die Gesellschaft kündigen, um ihren Kapitalanteil zu erhalten[5].

Bestritten ist, ob ein Ausschluß des ordentlichen Kündigungsrechts durch eine Vereinbarung im Gesellschaftsvertrag möglich ist. Die herrschende Meinung[6] vertritt jedoch die Ansicht, daß es keinem Gesellschafter zugemutet werden kann, sich für eine völlig unbestimmte Zeit in einer auf persönlichem Vertrauen beruhenden Gemeinschaft zu binden. Auch soweit keine objektive Begründung für einen Austritt vorgebracht werden kann, ist es für einen Gesellschafter, der seinen Austritt vollziehen möchte, unerträglich, in einem so engen Verhältnis zu den Mitgesellschaftern gebunden zu sein.

---

[3] Dür.-Hach., II, 2, § 132 Anm. 4 HGB.

[4] Weipert, § 132 Anm. 14 HGB.

[5] Vgl. auch Jacobs, Karl-Heinz, Die Regelung des Ausscheidens des Kommanditisten durch Tod im Gesellschaftsvertrag, Diss., Köln 1955, S. 95.

[6] Weipert, § 132 Anm. 15 HGB; Dür.-Hach., II, 2, § 132 Anm. 7 HGB; Hueck, OHG, § 24, S. 233.

So ist ein völliger Ausschluß des ordentlichen Kündigungsrechts bei einer auf unbestimmte Zeit eingegangenen Gesellschaft nicht möglich.

Der Grundgedanke der Bestimmung des § 132 HGB ist, niemand gegen seinen Willen in der Gesellschaft festzuhalten, da die Vertrauensgrundlage dadurch eine erhebliche Beeinträchtigung erfahren würde und der Gesellschaft als auch dem Unternehmen kein besonderer Dienst erwiesen wird.

Die Gefahr des ordentlichen Kündigungsrechts liegt allerdings darin, daß der Bestand der Gesellschaft den willkürlichen Entscheidungen eines einzelnen Gesellschafters unterworfen ist, während unter volkswirtschaftlichen und sozialpolitischen Erwägungen eine Erhaltung des Unternehmens vordringlich ist[7].

Deshalb sollten Fortsetzungsvereinbarungen in den Gesellschaftsverträgen bei Kündigung eines Gesellschafters die Regel sein.

2. Auflösung der Gesellschaft auf Grund des außerordentlichen Kündigungsrechts gemäß § 133 HGB beim Vorliegen eines wichtigen Grundes

Im § 133 HGB wird das *außerordentliche Kündigungsrecht* geregelt. Danach kann auf Antrag eines Gesellschafters „die Auflösung der Gesellschaft vor dem Ablaufe der für ihre Dauer bestimmten Zeit oder bei einer für unbestimmte Zeit eingegangenen Gesellschaft ohne Kündigung durch *gerichtliche* Entscheidung ausgesprochen werden, wenn ein wichtiger Grund vorliegt".

Wichtiger Grund ist nach § 133 Abs. II HGB insbesondere vorsätzliche oder auch grob fahrlässige Verletzung wesentlicher Pflichten aus dem Gesellschaftsvertrag durch einen Gesellschafter oder das Unmöglichwerden der Erfüllung dieser Pflichten. Wenn es dem die Auflösung der Gesellschaft begehrenden Gesellschafter nach Berücksichtigung der Umstände des Falles nicht zugemutet werden kann, die Gesellschaft fortzusetzen, auch nicht bis zum vertragsmäßigen Ende der Gesellschaft oder zum Ablauf der von ihm in Gang zu setzenden Kündigungsfrist, so kann in der Regel von dem Vorliegen eines wichtigen Grundes gesprochen werden[8].

Es braucht sich allerdings nicht um Gründe zu handeln, die in der *Person* eines Gesellschafters liegen, vielmehr sind auch diejenigen Tatbestände zu berücksichtigen, die allein in der Situation des Unterneh-

---

[7] Vgl. Steiner, a. a. O., S. 125.

[8] Vgl. Weipert, § 133 Anm. 5 HGB.

mens oder in anderen äußeren Umständen begründet sind, wie z. B. konstante Verlustsituationen, drückende Steuerlasten u. a. [9].

Unter den hier zu betrachtenden Gesichtspunkten wird die Unzumutbarkeit einer Fortsetzung der Gesellschaft besonders dann vorliegen, wenn ein ersprießliches, auf gegenseitigem Vertrauen begründetes Zusammenarbeiten der Gesellschafter unmöglich geworden ist, weil die Gegensätzlichkeiten der durch Erbgang vereinten Personen derart groß sind und sich eine gegenseitige Verfeindung sowie eine völlige Zersetzung der Gesellschaft nicht mehr aufhalten lassen.

In der Regel aber wird nicht eine *einmalige Tatsache*[10], die Anlaß zu Unstimmigkeiten und Auseinandersetzungen gegeben hat, so sehr maßgebend sein, sondern vielmehr eine *Konstanz* von Gegensätzlichkeiten und die Erkenntnis der Unmöglichkeit einer künftigen Besserung der Verhältnisse.

So kann sich der Senior- oder auch der Juniorpartner im Falle mehrerer Familienstämme veranlaßt fühlen, den Geschäftsführungs- oder Vertretungspflichten in nicht notwendigem Maße nachzukommen, weil ihm die Rechte und damit die Machtbefugnisse nicht *allein* zustehen, sondern er sie gleichberechtigt mit einem oder mehreren Partnern teilen muß.

Nach der besonderen Lage des Einzelfalles kann in einer derart mangelhaften Pflichterfüllung ein wichtiger Grund für eine Auflösungsklage gegeben sein.

Die Auflösung der Gesellschaft, die regelmäßig auch eine Zerschlagung wirtschaftlicher Werte mit sich bringt, ist jedoch nur als *äußerster Rechtsbehelf* anzusehen[11] und darf nicht schon Anwendung finden, solange noch Wege und Möglichkeiten offenstehen, den Auflösungsgrund zu beseitigen.

Bei Verletzung der Geschäftsführungs- und Vertretungspflichten beispielsweise besteht die Möglichkeit, durch Entzug dieser Rechte und Pflichten die Auflösungsklage zu verhindern. Weiteren Schwierigkeiten, die in der Kompetenzabgrenzung oder in der Regelung der Bezugsrechte liegen, kann durch entsprechende Gestaltung des Gesellschaftsvertrages begegnet werden, soweit nicht eine wesentliche Änderung der Stellung der Gesellschafter damit einhergeht.

Die Vorschrift des § 133 HGB ist zwingenden Rechts, sie kann infolgedessen nicht durch vertragliche Abreden hinsichtlich ihrer Wirkung eingeschränkt werden (§ 133 Abs. III HGB).

---

[9] Vgl. Weipert, § 133 Anm. 7 HGB.

[10] Vgl. Weipert, § 133 Anm. 5 HGB.

[11] Vgl. Weipert, § 133 Anm. 16 HGB.

Mit ihrer Hilfe können Schwierigkeiten, die in erster Linie das Innenverhältnis der Gesellschaft berühren und den Zerfall der Gesellschaft unabwendbar erscheinen lassen, zur Entscheidung über eine Beendigung dieses Zustandes an eine *Instanz außerhalb der Gesellschaft*, an das Gericht, verwiesen werden.

Jeder Gesellschafter hat das Recht, die Auflösungsklage zu erheben[12]. Die Klage hat sich gegen die Gesellschafter zu richten, die der Auflösung der Gesellschaft widersprochen haben; denn würde die Zustimmung auf Auflösung der Gesellschaft von allen Mitgliedern vorliegen, so erübrigt sich die Klage, da die Auflösung schon durch Beschluß herbeigeführt worden wäre.

Der Richter hat nach pflichtgemäßem Ermessen über das Vorhandensein wichtiger Gründe zur Auflösung der Gesellschaft zu entscheiden[13].

Wenn die Wirkung des Urteils in der Auflösung der Gesellschaft und in der ihr folgenden Abwicklung besteht, so ist damit eine Abwendung der Vollbeendigung der Gesellschaft nicht ausgeschlossen.

Es ist möglich, eine Fortsetzungsklausel im Gesellschaftsvertrag mit der Bedingung aufzustellen, daß im Falle einer Auflösung durch richterliches Urteil der Gesellschafter, in dessen Person der wichtige Grund liegt, ausscheidet und die Gesellschaft unter den übrigen Gesellschaftern fortgesetzt wird. Der Ausscheidende ist dann nach den Bestimmungen des Vertrages abzufinden[14]. In gleicher Weise kann nach erfolgter Auflösung von den Gesellschaftern eine *Vereinbarung* dahingehend getroffen werden, daß die Person, in der der wichtige Grund zu suchen ist, ausscheidet und die Gesellschaft unter den übrigen fortgesetzt wird. Der gesellschaftsvertraglichen Klausel gegenüber hat die nachträgliche Vereinbarung den Nachteil der Ungewißheit, da es fraglich ist, ob alle berechtigten Gesellschafter einer Fortsetzung zustimmen.

Die Auflösungsklage wird indessen die letzte Maßnahme sein, die von Gesellschaftern einer innerlich zerrütteten Gesellschaft ergriffen wird, wenn es darum geht, die noch vorhandenen Vermögensteile durch eine Auflösung zu retten und den weiteren Belastungen materieller und psychischer Art innerhalb des Gesellschaftsverhältnisses zu entgehen.

Bei der großen Wechselhaftigkeit im Wirtschafts- und übrigen Lebensbereich erscheint es aber wesentlich, der Fortsetzungsklausel im Gesellschaftsvertrag, die die Fortsetzung nach der Auflösung unter Ausscheiden des betreffenden Gesellschafters vorsieht, besondere Beachtung zu schenken. Der von Zufälligkeiten und typischen Interessenkonflik-

[12] Dür.-Hach., II, 2, § 133 Anm. 10 HGB; Weipert, § 133 Anm. 18 HGB.
[13] Vgl. RG 122, 314; Hueck, OHG, § 29, S. 283.
[14] Vgl. Weipert, § 133 Anm. 23 HGB; Baumbach-Duden, § 133 Anm. 4 HGB.

ten beherrschte Gesellschafterwechsel gerade beim Erbgang erlaubt es nicht, aus *einer* Situation Schlüsse auch auf künftige Situationen zu ziehen.

3. Ausschluß eines „lästigen Gesellschafters" nach § 140 HGB

Während bei der außerordentlichen Kündigung § 133 HGB das Vorliegen eines rein objektiv wichtigen Grundes fordert, stellt § 140 HGB wesentlich auf die *Person des Gesellschafters* ab, in der ein Umstand eintritt, der nach § 133 HGB für die übrigen Gesellschafter das Recht zur Auflösung der Gesellschaft begründen würde. Anstelle der Auflösung kann hier die *Ausschließung* des Gesellschafters vom Gericht ausgesprochen werden, sofern sie die übrigen Gesellschafter beantragen. Gegen die „Möglichkeit zur Sprengung des Gesellschaftsunternehmens suchen sich insbesondere die auf breiter Grundlage betriebenen und auf lange Zeit begründeten OHGen und KGen durch Anlehnung an die Bestimmung des § 140 Abs. I HGB vorsorglich zu schützen"[15].

Der Gesellschafterwechsel beim Erbgang bringt in vielen Fällen Personen und Personengruppen zusammen, denen zunächst grundsätzlich die erforderliche gegenseitige Kenntnis für eine gedeihliche, vertrauensvolle Zusammenarbeit fehlt. Es besteht daher bei einem Gesellschafterwechsel die Gefahr, und zwar namentlich dann, wenn es sich um Vertreter verschiedener Generationen und Gesellschafterstämme handelt, daß die Interessen und Ansichten untereinander stark divergieren. Durch die Verhaltensweise eines Gesellschafters können die Mitgesellschafter gezwungen werden, diesen *„lästigen* Gesellschafter" aus ihrer Gemeinschaft auszuschließen, wenn der Bestand des Unternehmens nicht ernsthaft in Gefahr geraten soll.

Der Grundsatz der Vertragsfreiheit läßt die vertragliche Vereinbarung des Ausschlusses eines die Gesellschaft störenden Gesellschafters zu, während beim Fehlen einer derartigen Regelung auf die Bestimmungen des HGB zurückgegriffen werden muß[16].

Der Grundgedanke des § 140 HGB besteht darin, den Untergang der Gesellschaft zu vermeiden und die Einheit des Gesellschaftsvermögens zu erhalten. Deshalb besteht das Ausschließungsrecht ganz unabhängig davon, ob im Gesellschaftsvertrag eine Fortsetzungsklausel vorhanden ist oder nicht[17]; denn die Maßnahme der Ausschließung soll sich ja

---

[15] Steiner, a. a. O., S. 126.

[16] Vgl. Hartmann, Bernhard, Der lästige Gesellschafter in der Wirtschaftspraxis, Köln 1959, S. 2; Hueck, OHG, § 29, S. 280.

[17] Weipert, § 140 Anm. 2 HGB.

nur gegen denjenigen richten, mit dem die Fortsetzung für die übrigen Gesellschafter unzumutbar erscheint.

In Rechtsprechung und Schrifttum[18] wird übereinstimmend die Ansicht vertreten, daß die Ausschließung eines Gesellschaftsmitgliedes das letzte Mittel darstellt und nur dann Anwendung finden darf, wenn andere Maßnahmen keinen Erfolg mehr versprechen.

Im Unterschied zur Auflösung, bei der alle Gesellschafter in gleicher Weise betroffen werden, wird bei der Ausschließung nur der eine Gesellschafter betroffen, der damit gewöhnlich auch seine Erwerbsgrundlage verliert.

Darin liegt auch ein Grund für die strengen Maßstäbe, die bei der Beurteilung des „Umstandes", der die Ausschließung begründen soll, anzulegen sind und sich nur dann rechtfertigen, wenn die Auflösungsgründe für § 133 HGB vorliegen, nur mit dem Unterschied, daß sie sich hier ausschließlich auf die Person des *einen* Gesellschafters beziehen müssen. Liegt also ein derartiger Grund vor, so muß der Ausschließungsantrag durch alle übrigen Gesellschafter gestellt werden, da nur so von ihnen gleichzeitig auch der *Fortsetzungswille* zum Ausdruck kommt[19]. Ist keine Einstimmigkeit für den Ausschluß zu erzielen, so bleibt die Klage wirkungslos.

In dem Einstimmigkeitserfordernis scheint ein nicht unbedeutendes Hemmnis insofern zu liegen, als in einer Personalgesellschaft, die in der Regel aus Verwandten oder befreundeten Familienstämmen besteht, vielfach keine Einstimmigkeit zu erzielen ist, wenn es darum geht, ein verwandtes oder befreundetes Mitglied aus der Gesellschaft auszuschließen. Die beim Vorliegen der Voraussetzung für den Ausschluß bestehende Verpflichtung zur Mitwirkung an dem Ausschließungsantrag besteht dann für die „befangenen" Gesellschafter nicht[20]. Dennoch muß in der möglichen Befangenheit einzelner Gesellschafter gegenüber dem Auszuschließenden eine Schwierigkeit für die Anwendung dieser Vorschrift gesehen werden.

Wenn das Ausschließungsbegehren der Gesellschafter objektiv gerechtfertigt ist, so hat das Gericht dem Klageantrag stattzugeben und den Ausschluß auszusprechen. Er unterliegt in seiner Beurteilung ebenso wie bei § 133 HGB dem pflichtgemäßen Ermessen des Richters[21].

Der Ausgeschlossene hat wie in sonstigen Fällen des Ausscheidens einen Anspruch auf das Abfindungsguthaben, wobei der Stichtag für

---

[18] Vgl. Dür.-Hach., II, 2, § 140 Anm. 3 HGB; Hueck, OHG, § 29, S. 283; RG 146, 181; BGH 18, 362.

[19] Vgl. Weipert, § 140 Anm. 14 HGB; Dür.-Hach., II, 2, § 140 Anm. 7 HGB; RG 146, 173; Hartmann, a. a. O., S. 15.

[20] Weipert, § 140 Anm. 15 HGB; RG 162, 388.

[21] Hueck, OHG, § 29, S. 283; RG 122, 314.

die Auseinandersetzung im Gegensatz zu den sonstigen Fällen des Ausscheidens hier auf den Zeitpunkt abgestellt ist, an welchem die Ausschließungsklage erhoben wird.

Das Gesetz läßt also hier für den Fall der Vermögensauseinandersetzung die Beendigung der Mitgliedsstellung rückwirkend eintreten, um die Berechnung des Abfindungsguthabens unabhängig von dem Zufall des Eintritts der Rechtskraft des Urteils zu machen, weil dadurch Verschiebungen im Vermögen der Gesellschaft und unterschiedliche Auswirkungen für den Ausgeschlossenen und die verbleibenden Gesellschafter eintreten können[22].

Entgegen der zwingenden Natur des außerordentlichen Kündigungsrechts bei § 133 HGB ist § 140 HGB dispositiven Rechts, weil auch ohne das Recht auf Ausschließung eines Gesellschafters immer noch die Möglichkeit der Loslösung vom Gesellschaftsverhältnis durch die Auflösungsklage bleibt[23].

Wenn also die Bestimmung des § 140 HGB nachgiebigen Rechts ist, so können die Gesellschafter im Gesellschaftsvertrag das Ausschließungsrecht gänzlich beseitigen oder auch nur modifizieren.

Eine besondere Erschwernis in der Anwendung des § 140 HGB liegt jedoch unzweifelhaft in der einer staatlichen Instanz überlassenen Beurteilung und Entscheidung und in der Tatsache, daß gerade in einem so delikaten Falle die Intima der Gesellschafter an die Öffentlichkeit getragen werden können, was nicht zuletzt dem Ansehen des Unternehmens und auch seiner „moralischen Kreditbasis" erheblichen Schaden zufügen kann.

Es erhebt sich also die Frage, ob es den Gesellschaftern bei der bestehenden Vertragsfreiheit und dispositiven Vorschrift des § 140 HGB nicht gestattet sein sollte, die gerichtliche Maßnahme durch *freie* Vereinbarungen ersetzen zu können.

Die herrschende Meinung[24] hat sich *für* die Zulässigkeit einer solchen Vereinbarung durch die Gesellschafter ausgesprochen. Auch der BGH[25] hat in einem Urteil vom 3. 10. 1957 klar zum Ausdruck gebracht, daß einer gesellschaftsvertraglichen Regelung, nach der der Ausschluß eines Gesellschafters nicht durch rechtsgestaltendes Ausschließungsurteil, sondern einen entsprechenden Beschluß der Gesellschafter beim Vorliegen eines wichtigen Grundes erfolgen soll, keine allgemein rechtlichen Erwägungen zwingender Art entgegenstehen.

---

[22] Vgl. Weipert, § 140 Anm. 28 HGB.

[23] Vgl. Weipert, § 140 Anm. 29 HGB.

[24] Vgl. Weipert, § 140 Anm. 32 HGB; Dür.-Hach., II, 2, § 140 Anm. 15 HGB; Hueck, OHG, § 29, S. 280 f.

[25] BGH (Urt. v. 3. 10. 1957 — II ZR 150/56) DB 1957, 1071.

Damit ist der Rechtsweg jedoch nicht völlig zu umgehen. Die Möglichkeit der *Nachprüfung* der Wirksamkeit des Ausschließungsbeschlusses durch das Gericht bleibt bestehen. Der rechtliche Weg, der hierbei eingeschlagen werden kann, ist die *Feststellungsklage*, bei der jedoch nicht die Mitwirkung aller Gesellschafter erforderlich ist, weil es sich nicht um ein rechtsgestaltendes, sondern ein feststellendes Urteil mit deklaratorischem Charakter handelt, das nicht zugleich auch in die Rechtsverhältnisse der übrigen Gesellschafter eingreift.

Die Möglichkeit, den Ausschluß eines „lästigen Gesellschafters" intern, d. h. ohne direkte Beteiligung der Öffentlichkeit, durch Beschluß zu vollziehen, wird den Interessen der Gesellschafter in besonderer Weise entgegenkommen. Sie können so den typisch beim Erbgang auftretenden Schwierigkeiten abhelfen, indem sie die Person, in der die Unzuträglichkeiten, Streitereien oder auch Unfähigkeiten begründet sind, ausschließen.

Wenn auch die Anwendung des Ausschließungsbeschlusses sehr einfach zu sein scheint, so müssen sich die Gesellschafter bei der Beurteilung des Grundes ihrer Verantwortlichkeit und Treuepflicht bewußt sein, um nicht durch Androhung des Ausschlusses oder auch tatsächlich vollzogenen Ausschluß *ihrerseits* der Zerstörung des Gesellschaftsverhältnisses Vorschub zu leisten. Deshalb ist es besonders wichtig, daß dem Gericht die Möglichkeit einer Nachprüfung in jedem Falle verbleibt.

4. Schlichtung von Streitigkeiten durch Schiedsgerichtsverfahren

Neben den besprochenen Möglichkeiten der Beseitigung von Streitigkeiten, vornehmlich über den Weg der ordentlichen Gerichte, steht es den Gesellschaftern frei, einen bestehenden Streit auch auf internem Wege über ein *Schiedsgericht* auszutragen.

Das Schiedsverfahren ist kein Teil des Zivilprozesses, sondern ein selbständiges Seitenstück zu ihm, das die Organe der Justizhoheit durch frei gewählte Privatpersonen als Schiedsrichter ersetzt[26].

Soweit im Schiedsvertrag keine Bestimmungen darüber enthalten sind, wer den Schiedsrichter ernennen oder auch Schiedsrichter werden soll, hat nach § 1028 ZPO *jede* Partei einen Schiedsrichter zu bestimmen. Die Wahl des oder der Schiedsrichter wird aber häufig einer neutralen Institution wie z. B. der Handels- oder Anwaltskammer überlassen werden, wenngleich die Schiedsrichter auch von vornherein im Vertrag benannt werden können.

---

[26] Baumbach-Lauterbach, Zivilprozeßordnung, 25. Aufl. München u. Bln. 1958, Vorbem. 2 A zu § 1025 ZPO.

In der Praxis wählt man sehr oft drei Schiedsrichter. Davon ernennt jede Partei einen, während der dritte, der in der Regel ein Volljurist ist, von den Parteirichtern oder auch einer neutralen Stelle bestellt wird.

Soweit keine besonderen Verfahrensvorschriften von den Parteien vereinbart sind, bestimmt sich das Verfahren nach dem *freien* Ermessen der Schiedsrichter.

Vor dem Erlaß des Schiedsspruches haben die Schiedsrichter den Sachverhalt im einzelnen zu überprüfen und beide Parteien anzuhören.

Die Schiedsrichter erlassen nach Beendigung der Ermittlungen den Schiedsspruch mit absoluter Stimmenmehrheit nach § 1038 ZPO, sofern sich aus dem Schiedsvertrag nicht etwas anderes ergibt.

Wenn drei Schiedsrichter vorgesehen sind, so liegt eine Schwierigkeit für den Obmann darin, daß er wegen der erforderlichen Abstimmung einen der beiden Parteischiedsrichter für sich gewinnen muß; denn bei Stimmengleichheit tritt der Schiedsvertrag gemäß § 1033 Z. 2 ZPO außer Kraft. Es zeigt sich also, wie sehr das Funktionieren des Schiedsgerichts von den Persönlichkeiten der amtierenden Schiedsrichter abhängig ist[27].

Der Schiedsspruch hat unter den Parteien gemäß § 1040 ZPO die Wirkung eines rechtskräftigen gerichtlichen Urteils, bedarf aber zur Vollstreckung noch der Vollstreckbarkeitserklärung nach § 1042 ZPO durch das zuständige Gericht. Er ist somit die einzige Äußerung des Schiedsgerichts, die nach außen die Wirkungen einer Entscheidung hat, während alles andere innerer Vorgang bleibt[28]. Soweit das Schiedsgericht nicht gegen elementare Grundsätze des rechtlichen Verfahrens verstoßen hat, insbesondere nicht gegen die Gewährung des rechtlichen Gehörs, können seine Handlungen nicht durch Verfahrensrügen angegriffen werden.

Die Grundlage für das Schiedsgerichtsverfahren bildet der Schiedsvertrag. Er muß nach § 1027 ZPO ausdrücklich geschlossen werden und bedarf der Schriftform. Befinden sich in der Gesellschaft nicht nur Kaufleute im Sinne des HGB wie bei der KG durch Beteiligung der Kommanditisten, so muß die Schiedsvereinbarung in einem besonderen Vertrag zum Ausdruck kommen.

Bei der OHG kann die Schiedsvereinbarung mit in den Gesellschaftsvertrag aufgenommen werden. Aus Vorsichtsgründen empfiehlt es sich jedoch auch hier, alle auf das Schiedsgericht bezüglichen Abreden in

---

[27] Potthoff-Zintzen, Die Gesellschaftsverträge der Personalgesellschaften, S. 266.

[28] Baumbach-Lauterbach, § 1040 Anm. 1 ZPO.

einer besonderen Urkunde zu wiederholen, da die Rechtsprechung die Formvorschrift des § 1027 ZPO sehr streng handhabt[29].

Wesentlich für den Gesellschafterwechsel im Erbfall ist, daß der Schiedsvertrag auch zugunsten und zu Lasten der Rechtsnachfolger gilt, wenn Gesamtrechts- oder Sonderrechtsnachfolge vorliegen, soweit sich aus dem Vertrage nicht ausdrücklich etwas anderes ergibt oder aus den Gesamtumständen auf das Gegenteil zu schließen ist[30].

Der besondere Vorteil für die Gesellschafter beim Vorliegen einer Schiedsklausel, die eine Schiedsvereinbarung betrifft, liegt darin, die im Gesellschaftsverhältnis entstehenden Streitigkeiten unter Ausschluß der Öffentlichkeit beilegen zu können. Die insbesondere beim Erbgang auftretenden Unstimmigkeiten und Streitigkeiten zwischen den Altgesellschaftern und den Erbengesellschaftern umfassen in ihren Einzelheiten neben rein sachlichen Fragen auch solche, die nicht für die Öffentlichkeit bestimmt sind, da sie bis in die Intimsphäre einzelner Personen hereinreichen. Sie können daher nicht nur dem Ansehen der betreffenden Person, sondern auch dem Gesellschaftsunternehmen selbst schaden.

Ein weiterer Vorteil des Schiedsverfahrens gegenüber den Verfahren an den ordentlichen Gerichten ist in der *schnelleren* und *billigeren* Abwicklung zu sehen, was gerade in der Beurteilung von Nachfolgefragen außerordentlich wichtig ist, um den Fortbestand des Unternehmens ohne zu große zeitliche Verzögerungen zu sichern.

Es sollte deshalb immer in Betracht gezogen werden, welche geraume Zeit die Durchführung eines Prozesses vor den ordentlichen Gerichten allein bis zur Revisionsinstanz erfordert[31]. Dann wird verständlich, wie ein solcher Konflikt das Schicksal der Gesellschaft auf das schwerste gefährden kann. „Hinzu kommt, daß sich gerade gesellschaftsrechtliche Streitigkeiten infolge ihrer meist unwägbaren wirtschaftlichen Auswirkungen für ein kontradiktorisches Verfahren nicht gut eignen, ganz abgesehen davon, daß vielen Richtern die erforderliche wirtschaftliche Erfahrung abgeht[32].“

Wenn zwar die Schnelligkeit der Verfahrensabwicklung im einzelnen Fall bestimmt ein erheblicher Vorteil sein wird (ebenso wie auch die geringen Gebühren), so kann aber gerade, soweit es um die Entscheidung von vorwiegend rechtlich bedeutsamen Fragen im Gesellschafts-

---

[29] Schopp, DB 1958, 591.

[30] RG 147, 213; Sudhoff, Der Gesellschaftsvertrag, S. 304.

[31] Küster, Inhalt und Grenzen der Rechte der Gesellschafter, insbesondere des Stimmrechts im deutschen Gesellschaftsrecht, S. 10 Anm. 2, beziffert die Dauer für die Prozeßdurchführung durch 3 Instanzen auf ca. 2½ bis 3 Jahre.

[32] Sudhoff, a. a. O., S. 300.

verhältnis geht, nicht die darin auch liegende Gefahr übersehen werden. Je nach Qualifikation der Schiedsrichter wird vielleicht der Sachverhalt nicht immer ausreichend und unter Berücksichtigung aller Umstände erforscht und insoweit der Schiedsspurch übereilt gefällt, was bei eingehender, langdauernder Prüfung durch ein ordentliches Gericht u. U. zu vermeiden wäre.

Gewiß besteht auch nicht immer übereinstimmendes Vertrauen der Parteimitglieder zu der Person des Schiedsrichters, der von ihnen doch mehr als Parteivertreter angesehen wird. Es kommt also im besonderen Maße auf die Objektivität und Unbestechlichkeit des Schiedsrichters an[33].

Auch die Schnelligkeit der Verfahrensabwicklung ist bei Schiedsgerichtsverfahren nicht immer gewährleistet. „Die Praxis zeigt immer wieder, daß bei versteiften Fronten die Schiedsgerichtsverfahren länger dauern als die entsprechenden vor den ordentlichen Gerichten[34].“ Der Grund ist wohl in der engeren Bindung der Schiedsrichter an das Unternehmen und die Parteien zu sehen, die sie zu größerer Rücksichtnahme veranlaßt.

Soweit Schiedsklauseln oder Schiedsverträge vorliegen, versteht man unter einer Schiedsgerichtsvereinbarung auch die *Schiedsgutachtervereinbarung*[35].

Durch die Schiedsgutachtervereinbarungen, die sich auf die Bestimmungen der §§ 317 ff. BGB stützen, werden von den Gutachtern tatsächliche Feststellungen oder Wertschätzungen auf Grund besonderer Sachkunde getroffen, durch die für die Parteien verbindliche Unterlagen und Tatbestandselemente geschaffen werden, aus denen dann erst Rechtsansprüche folgen[36]. Es kann sich also um vorbereitende materielle Feststellungen für die prozessualen Auseinandersetzungen handeln.

Nach § 317 Abs. II BGB bedarf der Schiedsgutachtervertrag nicht der Formvorschrift wie der Schiedsverfahrensvertrag. Bei mehreren Schiedsgutachtern gilt Einstimmigkeit.

Ein Schiedsgutachten wird sich immer dann als zweckmäßig erweisen, wenn für eine streitige Auseinandersetzung bestimmte Tatbestandselemente geklärt werden müssen. Es kann sich beispielsweise um die Frage handeln, nach welchem Verteilungsschlüssel der Gewinn für die Erbengesellschafter zu berechnen ist. Die Klärung, die dann durch den Schiedsgutachter erfolgt, ist verbindlich; sie stellt also für die Ent-

---

[33] Sudhoff, a. a. O., S. 300.

[34] Schopp, DB 1958, 594.

[35] Schopp, DB 1958, 591.

[36] Schopp, a. a. O.

scheidung des Prozeß- oder Schiedsgerichts die Grundlage dar. Unverbindlichkeit liegt dann vor, wenn eine offenbar unbillige Feststellung getroffen wurde. Dann wird hilfsweise das ordentliche Gericht darüber zu entscheiden haben[37].

II. Der Grundtypus der Personalgesellschaft als Einheit von Unternehmer- und Kapitalfunktion und seine Verwendbarkeit zur Regelung der Nachfolge und Sicherung des Fortbestandes

Der Grundtypus der Personalgesellschaft, der durch die *Vereinigung von Eigentum und Leitung* in der Hand der persönlich haftenden Gesellschafter charakterisiert ist, gewährt eine Fülle verschiedener Nachfolgegestaltungsmöglichkeiten. Er kommt damit dem Wunsche nach einem reibungslosen Übergang der Mitgliedschaft auf den Nachfolger eines verstorbenen Gesellschafters weitgehend entgegen.

In Wissenschaft und Praxis fehlt es auch nicht an Vorschlägen zur Regelung der Nachfolge, die geeignet sind, den rechtlichen, betriebswirtschaftlichen, aber vor allem auch den steuerlichen Forderungen zu entsprechen. Die hinreichend ausführliche Untersuchung der Nachfolgefragen, die in Wissenschaft und Praxis angestellt wurde, verdient deshalb in dieser Arbeit keinen besonderen Raum. Es genügt daher, sich auf eine kurze Behandlung der wichtigsten Möglichkeiten und ihrer steuerlichen Auswirkungen zu beschränken.

Handelt es sich bei der Gestaltung der Nachfolgeregelung in der Verfügung von Todes wegen und im Gesellschaftsvertrag um weitgehend bekannte und daher auch typische Möglichkeiten, so wird zwar die Problematik des Erbgangs berührt, doch ist damit nicht ohne weiteres auch eine Sicherung des Fortbestandes der Unternehmung eingeschlossen.

Bei Feststellung dieser Tatsache ist zu berücksichtigen, daß es sich bei der Regelung der Nachfolge und Sicherung des Fortbestandes der Unternehmung grundsätzlich um *zeitlich nicht übereinstimmende* Maßnahmen handelt.

Die *Nachfolge* wird meist *vor* Eintritt des Erbfalls geregelt, vielfach ohne genauere allseitige Kenntnis der menschlichen und fachlichen Eignung des Nachfolgers, während die *Fortbestandssicherung* grundsätzlich erst *nach* Eintritt des Erbfalls akut wird.

Die Bedeutung dieser zeitlichen Verschiedenheit läßt sich auf zweierlei Weise begründen:

Die Nachfolge wird zunächst vor dem Erbfall von jedem Gesellschafter in der Verfügung von Todes wegen in bestimmter Weise vorgese-

---

[37] Vgl. Sudhoff, Der Gesellschaftsvertrag, S. 306.

hen und gemeinsam von allen Gesellschaftern, entsprechend der Nachfolgeklausel des Gesellschaftsvertrages, zugelassen. Es liegt die Annahme nahe, daß mit den Bestimmungen in der Nachfolgeklausel gleichzeitig auch das Problem der Fortbestandssicherung gelöst ist. Doch wird das regelmäßig nur dann der Fall sein, wenn der Nachfolgeberechtigte auf Grund menschlicher und fachlicher Eignung die Nachfolge antreten kann und sein berufliches Interesse sich ausschließlich auf den Unternehmensbereich konzentriert.

Nach Antritt der Nachfolge, also bei der praktischen Aufgabenstellung selbst, kann es sich dann aber herausstellen — und hier entsteht erst die eigentliche Problematik —, daß der Nachfolger die genannten Eigenschaften doch nicht besitzt, sich für die Führungsstellung in der Gesellschaft als nicht geeignet erweist und folglich der Fortbestand der Gesellschaft ernsthaft in Frage gestellt ist.

Aus der zeitlichen Verschiedenheit der Regelung der Nachfolgeschaft einerseits und der Sicherung des Fortbestandes andererseits ergeben sich dementsprechend auch unterschiedliche Möglichkeiten einer Lösung dieser Probleme.

Wenn eine Nachfolge durch die typischen Gestaltungsmöglichkeiten geregelt wird, so läßt sich das Problem einer Bestandssicherung des Unternehmens vor allem bei geschäftlicher Untüchtigkeit des Gesellschaftererben vorwiegend nur durch *atypische* Möglichkeiten lösen, indem sich der Erbe weitgehend den Weisungen eines gesellschaftsfremden Dritten unterordnet, der die erforderlichen Führungsqualitäten besitzt.

1. Typische Möglichkeiten der Nachfolgeregelung unter vorwiegend steuerlichen Gesichtspunkten

a) Die Einräumung eines Nießbrauchsrechts als Regelung zu Lebzeiten und von Todes wegen

In der Praxis kommt die Einräumung eines Nießbrauchsrechts grundsätzlich in zwei verschiedenen Formen vor, die in ihrer Bedeutung unterschiedlich zu veranschlagen sind.

Einmal kann das Nießbrauchsrecht Anwendung finden in der Regelung zu Lebzeiten eines Gesellschafters und zu seinen Gunsten durch Übertragung des Gesellschaftsanteils und zum anderen in der Regelung von Todes wegen zugunsten der nicht nachfolgeberechtigten Erben.

Nicht immer finden sich eindeutige Bestimmungen in den Verträgen über die Rechtsstellung des Nießbrauchers, so daß sowohl in formalrechtlicher als auch in materiellrechtlicher Hinsicht Zweifelsfragen entstehen können.

Liegt eine Nießbrauchsbestellung zu Lebzeiten eines Gesellschafters vor, so wird es sich in der Praxis häufig um den Fall handeln, daß ein Gesellschafter im Wege der vorweggenommenen Erbfolge seinen Gesellschaftsanteil ganz oder auch nur teilweise auf einen oder mehrere seiner künftigen Erben übertragen will und sich selbst bei Schenkung des Anteils ein Nießbrauchsrecht daran vorbehält[38].

Bei der *Regelung* zu *Lebzeiten* des Unternehmers, der den Gesellschaftsanteil im Wege der Schenkung auf seinen Nachfolger übertragen will, muß die grundsätzlich vom Gesetzgeber angeordnete (§§ 717, 719 BGB) Unübertragbarkeit des Anteils durch eine gesellschaftsvertragliche Gestaltung beseitigt und so der Anteil übertragbar gemacht werden. Die Übertragbarkeitsklausel des Gesellschaftsvertrages oder auch ein diesbezüglicher einstimmiger Beschluß der Gesellschafter kann daher bestimmen, daß die Übertragbarkeit völlig frei, auf bestimmte oder bestimmbare Personen beschränkt oder aber auch noch an eine besondere Zustimmung der Gesellschaft gebunden sein kann[39]. Beim Vorliegen einer derartigen Klausel und bei der sonstigen Erfüllung gesellschaftlicher Forderungen vollzieht sich der Übergang der Mitgliedschaft durch das Ausscheiden des Übertragenden aus der Gesellschaft und den Eintritt seines Nachfolgers in die Gesellschaft.

Erfolgt also der Übergang auf dem Wege der Schenkung, so wird sich der schenkende Gesellschafter das Nießbrauchsrecht an dem Anteil zu seiner eigenen materiellen Sicherstellung vorbehalten.

Der besondere Vorteil dieser Art der Nachfolgeregelung liegt, betriebswirtschaftlich gesehen, darin, daß der Gesellschafter seinen Nachfolger noch selbst einarbeiten und frühzeitig an seine eigentliche Aufgabe heranführen kann, ohne Übergangsschwierigkeiten befürchten zu müssen. Der Unternehmer selbst kann sich auf diese Weise schon frühzeitiger aus dem Geschäft zurückziehen, wenn es beispielsweise sein Gesundheitszustand erfordert, ohne jedoch auf regelmäßige Einkünfte verzichten zu müssen.

Bei der Regelung der Nachfolgeschaft *von Todes wegen* findet sich häufig die Bestimmung, daß nur einer oder einige der Abkömmlinge und Erbberechtigten zu Erben berufen werden oder auch nur einer als der Unternehmensnachfolger bestimmt wird, während den übrigen lediglich Nießbrauchsrechte vermacht werden.

Es handelt sich also hier um das *Vermächtnis eines Nießbrauchs* als ein dringliches, an einem fremden Gegenstand bestehendes Recht, aus dem Nutzungen zu ziehen sind. Der Nießbrauch kann an Sachen, Vermögens-

[38] Schneider-Zartmann-Martin, Familienunternehmen und Unternehmertestament, § 6, S. 113.

[39] Siebert, StbJb 1955/56, S. 311.

werten oder auch an Rechten eingeräumt werden. Wesentlich vor allem für das Unternehmen ist es, daß durch den Nießbrauch einerseits die nicht zur Unternehmensnachfolge Berechtigten sichergestellt werden und andererseits dies geschieht, ohne sie an der Substanz des Unternehmens beteiligen zu müssen[40]. Steht kein ausreichendes Privatvermögen zur Verfügung, so müssen die vermögensrechtlichen Bezüge des Gesellschafters aus dem Gesellschaftsverhältnis mit dem Nießbrauch als einem Recht auf Leistung gemäß § 1070 BGB belastet werden.

Der Erblasser kann ein Nießbrauchsrecht in einer Weise vermachen, das die Verhältnisse der Gesellschafter untereinander nicht berührt. Es handelt sich hier lediglich um Beziehungen, die zwischen dem nachfolgeberechtigten Erben und dem Nießbrauchnehmer bestehen, der sein Leistungsrecht gegenüber dem Nachfolgeerben geltend zu machen hat, ohne daß das Verhältnis der Gesellschaft direkt davon berührt wird. Der Anteilseigner bleibt Vollmitglied der Gesellschaft. Die Mitverwaltungsrechte werden bei dieser Form des Nießbrauchs nicht belastet, da den Mitgesellschaftern nicht ein Nießbraucher, der auch Herrschaftsrechte ausüben möchte, aufgezwungen werden kann, es sei denn, daß der Gesellschaftsvertrag dies zuläßt[41].

Aus dieser Feststellung ergibt sich, daß zur Einräumung von Nießbrauchsrechten, die der Versorgung der nicht zur Erbschaft Berufenen dienen sollen, gesellschaftsvertragliche Klauseln nicht unbedingte Voraussetzung sind.

Dem Nießbraucher stehen Nutzungen aus den Vermögensrechten des Gesellschafternachfolgers zu, und zwar in Form des jährlichen Reingewinns nach §§ 1068 Abs. II, 1030 BGB.

Der Nießbraucher kann keinen Anspruch gegen die Gesellschaft auf nicht ausgewiesene und nicht ausgeschüttete Gewinne geltend machen. Maßgebend allein ist der zur Verteilung gelangte Gewinn[42].

Die Stellung des Nießbrauchers ist bei fehlender entsprechender Bestimmung im Gesellschaftsvertrag wesentlich schwächer als eine solche, die einen Nießbrauch an der gesamten Mitgliedschaft gestattet, da hier alle aus dem Gesellschaftsverhältnis fließenden Verwaltungsrechte bei dem Anteilseigner bleiben, für den die Möglichkeit besteht, die Forderungen und Ansprüche des Nießbrauchers erheblich zu beeinflussen[43].

---

[40] Vgl. Model, Otto, Testament und Güterstand des Unternehmers, 3. Aufl., Köln 1959, S. 133.

[41] Kuhlmann, Alfred, Nießbrauch und Testamentsvollstreckung bei Beteiligungen an Personalgesellschaften des Handelsrechts, Diss., Göttingen 1955, S. 18.

[42] Vgl. Kuhlmann, a. a. O., S. 21.

[43] Vgl. Kuhlmann, a. a. O., S. 32.

Den Gewinnanteil kann der Nießbraucher im gleichen Umfang wie der Anteilseigner fordern, jedoch nur insoweit, als die Bestimmungen des Gesellschaftsvertrages nicht auch ihm Beschränkungen hinsichtlich der Gewinnentnahme auferlegen.

Soweit nicht ausdrückliche Bestimmungen vorliegen, nimmt der Nießbraucher nicht am Verlust der Gesellschaft teil. In der Praxis empfiehlt sich jedoch die Anordnung der Bestimmung, daß der Nießbraucher nach Verlustjahren erst dann den Gewinn entnehmen kann, nachdem die Verluste ausgeglichen sind[44].

Steuerlich gesehen, wird durch eine vorliegende Schenkung bei der Regelung zu Lebzeiten der steuerpflichtige Tatbestand des § 1 Abs. I Z. 2 des Erbschaftsteuergesetzes erfüllt. Der Wert des Anteils ist im Zeitpunkt der Übertragung festzustellen. Es sind dabei die gleichen Grundsätze anzunehmen, die bei einer Ermittlung des Einheitswertes des Betriebsvermögens für das ganze Unternehmen gelten (§ 54 BewG). Der nach diesen Grundsätzen festzustellende Anteil ist gesondert zu ermitteln. Bei dem mit einer Auflage geschenkten Anteil ist der Gegenwartswert der Auflage als Schuldposten bei der Ermittlung des Wertes für die Schenkungsteuer abzuziehen[45].

Handelt es sich um einen lebenslänglichen Nießbrauch, so ist der Gegenwartswert nach den Grundsätzen des § 16 BewG zu errechnen. Wird hingegen das Nießbrauchsrecht nur für eine bestimmte Zeit gewährt, so ist der Kapitalwert der Nutznießung nach § 15 BewG in Form einer *Zeitrente* zu errechnen. Für den Nachfolger als dem Beschenkten unterliegt der Unterschied zwischen dem Wert des geschenkten Anteils an der Gesellschaft und dem Gegenwartswert des Nießbrauchsrechts einer Versteuerung. Dabei sind die durch das Erbschaftsteuergesetz (§ 17 Abs. I Z. 1 ErbStG) gewährten Freibeträge für die Erwerbe der Abkömmlinge von ihren Eltern zu beachten.

Für die künftige *Vermögensteuer* unterliegt der dem Nachfolger geschenkte Anteil genauso wie bei der Festsetzung der Erbschaftsteuer einer entsprechenden Bewertung.

Der Wert des Betriebsvermögens, wie er in dessen Feststellungsbescheid ermittelt wurde, ist in Ansatz zu bringen[46] und zu versteuern. Die Nießbrauchsrechte sind als Schuldposten mit ihrem nach den

---

44 Model, a. a. O., S. 137.

45 Megow, Heinrich, Erbschaftsteuergesetz, 3. Aufl., Bln. u. Frankfurt 1955, S. 335 ff.

46 Weckerle-Dürschke, Vermögensteuergesetz, 3. Aufl., München und Berlin 1956, § 1 Anm. 5 VStG.

§§ 15 oder 16 BewG ermittelten Barwert am Gesamtvermögen, nicht am Betriebsvermögen, abzuziehen (§ 67 Z. 4 § 74 Abs. I Z. 2 BewG)[47].

Unter dem Gesichtspunkt des § 16 EStG (betrifft Einkommensteuer auf Veräußerungsgewinne) liegt dann keine Veräußerung des Betriebes oder eines Anteils am Betriebe vor, wenn die schenkungsweise Übertragung eines Anteils an der Personalgesellschaft eine Gesamtrechtsnachfolge darstellt[48]. Der Beschenkte ist zwar Gesellschafter der Personalgesellschaft; indessen ist im Feststellungsbescheid über das Einkommen des Gesamtunternehmens bei der künftigen Besteuerung zu beachten, daß der Nießbrauchsberechtigte noch Einkünfte aus dem Gewerbebetrieb bezieht[49].

Steuerlich kommt der Einräumung eines Nießbrauchsrechts bei der Regelung von Todes wegen insoweit eine besondere Bedeutung zu, als eine Steuerermäßigung dann erreicht wird, wenn *zwei Empfänger*, nämlich der Anteilseigner und der Nießbraucher, bedacht werden und der Zuwendungswert sich auf diese so verteilt, daß die Progression der Erbschaftsteuer gemildert wird. Das Vermögen des Anteilseigners ist mit dem Nießbrauch eines Dritten belastet. Er braucht dann nur den um den Kapitalwert des Nießbrauchs verminderten Anfall zu versteuern.

Der Nießbraucher dagegen ist um den Kapitalwert der Nutzungen bereichert und hat diese zu versteuern, wobei der Kapitalwert in einem Vielfachen des Jahreswertes der Nutzungen oder Leistungen besteht[50].

Für den Nießbraucher ist der Wert des Anteils am Nachlaß mit dem Barwert zu berechnen, der, soweit es sich um Zeitrenten handelt, nach den Vorschriften des § 15 BewG oder nach § 16 BewG für die Leibrenten zu ermitteln ist. Der Nießbraucher kann wählen, ob er den kapitalisierten Wert des Nießbrauchs sofort versteuern oder von der Rentenbesteuerung des § 33 ErbStG Gebrauch machen will[51]. Die Aufbringung der Erbschaftsteuer wird durch den Antrag auf Jahresbesteuerung erleichtert und erweist sich gewöhnlich als vorteilhaft, da die jährlich zu entrichtende Steuer als Sonderausgabe gemäß § 10 Abs. I, 1 ErbStG in Abzug gebracht werden darf[52].

---

[47] Vgl. Krekeler (Uhlich-Rössler-Troll) Bewertungsgesetz, 6. Aufl., Berlin und Frankfurt 1958, § 67 Z. 4 Anm. 2 BewG.

[48] Hartmann-Böttcher, Großkommentar zur Einkommensteuer, Stuttgart 1955, § 16 Anm. 2 a EStG; Blümich-Falk, Einkommensteuergesetz, 7. Aufl., Berlin und Frankfurt 1955, § 16 Anm. 3 EStG; Herrmann-Heuer, Kommentar zur Einkommensteuer und Körperschaftsteuer, 8. Aufl., Köln 1958, § 16 Anm. 18 ff. EStG.

[49] Hartmann-Böttcher, a. a. O., § 16 Anm. 5 d EStG; Herrmann-Heuer, a. a. O., § 16 Anm. 24 c EStG.

[50] Model, a. a. O., S. 135.

[51] Model, a. a O.

[52] Blümich-Falk, a. a. O., § 10 Anm. 2 EStG.

Bei der Vermögensteuer erscheint die Nießbrauchsbelastung bei dem Verpflichteten als Schuldposten, der nach den Bestimmungen des § 15 oder § 16 BewG zu berechnen ist, während bei dem Nießbrauchnehmer der gleiche Barwert als sonstiges Vermögen zu versteuern ist.

Sofern eine einheitliche Gewinnfeststellung notwendig ist und durchgeführt wird, muß der Nießbrauch am Einkommen aus Gewerbebetrieb in der Gewinnfeststellung Berücksichtigung finden.

Ist der Nießbrauchsanspruch den Mitgesellschaftern unbekannt und kann er deshalb bei der einheitlichen Gewinnfeststellung nicht berücksichtigt werden, so ist bei der einheitlichen Gewinnfeststellung dem Gesellschafter der gesamte Gewinnanteil zuzurechnen. Er kann für sein Einkommen aus Gewerbebetrieb eine besondere Aufteilung der Gewinnfeststellung beantragen.

b) Vorläufiges Anstellungsverhältnis und Unterbeteiligung des Nachfolgers

Eine andere, sehr einfache Form der Nachfolgeregelung zu Lebzeiten des Unternehmers kann in einer Vereinbarung bestehen, nach der der zukünftige Nachfolger eines persönlich haftenden Gesellschafters zunächst als Angestellter in das Unternehmen eintritt.

Mit dieser Regelung sind keinerlei Gesellschafterrechte für den Nachfolger verbunden. Es erfolgt damit weder ein Eingriff in die Mitgliedschaftsrechte des Unternehmers noch in die Gesamthandsgemeinschaft.

In der Regel werden die Gesellschafter bestimmte Eignungsmerkmale wie z. B. Mindestalter, Vorbildung u. a. für eine derartige Nachfolgeregelung vereinbart haben, um grundsätzlichen Schwierigkeiten von vornherein aus dem Wege zu gehen.

Der Nachfolgeberechtigte kann während der Übergangszeit, bis der Unternehmer in den Ruhestand tritt oder bis zu seinem Ableben, mit den handelsrechtlichen Vollmachten wie Handlungsvollmacht oder Prokura ausgestattet werden. Eine Vollmachtserteilung würde den künftigen Nachfolger gegenüber einem bloßen Volontärverhältnis zu verantwortungsvoller Mitarbeit erziehen.

Jede Vereinbarung wird also darauf abzielen, den in der Vorbereitung stehenden künftigen Nachfolger erst mit dem Ausscheiden des Unternehmers in dessen Mitgliedsstellung nach Maßgabe der letztwilligen Verfügung und der Eintritts- und Nachfolgeklausel einrücken zu lassen.

Bis dahin wird es die Aufgabe des künftigen Nachfolgers sein, sich in allen Bereichen des Unternehmens gründlich einzuarbeiten, um zu gegebener Zeit die Führungsposition des Unternehmers — in der Regel die seines Vaters — übernehmen zu können.

Besonders vorteilhaft ist diese Regelung in bezug auf mögliche strittige Auseinandersetzungen zwischen den Vertretern der verschiedenen Generationen; denn schon jetzt lernen sich die Partner der künftigen Arbeitsgemeinschaft während ihrer täglichen Arbeiten kennen, wohingegen für den Nachfolger noch keinerlei Gesellschafterrechte bestehen und durch sein Verhalten das Gesellschaftsverhältnis als solches noch nicht gestört werden kann.

Dennoch werden sich Schwierigkeiten kaum ganz vermeiden lassen. und der künftige Nachfolger wird immer in einer gewissen Unsicherheit während dieses Übergangsstadiums schweben, soweit die Vereinbarungen hinsichtlich der Übernahme der Mitgliedsstellung nicht in besonders verbindlicher Form getroffen sind.

Für den künftigen Nachfolger jedoch wird angesichts der in Aussicht stehenden Gesellschafterposition in der vorläufigen Übernahme eines Angestelltenverhältnisses kein besonderer Anreiz liegen. Deshalb wird als zusätzlicher Anreiz zum Einsatz im Interesse des Unternehmens eine *Tantieme,* die vom Gewinn berechnet wird, gewährt. Insoweit gleicht diese Regelung einer solchen, die man auch häufig bei leitenden Angestellten findet.

Die übrigen Gesellschafter werden in ihrer Gesamtheit allerdings nicht immer geneigt sein, dem Sohn eines ihrer Mitglieder eine vom Gewinn abhängige Tantieme zu zahlen, da sich ihr eigener Gewinn- oder Tantiemeanteil dadurch vermindert.

Beim Bestehen dieser Schwierigkeit ist es denkbar, daß der Mitunternehmer seinem Sohn eine von *seinem* Gewinnanteil abhängige Tantieme neben dem Gehalt, das er aus dem Anstellungsverhältnis bezieht, gewährt.

Durch die Gewährung von Gewinnanteilen an den künftigen Nachfolger des Gesellschafters entsteht zwischen beiden ein sogenanntes Unterbeteiligungsverhältnis.

Der Gesellschafter räumt seinem Sohn eine „Beteiligung an seiner Beteiligung" ein, ohne daß diese nach außen in Erscheinung tritt[53], und das Verhältnis zu den übrigen Gesellschaftern berührt. Der künftige Nachfolger tritt in keinerlei Beziehungen zu der Personalgesellschaft, sondern nimmt nur nach Maßgabe der zwischen ihm und dem Gesellschafter getroffenen Vereinbarung an dessen vermögensrechtlichen Bezügen teil.

Soweit die Tantieme sich im Rahmen der Entlohnung leitender Angestellter in vergleichbarer Tätigkeit hält, ist darin keine Schenkung

---

[53] Vgl. Janberg, Hans, DB 1953, 77.

von Vermögenswerten zu erblicken, auf die auch keine *Schenkungsteuer* zu entrichten ist.

Einkommensteuerlich liegt hinsichtlich der Bezüge des Sohnes Einkommen aus nichtselbständiger Arbeit vor, was in gleicher Weise auch für die Tantieme gilt, die ihm zu Lasten des Gewinnanteils seines Vaters gewährt wird[54].

Für den Vater-Unternehmer ist die Gewinnbeteiligung in Form einer Tantieme *Betriebsausgabe*[55].

Bei der einheitlichen Gewinnfeststellung muß er diese Betriebsausgabe als eine ihn allein betreffende Ausgabe geltend machen. Der für ihn bei der normalen Gewinnverteilung festgestellte Gewinn reduziert sich um den Wert dieser Betriebsausgabe (§ 215 AO).

Es besteht die Möglichkeit, die Unterbeteiligung am Gewinn in einem gesonderten Feststellungsverfahren zu ermitteln. Dazu sind eine Feststellung für die Aufteilung des Gewinnanteils des Vaters auf sich und den Sohn und daneben ein zweites Feststellungsverfahren erforderlich[56].

Die in diesem Feststellungsverfahren ermittelten Gewinnanteile sind dann den beiden Beteiligten zuzurechnen.

Entsprechend der Vereinbarung, kann die Beteiligung unterschiedlich behandelt werden, so daß sich als Folge davon auch zeitliche Unterschiede in der Versteuerung ergeben. Indessen ist in jedem Falle nach dem Grundsatz der sogenannten Bilanzbündeltheorie bei dem Unterbeteiligungsverhältnis zwischen Vater und Sohn eine Ergänzungsbilanz zur Bilanz der Gesellschaft aufzustellen und daraus der Gewinnanteil des Vaters gesondert zu ermitteln. Diese Form der Regelung ergibt sich aus der ständigen Rechtsprechung des früheren Reichsfinanzhofes und der sich ihr anschließenden des Bundesfinanzhofes[57].

Bei der *Gewerbesteuer* ist der dem Sohn zufließende Gehaltsbetrag einschließlich der Tantieme als Betriebsausgabe nicht zu erfassen. Das gilt jedoch nur insoweit, als die Beteiligung des Sohnes bei der einheitlichen Gewinnfeststellung des Unternehmens als Betriebsausgabe abgesetzt wird. Sofern die Gewinnfeststellung in einem gesonderten Feststellungsverfahren erfolgt, weil die Mitgesellschafter keine Kenntnis

---

[54] Herrmann-Heuer, § 15 Anm. 17 EStG.

[55] Es ist zu beachten, daß sich die Tantiemebeteiligung nicht als Steuerumgehung nach § 6 StAnpG oder als Scheinvereinbarung nach § 5 StAnpG darstellt.

[56] Vgl. Hartmann-Böttcher, § 15 Anm. 10 i EStG; Herrmann-Heuer, § 15 Anm. 27 g EStG; Bopp, Gerhard, Die Unterbeteiligung an gewerblichen Unternehmen im Steuerrecht, Düsseldorf 1956, S. 91; BFH, (Urt. v. 30. 10. 1958 — IV, 333/35 U); BStBl. 1959, III, 249.

[57] Hartmann-Böttcher, § 15 Anm. 13 EStG; Herrmann-Heuer, § 15 Anm. 27 e EStG.

davon erlangen sollen, kann die Gesellschaft auch bei der Gewerbesteuer diesen Betrag nicht absetzen. Für den Sohn ergeben sich so Einkünfte aus Gewerbebetrieb und nicht mehr aus nichtselbständiger Arbeit.

c) Vorläufiges Anstellungsverhältnis und Schenkung eines Betrages, der als partiarisches Darlehen an den Nachfolger gegeben wird

Besteht wie im Falle der Unterbeteiligung auch ein Anstellungsverhältnis für den künftigen Nachfolger und hat er in dieser Position eine gewisse Einarbeitungszeit durchlaufen, so kann der Vater seinem Sohn auch einen Betrag schenken, den der Sohn dem Unternehmen als Darlehen mit Gewinnbeteiligung zur Verfügung stellt.

Dem Sohn kann auf diese Weise die Möglichkeit eröffnet werden, aus stehenbleibenden Gewinnen allmählich einen eigenen Kapitalfonds zu bilden, um damit später auf Grund einer eigenen, selbsterbrachten Kapitaleinlage in das Unternehmen als Gesellschafter einzurücken.

Die Übertragung des Kapitalanteils vom Vater auf den Sohn erfolgt bei Inanspruchnahme des Kapitalkontos der Firma auf buchungstechnischem Wege durch die Belastung des Kapitalkontos des Vaters in Höhe des zu übertragenden Kapitalanteils und der entsprechenden Gutschrift auf dem Darlehenskonto des Sohnes[58].

Eine derartige Regelung, die eine Verminderung einer Gesellschaftereinlage zur Folge hat, läßt sich nur mit Zustimmung aller Mitgesellschafter durchführen. Wirtschaftlich betrachtet, wird durch Reduzierung des Gesellschaftsvermögens auch der Haftungsmasse Kapital entzogen. Die daraus resultierenden Folgen können jedoch für das Gesellschaftsverhältnis so gravierend sein, daß eine Vereinbarung darüber gewöhnlich nicht zu erzielen ist.

Anders ist daher die Situation zu beurteilen, wenn der Vater einen Betrag aus seinem Privatvermögen abzweigt und diesen dem Sohn schenkungsweise überläßt, der ihn dann der Gesellschaft als Darlehen in der genannten Weise zur Verfügung stellt.

Es wird sich dann lediglich um das von den Mitgesellschaftern zu erlangende Einverständnis auf Gewährung des Darlehens sowie um ihre Zustimmung zur späteren Umwandlung in einen Kapitalanteil handeln, wenn der Umwandlungszeitpunkt, bedingt entweder durch Erreichung der Altersgrenze oder Tod des Unternehmers, eintritt.

Es empfiehlt sich ferner, genaue Vereinbarungen über die Verzinsung zu treffen oder auch eine Rückzahlung des Darlehens für den Fall

---

58 Vgl. Schneider-Zartmann-Martin, a. a. O., § 5, S. 57.

festzulegen, daß der künftige Nachfolger aus irgendeinem Grunde doch nicht in die Gesellschaft eintritt.

Steuerlich verdient die Schenkungsteuer bei der schenkungsweisen Übertragung besondere Beachtung (§ 3, I Z. 1 ErbStG).

Inwieweit Schenkungsteuer anfällt, wird sich danach richten, in welcher Größenordnung sich der geschenkte Betrag bewegt. Falls er die Freigrenze von DM 30.000,— übersteigt, unterliegt der darüber hinausgehende Betrag der Schenkungsteuer (§ 17 Abs. I Z. 1 ErbStG).

Wird mit der Schenkung solcher Beträge, die als Darlehen in das Unternehmen eingelegt werden, früh begonnen, so ergibt sich die Möglichkeit mehrfacher, steuerfreier Zuwendungen, soweit die gesetzlich vorgesehene Zehnjahresfrist jeweils beachtet und eingehalten wird (§ 13 Abs. I ErbStG)[59].

Es ist so die Möglichkeit gegeben, das Darlehen nicht nur aus den stehenbleibenden Gewinnen, sondern zusätzlich auch aus den weiteren Zuwendungen des Vaters an seinen Sohn zu erhöhen.

Vermögensteuerlich ergibt sich durch diese Aufteilung der Vorteil, daß für den Sohn der entsprechende Freibetrag von DM 10.000,— in Anspruch genommen werden kann. Der Sohn wird mit seinem Vermögen, das regelmäßig in Höhe des Darlehensbetrages festzustellen ist, vermögensteuerpflichtig. Damit ist es Kapitalvermögen, während hingegen beim Betriebsvermögen des Vaters das Darlehen als Schuldposten abgesetzt wird und sich dadurch das Betriebsvermögen vermindert.

In bezug auf die *Einkommensteuer* muß der Vater sein Einkommen aus Gewerbebetrieb versteuern, wobei die dem Sohn gezahlten Gehaltsbeträge und Zinsen als Betriebsausgaben abzusetzen sind. Dadurch vermindern sich die Einkünfte aus Gewerbebetrieb für den Vater.

Für den Sohn ergeben sich zweierlei Einkunftsverhältnisse: auf der einen Seite das Gehalt, das er als Einkommen aus nichtselbständiger Arbeit bezieht (§ 19 Abs. I Z. 1 EStG) und zum anderen die Zinseinkünfte aus der Gewinnbeteiligung mit dem Darlehen als Einkommen aus Kapitalvermögen (§ 20 Abs. I Z. 4 EStG). Die Einkünfte aus Kapitalvermögen sind in dem Jahr nach Feststellung der Unternehmensbilanz zu versteuern. Die Gewinnbeteiligung ist in der Bilanz als Rückstellungs-, Abgrenzungs- oder Schuldposten zu berücksichtigen.

Bei der *Gewerbesteuer* ergibt sich bei dieser Regelung keine Vergünstigung. Die Bezüge des Sohnes aus seiner Tätigkeit bleiben als Betriebsausgabe auch bei der Gewerbesteuer abzugsfähig. Der Gewinnan-

---

[59] Megow, a. a. O.,§ 13 Anm. 1 ErbStG.

teil ist hingegen gemäß § 8 Z. 1 GewStG als Zinsen für sogenannte Dauerschulden dem Gewerbeertrag des Unternehmens zuzurechnen.

d) Vorläufiges Anstellungsverhältnis und Schenkung als stille Beteiligung für den Nachfolger

Wenn durch die Gewährung eines Darlehens gewisse Vorzüge, vor allem durch die feste Verzinsung, für den künftigen Nachfolger entstehen, so kann diese Form der Nachfolgeregelung doch insofern nachteilig für den Nachfolgesohn sein, als er in Ermangelung von Beteiligungsrechten einen Verzicht auf die im Laufe der Zeit sich noch bildenden stillen Reserven des Unternehmens hinnehmen muß.

Darin kann auf lange Sicht eine erhebliche vermögensrechtliche Benachteiligung liegen. Andererseits will man aber nach Möglichkeit die Einflußnahme auf die Geschäftsführung durch den Sohn vorläufig ausschalten, indem man ihn noch nicht in die Stellung eines Gesellschafters einrücken läßt.

Diese Tatbestände rechtfertigen die Möglichkeit einer Schenkung eines Betrages von dem Vater an den Sohn, dem eine atypische stille Beteiligung am Unternehmen eingeräumt wird. Im Vertrag über die Stille Gesellschaft kann festgelegt werden, daß schuldrechtlich die Berechnung des Auseinandersetzungsguthabens des stillen Gesellschafters so erfolgen soll, als wäre er wie ein persönlich haftender Gesellschafter an der Vermögenssubstanz der Gesellschaft und damit auch an den stillen Reserven und dem Geschäftswert des Unternehmens beteiligt.

Der stille Gesellschafter muß sich danach mit einer Vermögenseinlage am Handelsgewerbe des Geschäftsinhabers beteiligen, der eine Einzelperson, aber auch eine OHG sowie KG sein kann[60].

Zum wirksamen Abschluß des Vertrages mit einem stillen Gesellschafter ist grundsätzlich die Zustimmung der übrigen Gesellschafter nicht erforderlich. Doch wird im Innenverhältnis regelmäßig die Zustimmung aller Gesellschafter notwendig sein; denn die Aufnahme eines stillen Gesellschafters kann vertragswidrig oder auch deshalb unzulässig sein, weil sie ein außergewöhnliches Geschäft darstellt, zu dem die Zustimmung aller Gesellschafter eingeholt werden muß.

Auf seiten des Geschäftsinhabers, also hier einer OHG oder KG, ist der Gesellschaftsvertrag stets ein Handelsgeschäft, auch für den stillen Gesellschafter, wenn die Beteiligung gemäß § 343 ff. HGB[61] zum Betrieb seines Handelsgewerbes gehört.

---

[60] Weipert, § 335 Anm. 11 HGB; RG 30, 33; 126, 386.

[61] Weipert, § 335 Anm. 38 f. HGB.

Die Schenkung als stille Beteiligung an den im Angestelltenverhältnis tätigen künftigen Nachfolger wird grundsätzlich von vornherein in einer besonderen vertraglichen Klausel vereinbart sein; denn bei der Zustimmungsbedürftigkeit aller Gesellschafter wird es schwer halten, zu gegebener Zeit das Einverständnis aller Beteiligten zu erhalten. Wenn die Stille Gesellschaft auf eine unbestimmte Zeit oder auch auf die Lebenszeit eines Gesellschafters eingegangen ist, läßt sich das ordentliche Kündigungsrecht nicht durch eine gesellschaftsvertragliche Regelung ausschließen[62].

Obgleich sich die stille Beteiligung nicht wesentlich von der Schenkung eines Betrages, der als partiarisches Darlehen dem Unternehmen gewährt wird, unterscheidet, ergeben sich doch einige *steuerliche* Besonderheiten, die im folgenden untersucht werden sollen:

Die Schenkung eines Betrages, der als stille Beteiligung an dem Handelsunternehmen des Vaters verwendet wird, bedingt die *Schenkungsteuer*, die von dem über den Freibetrag von DM 30.000,— hinausgehenden Betrag zu entrichten ist. Die Möglichkeit fortgesetzter steuerfreier Schenkungen bei Einhalten der Zehnjahresfrist gemäß § 13 ErbStG ist auch hier gegeben.

Im Steuerrecht wird ebenso wie im Handelsrecht bei einer stillen Beteiligung zwischen einer typischen und einer atypischen Stillen Gesellschaft unterschieden[63]. Neben der handelsrechtlich bekannten Unterscheidung ist steuerrechtlich von Bedeutung, daß bei einer vertraglichen Vereinbarung, wonach der stille Gesellschafter im Falle einer Auseinandersetzung an den während der Dauer seiner Beteiligung gelegten stillen Reserven beteiligt ist, die Rechtsprechung zu § 15 Z. 2 EStG bei Personalgesellschaften grundsätzlich das Vorliegen eines Mitunternehmerverhältnisses unterstellt[64].

Im *Einkommensteuerrecht* ist der Begriff des Mitunternehmers wesentlich weiter gefaßt als im Zivilrecht. So liegt steuerrechtlich schon da Mitunternehmerschaft vor, wo sie zivilrechtlich überhaupt nicht vorgesehen ist[65].

Die Unterscheidung von typischer und atypischer stiller Beteiligung ist zunächst schon für die *Vermögensteuer* wichtig[66]. Die typische stille

---

[62] BGH (Urt. v. 20. 12. 1956 — II ZR 166/55) = BGH 23, 10 = BB 1957, 132.

[63] Aulinger, Leonhard, Die atypische stille Gesellschaft, Düsseldorf 1955, S. 1 ff.

[64] Hartmann-Böttcher, § 15 Anm. 12 EStG; Blümich-Falk, § 15 Anm. 13 EStG; Herrmann-Heuer, § 15 Anm. 31 EStG.

[65] Steuerrechtlich begründet eine Beteiligung als Kommanditist schon eine Mitunternehmerschaft.

[66] Weckerle-Dürschke, a. a. O., § 1 Anm. A II, 8 u. 10; Ellinger-Schug-Ehlers, Vermögensteuer und Einheitsbewertung, Bln. u. Frankfurt 1958, § 56, § 62 Anm. 7 BewG.

Beteiligung stellt Kapitalvermögen dar und ist unter dem sonstigen Vermögen zu erfassen. Danach ist also der Betrag anzusetzen, der sich als Anspruch an das Unternehmen jeweils zum Feststellungs- und Bewertungsstichtag ergibt. Das betrifft die Kapitaleinlage, den Gewinnanspruch für das abgelaufene Jahr sowie evtl. nicht abgehobene Gewinne aus vergangenen Jahren.

Beim Vorliegen einer atypischen stillen Beteiligung hingegen wird diese als Mitunternehmerschaftsverhältnis behandelt. Die Ermittlung der atypischen stillen Beteiligung hat bei der Feststellung des Einheitswertes des Betriebsvermögens zu erfolgen. Der Betrag ist nicht als Schuldposten bei der Ermittlung des Betriebsvermögens abzugsfähig, sondern im Feststellungsverfahren muß er in Höhe des Betrages, der auf den stillen Gesellschafter entfällt, einschließlich der Ansprüche auf die stillen Reserven, als Anteil am Betriebsvermögen[67] festgestellt werden.

Ebenso ist bei der *Einkommensteuer* der Unterschied zwischen typischer und atypischer Stiller Gesellschaft zu beachten.

Bei einer typischen Stillen Gesellschaft ist das von dem Sohn aus dem Anstellungsverhältnis bezogene Gehalt Einkommen aus nichtselbständiger Tätigkeit (§ 19 Abs. I Z. 1 EStG). Von der Unternehmung ist dafür Lohnsteuer einzubehalten und an das Finanzamt abzuführen (§§ 38, 39 EStG). Für die Gewinnbeteiligung liegt Einkommen aus Kapitalvermögen vor (§ 20 Abs. I Z. 2 EStG). Bei der Auszahlung oder Gutschrift des Gewinnes ist der Unternehmer verpflichtet, Kapitalertragsteuer in Höhe von 25 % einzubehalten und an das Finanzamt abzuführen (§§ 43, 44 EStG).

Bei der Errechnung der endgültigen Steuer sind die vorausbezahlten Steuern auf die Einkommensteuer anzurechnen. Das hat jedoch nur Gültigkeit für die typische Stille Gesellschaft.

Bei der atypischen Stillen Gesellschaft ist der stille Gesellschafter nach § 15 Abs. II EStG Mitunternehmer. Seine Bezüge in Form der Gehaltsvergütung und Gewinnbeteiligung, die er aus der Gesellschaft bezieht, sind für ihn Einkommen aus Gewerbebetrieb. Ein weiterer Unterschied liegt auch darin, daß sein Einkommen am Ende des Jahres nach Feststellung der Bilanz ermittelt wird (§ 215 AO). Für seine Gehaltsbezüge ist er nicht mehr lohnsteuerpflichtig, aber als Mitunternehmer zur Zahlung der Einkommensteuer auf Grund einer Einkommensteuererklärung verpflichtet.

Unter dem Gesichtspunkt der *Gewerbesteuer* ergibt sich bei dieser Regelung für das Unternehmen selbst kein Vorteil; denn nach § 8 Z. 3 Gew-

[67] Ellinger-Schug-Ehlers, a. a. O., § 56 Anm. D 5 BewG.

StG müssen nicht nur die dem stillen Gesellschafter zufließenden Gewinnanteile, sondern auch alle sonstigen Vergütungen zum Gewerbeertrag hinzugerechnet werden, der sich für das Unternehmen dadurch erhöht.

Nach § 12 GewStG ist für die *Gewerbekapitalsteuer* die stille Beteiligung ebenfalls zum Einheitswert des Betriebsvermögens hinzuzurechnen. Verbindlichkeiten, die den Gewinnanteilen im Sinne des § 8 Z. 3 GewStG entsprechen, sind nach § 12 Abs. II Z. 1 GewStG zum Gewerbekapital des Unternehmens zu rechnen. Diese Regelung gilt für die Kapitaleinlage, für Darlehen und ähnliche Konten des stillen Gesellschafters, die den Charakter von Dauerschulden haben[68].

In diesem Zusammenhang bleibt Abschnitt 53 der Gewerbesteuer-Richtlinien von 1959 zu beachten. Ist der stille Gesellschafter Angestellter und nur geringfügig beteiligt, so entfällt die Hinzurechnung sowohl beim Gewerbeertrag als auch beim Gewerbekapital.

Eine geringfügige Beteiligung besteht dann, wenn der stille Gesellschafter mit weniger als 10 % am Einheitswert des Betriebsvermögens, höchstens aber mit DM 20.000,—, beteiligt ist.

e) Übertragung des Gesellschaftsanteils auf den Nachfolger gegen lebenslängliche Rente

Wie mehrfach erwähnt wurde, gestattet die individualrechtliche Struktur der Personalgesellschaft den Übergang der Mitgliedschaft auf einen Dritten nicht, weil durch sie der engen Verbundenheit der Gesamthandsgemeinschaft widersprochen würde, indem Dritte in das Gesellschaftsverhältnis einrückten, mit denen die Gesellschafter zusammenarbeiten müßten.

Dies gilt für die Mitgliedschaft in ihrer Gesamtheit, also sowohl hinsichtlich der personenrechtlichen und vermögensrechtlichen Seite als auch der gesamthänderischen Mitberechtigung.

Die Gesellschafter können durch eine gesellschaftsvertragliche Bestimmung oder auch im Einzelfall durch eine Vereinbarung, die rechtlich einer Abänderung des bestehenden Gesellschaftsvertrages oder dem Abschluß eines neuen Gesellschaftsvertrages mit dem Eintretenden gleichkommt, eine Übertragung des Gesellschaftsanteils auf einen Dritten zulassen.

Eine derartige Vereinbarung wird sich auf bestimmte Nachfolgepersonen erstrecken, z. B. auf einen Sohn des Unternehmers, der von vornherein als der künftige Nachfolger vorgesehen ist. Der präzisen Ab-

---

[68] Lenski-Steinberg, Kommentar zum Gewerbesteuergesetz, Köln 1957, § 12 Anm. 31, § 8 Z. 3 Anm. 7, § 8 Z. 1 Anm. 26 GewStG.

fassung einer solchen Bestimmung ist besondere Bedeutung zuzumessen, um die Gesellschaft gegen das Eindringen fremder Dritter zu schützen.

Sind die Voraussetzungen zur Übertragbarkeit gegeben, so wird der Vater, der sich aus Alters- oder Krankheitsgründen aus dem Geschäftsleben zurückziehen möchte und das mit seiner Stellung verbundene Risiko abgeben will, seinem Sohne den Gesellschaftsanteil übertragen, um ihn dann in die vollen Mitgliedschaftsrechte eintreten zu lassen. Der Vater selbst kann dann gegen Zahlung einer lebenslänglichen Rente aus dem Unternehmen ausscheiden.

In dieser Nachfolgeregelung zu Lebzeiten des Unternehmers liegen auch der besondere Vorteil eines reibungslosen Generationenwechsels und die Möglichkeit des Vaters, dem Nachfolge-Sohn während der Einarbeitungszeit noch mit seinem Rat zur Seite stehen zu können.

Für den Vater selbst ist eine hinreichende Versorgungsbasis geschaffen, ohne der Gefahr einer Risikoübernahme bei nichttätiger Mitarbeit weiter ausgesetzt zu sein.

Steuerlich gesehen, handelt es sich bei der Übertragung der Mitgliedschaftsrechte um ein Veräußerungsgeschäft an einem Teil des Unternehmens.

Die Übertragung des ganzen oder nur eines Teiles des Unternehmens auf den Nachfolger kann gegen Zahlung einer lebenslänglichen Rente erfolgen. In dieser Zahlung liegt eine echte Veräußerung des Unternehmens. Die Veräußerung stellt ein entgeltliches Geschäft dar, wonach eine steuerpflichtige Schenkung nur dann angenommen werden kann, wenn der Wert des geschenkten Vermögens den Gegenwartswert der Rente, der wiederum nach § 16 BewG zu errechnen ist, erheblich übersteigt.

Der Personenwechsel im Bestand der Gesellschaft ist *grunderwerbsteuerfrei*. Da außerdem eine Übertragung vom Vater auf den Sohn stattfindet, müssen zusätzlich die Befreiungsvorschriften des § 3 Z. 6 des Grunderwerbsteuergesetzes angewendet werden.

Der Sohn verfügt nach der Übertragung über Anteile am Betriebsvermögen der Gesellschaft, die von dem Vater durch sein Ausscheiden abgegeben wurden. Er selbst besitzt nur sonstiges Vermögen, dessen Wert im Barwert der lebenslänglichen Rente, die nach § 16 BewG zu berechnen ist, besteht. Diesen Barwert der Rente kann der Sohn als Schulden bei der Ermittlung seines Gesamtvermögens in gleicher Höhe absetzen. Veräußerungsgeschäfte, die in der Veräußerung eines ganzen Gewerbebetriebes oder auch nur in einem Teil eines solchen liegen, sind gewöhnlich nach § 16 EStG als Einkünfte aus Gewerbebetrieb steuerpflichtig. Der Vater, der seinen Anteil am Unternehmen gegen

Gewährung einer Rente abgibt, erzielt damit einen Veräußerungsgewinn, wenn der Barwert der Rente über dem Buchwert des Kapitalkontos liegt. Da der Veräußerungspreis aber in einer lebenslänglichen Rente zum Ausdruck kommt und im Zeitpunkt der Übertragung noch nicht feststeht, ob die Rente bei fortlaufender Zahlung den Wert des übertragenden Kapitalkontos erreicht, ist die Besteuerung des Veräußerungsgewinnes insoweit auszusetzen[69]. Hat die Rente den Charakter von Versorgungsbezügen, so bezieht der Vater hinsichtlich dieser Rente Einkünfte nach § 22 EStG aus Leibrenten[70]. Alsdann ist er verpflichtet, den Zinsanteil der Rente zu versteuern.

Lassen sich bei der Größe des Unternehmens Versorgungsbezüge nicht annehmen, so hat der Vater Einkünfte nach § 24 Z. 1 EStG als Ersatz für entgehende Einnahmen. Nach der Fassung des Einkommensteuergesetzes sind diese Einkünfte fortgesetzte aus dem Gewerbebetrieb und beim Vater als solche zu versteuern.

Im Normalfall wird der Sohn die Buchwerte fortführen. Insoweit ist die Frage eines Veräußerungsgewinnes geklärt. Der Sohn ist berechtigt, die Buchwerte fortzuführen, wenn die Rente unter Berücksichtigung dieser errechnet worden ist. Soweit für die stillen Reserven kein Entgelt gewährt worden ist, kann er nicht zu ihrer Auflösung gezwungen werden[71].

Der Sohn als neuer Mitunternehmer kann die Rente als Sonderausgaben gemäß § 10 Abs. I Z. 1 EStG abziehen; sofern sie jedoch nur als Versorgungsrente im Sinne des § 22 EStG anzusehen ist, kann der Sohn nur den *Zinsanteil* als Sonderausgaben abziehen, der vom Vater als Einkommen versteuert wird. Wird dagegen die Rente beim Vater als fortgesetztes gewerbliches Einkommen behandelt, so ist sie in voller Höhe absetzbar. Der Grundsatz, daß das Einkommen zwar erfaßt wird, aber nur einmal der Versteuerung unterliegt, ist damit gewahrt[72].

Für die *Gewerbesteuer* und die *Gewerbekapitalsteuer* ergeben sich durch einen Gesellschafterwechsel keine Besonderheiten.

---

[69] Herrmann-Heuer, § 16 Anm. 24 c EStG.

[70] Hartmann-Böttcher, § 16 Anm. 5 d EStG; a. A. Brönner, a. a. O., S. 577; Herrmann-Heuer, § 16 Anm. 24 c EStG, nach dieser Ansicht soll die Versorgungsrente nach § 24 Z. 2 EStG als gewerbliches Einkommen versteuert werden.

[71] Brönner, a. a. O., Ergänzungsband 1959, S. 131.

[72] Hartmann-Böttcher, § 10 Anm. 8 a EStG.

2. Atypische Möglichkeiten der Fortbestandssicherung durch indirekte Einflußnahme eines Dritten auf die Willensbildung eines geschäftsunkundigen Gesellschafternachfolgers

Vom Unternehmensganzen her betrachtet, verfolgen Nachfolgeschaftsregelung und Fortbestandssicherung den gleichen Zweck, nämlich die *Erhaltung des Unternehmens* als Rechts- und Wirtschaftseinheit.

Die Begriffe selbst aber unterscheiden sich erheblich durch den hinter ihnen stehenden Behandlungsgegenstand.

Bei der Nachfolgeschaftsregelung sind es die Nachfolge-*Personen,* also die Erben eines verstorbenen Gesellschafters, die den Behandlungsgegenstand bestimmen, während es bei der Fortbestandssicherung die *Sache,* das Unternehmen selbst ist, nach dessen Fortführung allein, ohne besondere Beachtung der Eigenschaften der Nachfolgepersonen, gefragt ist. Es geht hier also primär um die Erhaltung und die Fortführung des Unternehmens an sich.

Die Fortbestandssicherung, die sich ganz allgemein mit dem Problem der Erhaltung des Unternehmens in der Zukunft befaßt, kann sich auf alle betriebswirtschaftlichen Bereiche erstrecken; sie ist nicht allein auf das Nachfolgeschaftsproblem begrenzt.

Typische Möglichkeiten der Fortbestandssicherung können deshalb in allen Maßnahmen gesehen werden, die sich als geeignet und ausreichend erweisen, einen reibungslosen Generationenwechsel in der Gesellschaft herbeizuführen. Sie bestehen im wesentlichen in vertraglichen Regelungen und rein betriebswirtschaftlichen Erkenntnissen und Sicherungsmaßnahmen[73].

Die Anwendung *atypischer* Möglichkeiten der Fortbestandssicherung im Erbfall ist erst dann nötig, wenn die Willensbildung des Nachfolgers nicht mit den Erfordernissen der Gesellschaft in Einklang zu bringen ist und Schwierigkeiten bei der Fortführung des Unternehmens entstehen. Gleichwohl sind auch atypische Möglichkeiten rein betriebswirtschaftlicher Art in derartigen oder ähnlich gelagerten Fällen denkbar; es ist aber nicht Gegenstand dieser Arbeit, diese zu behandeln.

Die bestehende Voraussetzung der Einheit von Unternehmungsbesitz und -leitung, also das Vorliegen des wesentlichen Charakteristikums für den Grund- oder Normaltyp der Personalgesellschaft, begrenzt die Möglichkeiten einer Fortbestandssicherung des Unternehmens außer-

[73] Vgl. zu letzterem, Gronau, Friedrich, Die Sicherung der Unternehmung, Diss., Leipzig 1935, der die Fortbestandssicherung im wesentlichen von der betriebswirtschaftlich-materiellen Seite, nicht so sehr von der personellen betrachtet.

ordentlich, wenn es sich zeigt, daß sich der durch Erbfall in die Geschäftsführung eingetretene Gesellschafter als nicht fähig erweist, seinen Rechten und Pflichten nachzukommen. Selbst wenn er gesellschaftsvertragliche Forderungen hinsichtlich des Mindestalters, der charakterlichen Eigenschaften und Ausbildung erfüllt, ist damit nicht gleichzeitig die Garantie für eine Qualifikation in der Geschäftsführung gegeben. Vielmehr wird er häufig erst in der praktischen Ausübung der leitenden Funktion seine Vorstellung oder die der Mitgesellschafter getäuscht sehen und die andersgelagerten Interessen oder seine mangelnden Fähigkeiten in der Führungsposition erkennen.

Es soll allerdings nicht die außergewöhnliche Schwierigkeit verkannt werden, die in dem Erkennen der andersgelagerten Interessen oder geschäftlichen Unfähigkeit liegt; denn in der Regel wird das Erkennen allein nicht dazu ausreichen, unmittelbar eine Einsicht und eine daraus resultierende Abänderung des Zustandes so frühzeitig herbeizuführen, solange sich noch keine sichtbaren Schäden im Bereich der Unternehmung gezeigt haben.

Wenn also der Gesellschafter-Nachfolger durch Verfügung von Todes wegen und auf Grund der Nachfolgeklausel des Gesellschaftsvertrages in die Mitgliedsstellung seines Erblassers als persönlich haftender, geschäftsführungs- und vertretungsberechtigter Gesellschafter eingerückt ist, bestehen für ihn die mit dieser Stellung verbundenen Rechte und Pflichten uneingeschränkt, so wie sie durch den Gesellschaftsvertrag und das Gesetz bindend geregelt sind.

Erkennt der Gesellschafternachfolger bei Ausübung seiner Tätigkeit innerhalb seines Pflichtenkreises jedoch seine mangelnde Fähigkeit und die daraus für das Unternehmen erwachsende Existenzgefahr, so wird er nach Wegen und Möglichkeiten einer geeigneten Abhilfe suchen müssen.

Die gesellschaftsvertraglichen Bindungen werden den Nachfolger nicht ohne weiteres aus dem Gesellschaftsverhältnis entlassen, so daß er es unter diesen Umständen vorziehen wird, in seiner Position zu verbleiben.

Eine geeignete Möglichkeit, der geschäftlichen Unfähigkeit entgegenzuwirken und das Unternehmen erfolgreich fortzuführen, kann indessen darin erblickt werden, einem außenstehenden, vertrauenswürdigen und geschäftskundigen Dritten eine beratende und mittelbar führende Funktion zu übertragen, ohne seine Existenz nach außen erkennen zu lassen.

Auf diese Weise kann ein *Gesellschaftsfremder* nicht nur erheblichen Einfluß auf die Geschicke der Gesellschaft gewinnen, sondern auch eine so weitgehende Machtposition erlangen, daß alle Faktoren, die das Leben der Unternehmung bestimmen, von dieser „anonymen dritten Kraft“ beherrscht werden.

In dem Bewußtsein dieser Position wird der Dritte auch eine entsprechende Beteiligung an den maßgeblich von ihm beeinflußten wirtschaftlichen Ergebnissen des Unternehmens fordern.

Nur so wird auch das Interesse dieses Dritten an der „mittelbaren Geschäftsführung“ bestehen und der Gesellschafternachfolger bereit sein, ihn an den Geschäftsergebnissen partizipieren zu lassen. Die Anonymität kann aber nur dann gewahrt bleiben, wenn ein Vergütungsanspruch sich nicht gegen die Gesellschaft richtet, sondern nur gegen denjenigen, für den der Dritte die mittelbare Geschäftsführung ausübt.

Der Gesellschafternachfolger hat von seinem Ergebnisanteil einen entsprechenden Teil an den Dritten als Entgelt für seine Tätigkeit abzuzweigen. Das kann im wesentlichen auf zweierlei Art und Weise geschehen, einmal auf dem Wege der Einräumung einer *Unterbeteiligung*, zum anderen durch die Bestellung eines *Nießbrauchsrechts* zugunsten des Dritten.

In der Lösung des Problems der Fortbestandssicherung des Unternehmens über den Weg der indirekten Einflußnahme auf die Willensbildung eines geschäftsuntüchtigen Gesellschafters durch einen Dritten kann insofern auch eine Zwischenlösung gesehen werden. Der Zustand der Geschäftsuntüchtigkeit oder Interessenlosigkeit kann nur ein vorübergehender sein, wenn, bedingt durch zeitweilige Störungen des Gesellschaftsverhältnisses oder die Jugend des Gesellschafters, noch keine vollen Entfaltungsmöglichkeiten für ihn innerhalb seines Arbeitsbereiches bestehen und er erst später die ihm zugedachte Position voll ausfüllen kann.

a) Einräumung einer Unterbeteiligung zugunsten eines Dritten als Instrument der Einflußnahme

Die durch den Gesellschaftsvertrag einer Personalgesellschaft geschaffene Bindung aller Gesellschafter im individualrechtlich bestimmten Gesellschaftsverhältnis gestattet in der Regel keine Übertragung der Mitgliedschaft.

Der Verband der Gesamthandsgemeinschaft würde durch das Einrükken eines Dritten mit der Folge einer Änderung des Gesellschaftsvertrages gestört.

Wenn sich aber die Notwendigkeit der Einwirkung eines Dritten auf die Gesellschaftsverhältnisse infolge der Geschäftsunkundigkeit eines Gesellschafters ergibt, so ist das möglich über den Weg eines Unterbeteiligungsverhältnisses.

Deshalb finden sich Unterbeteiligungsverhältnisse insbesondere dort, wo die Übertragung der Mitgliedschaft erschwert oder gänzlich unmöglich ist. Sie finden sich kaum bei der Aktiengesellschaft, da sie hier angesichts der zulässigen Übertragbarkeit der Aktien überflüssig sind[74].

aa) Rechtliche Konstruktion

Zwischen dem Gesellschafternachfolger und dem Dritten als seinem Ratgeber wird ein Vertrag geschlossen, durch den sich der Gesellschafter verpflichtet, dem Unterbeteiligten eine gesellschaftliche Beteiligung an seinem Anteil einzuräumen, und der Dritte seinerseits die Verpflichtung übernimmt, die mittelbare Geschäftsführung für den Gesellschafter auszuüben.

Die Beteiligung des Dritten besteht darin, daß die Gewinn- und Verlustchancen in bestimmter Höhe auf ihn übertragen werden, ohne nach außen in Erscheinung zu treten[75].

Der Hauptbeteiligte überträgt also nicht seine gesamten Mitgliedschaftsrechte auf den Dritten, „sondern er läßt den Unterbeteiligten nur als Innengesellschafter mit einer bestimmten Quote an den aus seinem Hauptanteil fließenden Rechten und Pflichten teilnehmen, ohne daß dabei eine direkte Beziehung des Unterbeteiligten zur Hauptgesellschaft besteht“[76].

Gesellschaftliche Beziehungen bestehen lediglich zwischen dem Haupt- und Unterbeteiligten, die in einer atypischen Gesellschaft bürgerlichen Rechts, also einer Innengesellschaft, verbunden sind. Die Vorschriften über die BGB-Gesellschaft sind nur insoweit anwendbar, als dies mit dem besonderen Charakter der Unterbeteiligung zu vereinbaren ist[77].

Die Atypik der Gesellschaft besteht insbesondere darin, daß der Innengesellschaft eine gemeinsame Vertretung nach außen und ein Gesamthandsvermögen fehlen und die Geschäftsführung nur durch den Hauptbeteiligten im Verhältnis zur Hauptgesellschaft ausgeübt werden kann.

bb) Verhältnis zwischen Handels- und Innengesellschafter

Mitglied der Hauptgesellschaft ist nur der Gesellschafternachfolger, der infolgedessen Geschäftsführungshandlungen auch nur allein vor-

---

[74] Vgl. Dür.-Hach., II, 1, Anhang Anm. 364; Lehmann, Gesellschaftsrecht, § 64, S. 339.

[75] Janberg, DB 1953, 77; vgl. Weipert, § 109 Anm. 9 HGB; Lehmann, § 64, S. 339; Dür.-Hach., II, 1, Anhang Anm. 364.

[76] Dür.-Hach., II, 1, Anhang Anm. 364.

[77] Janberg, a. a. O.

nehmen kann. Der Unterbeteiligte, der offiziell nicht in Erscheinung tritt, muß sich deshalb darauf beschränken, seinen indirekten Einfluß auf die Geschäftsführung geltend zu machen, indem er auf die Willensbildung des Hauptgesellschafters einwirkt, der dann seinerseits die Willenserklärung des Unterbeteiligten im *eigenen* Namen abgibt.

Da allein der Hauptbeteiligte nach außen auftritt, ist dieser auch dem Unterbeteiligten auf Grund des bestehenden Gesellschaftsverhältnisses verpflichtet, seine Interessen gegenüber der Hauptgesellschaft wahrzunehmen und haftet diesem gemäß § 708 BGB für die Sorgfalt, die er in eigenen Angelegenheiten anzuwenden pflegt[78].

Bei Verletzung dieser Verpflichtung durch den Hauptbeteiligten kann die Schadensersatzpflicht dazu führen, daß der Unterbeteiligte von seiner Verpflichtung aus der Unterbeteiligung frei wird oder die schuldhaft herbeigeführten nachteiligen Folgen nicht gegen sich gelten zu lassen braucht[79].

Für den Unterbeteiligten kann sich freilich die Tatsache unangenehm auswirken, daß er zwar möglicherweise die maßgebliche, wenn auch anonyme Kraft des Unternehmens ist, er aber keine Möglichkeit hat, wegen Vertragsverletzungen der übrigen Hauptgesellschafter gegen seinen Hauptbeteiligten vorzugehen, soweit dieser nicht schuldhaft mitgewirkt hat.

Zur Entlastung des Hauptbeteiligten gegenüber dem Unterbeteiligten wird es aber nicht genügen, wenn der Hauptbeteiligte nicht schuldhaft mitgewirkt hat, vielmehr muß er auch alles in seinen Kräften Stehende positiv getan haben, um einer Vertragsverletzung seiner Mitgesellschafter entgegenzuwirken.

Für den Unterbeteiligten wird es indessen nachteilig sein, wenn er sich immer nur an seinen — möglicherweise mit einer Minderheitsbeteiligung ausgestatteten — Partner, nicht aber an die übrigen Hauptgesellschafter halten kann.

Wenn allerdings dem Hauptbeteiligten eine Vertragsverletzung seiner Mitgesellschafter ohne sein eigenes Verschulden unbekannt geblieben ist und er infolgedessen auch die sich daraus ergebenden Rechte nicht geltend gemacht hat oder nicht geltend machen konnte, weil der Hauptgesellschaftsvertrag dies nicht zuließ, dann kann sich der Unterbeteiligte nicht auf eine Schadensersatzforderung gegen den Hauptbeteiligten berufen[80].

---

78 Dür.-Hach., II, 1, Anhang Anm. 367; Janberg, a. a. O., S. 79.

79 Janberg, a. a. O.

80 Dür.-Hach., II, 1, Anhang Anm. 367.

Die Grundforderung, die der Unterbeteiligte gegenüber dem Hauptbeteiligten stellen kann, ist der Anspruch auf die *Gewinnbeteiligung*, die das Entgelt für die mittelbare Geschäftsführung darstellt.

Im übrigen richten sich die Rechte des Unterbeteiligten weitgehend nach den Vereinbarungen des Hauptgesellschaftsvertrages. In diesem Vertrage ist der Umfang der Rechte und Pflichten für den Gesellschafter festgelegt, die dieser gegenüber seiner Gesellschaft und Dritten hat. Damit ist jedoch keineswegs gesagt, daß nicht einzelne Bestimmungen des Hauptgesellschaftsvertrages im Verhältnis zwischen Haupt- und Unterbeteiligtem abgeändert werden könnten[81].

Wenn also die mittelbare Geschäftsführung bei dem Unterbeteiligten liegt, so kann er nur innerhalb des durch den Hauptgesellschaftsvertrag festgelegten Rahmens den Gesellschafter direkt beeinflussen und durch diesen seinen indirekten Einfluß auf die Hauptgesellschaft geltend machen.

Die Bindungswirkung, die durch Abschluß des Unterbeteiligungsvertrages zustande kommt, ist so stark, daß der Hauptbeteiligte schließlich zu einem „willenlosen Werkzeug" des Dritten gemacht werden und nur in dessen Auftrag handeln kann.

In gleicher Weise wie bei der Ausübung der Geschäftsführung wird die Gestaltung bei der Wahrnehmung der Vertretungsrechte vor sich gehen. Auch hier wird der Hauptbeteiligte die Zustimmung seines Ratgebers einholen müssen, vor allem, wenn es darum geht, bei außergewöhnlichen Handlungen mitzuwirken.

Die starke Machtstellung und große Einflußmöglichkeit des Unterbeteiligten erfordert daher auch eine weitgehende Einsicht in die Unterlagen und Geschäftspapiere der Hauptgesellschaft. Es wird sich aus dem Vertrag der Innengesellschaft in der Regel sogar ein *Anspruch* auf Vorlage dieser Unterlagen herleiten. Das ergibt sich allein aus dem Treueverhältnis, das zwischen Haupt- und Unterbeteiligtem besteht. Eine Grenze dieser Informations- und Auskunftspflicht des Hauptgesellschafters kommt lediglich in seiner Verschwiegenheits- und Treuepflicht der Hauptgesellschaft gegenüber zum Ausdruck, da er sich bei Verletzung seiner Pflichten dieser gegenüber ersatzpflichtig machen würde.

Es kann jedoch fraglich sein, ob bei Kenntnis der Hauptgesellschafter von einem Bestehen eines Unterbeteiligungsverhältnisses eines ihrer Mitgesellschafter darin eine teilweise Befreiung von dieser Schweigepflicht erblickt werden kann[82].

---

[81] Dür.-Hach., II, 1, Anhang Anm. 365.

[82] Janberg, a. a. O., S. 79.

Der Gesellschaftsvertrag der Innengesellschaft erfordert keine besondere Form[83], besonders auch deshalb nicht, weil kein Gesamthandsvermögen innerhalb dieser Gesellschaft besteht[84].

cc) Mehrere Unterbeteiligte als beratendes Gremium

Bei der Frage der mittelbaren Geschäftsführung wäre es auch denkbar, daß der geschäftsunkundige Gesellschafternachfolger sich nicht auf den Rat eines einzelnen allein stützen will, weil für ihn damit die Möglichkeit einer Gegenkontrolle entfällt und die Entscheidungen der Einzelperson infolge der Schwierigkeiten der Gesamtsituation ihm nicht verläßlich genug erscheinen. Er wird deshalb *mehrere* Unterbeteiligungen an geschäftskundige Dritte einräumen, die ihm mit ihrem Rat als geschlossenes Gremium zur Seite stehen.

Rechtlich ist eine derartige Häufung von Unterbeteiligungen in zwei verschiedenen Formen denkbar, und zwar einmal, indem der Hauptgesellschafter Unterbeteiligungen an verschiedene Personen abgibt oder der schon unterbeteiligte Dritte seinerseits wieder von seiner eigenen Unterbeteiligung Quoten abgibt und damit weiteren Personen Unterbeteiligungen an seiner Unterbeteiligung einräumt.

Damit entstehen so viele getrennte Gesellschaftsverhältnisse wie Unterbeteiligungen bestehen[85]. Letzteres wird aber deshalb selten vorkommen, weil der Hauptgesellschafter diese Möglichkeit im Unterbeteiligungsvertrag regelmäßig ausschließen wird, da er sonst Gefahr laufen muß, selbst keinen Einfluß auf seinen Ratgeber mehr ausüben zu können und dieser wiederum seinerseits unter dem Einfluß von Personen stehen kann, die dem Hauptgesellschafter nicht genehm sind.

dd) Abgrenzung der Unterbeteiligung von der Stillen Gesellschaft und dem Beteiligungskonsortium

α) Unterbeteiligung und Stille Gesellschaft

Es zeigen sich bei rechtlicher Betrachtungsweise viele Merkmale des Unterbeteiligungsverhältnisses, die mit denen der Stillen Gesellschaft übereinstimmen. Dennoch muß zwischen diesen Beteiligungsformen streng unterschieden werden.

Das wesentliche Kriterium der Stillen Gesellschaft besteht in der Forderung nach einer Beteiligung am Gewinn des Unternehmens. Dem stillen Gesellschafter stehen damit Rechte unmittelbar gegen die Handelsgesellschaft zu, die auch sein Vertragspartner ist.

---

83 Dür.-Hach., II, 1, Anhang Anm. 365.

84 Janberg, a. a. O., S. 78.

85 Dür.-Hach., I, 1, Anhang Anm. 366; Lehmann, Gesellschaftsrecht, § 64, S. 339.

Die Unterbeteiligung hingegen ist insbesondere dadurch gekennzeichnet, daß zwischen dem Unterbeteiligten und der Hauptgesellschaft keinerlei vertragliche Beziehungen bestehen. Dem Unterbeteiligten steht nur auf Grund seiner Vereinbarung mit einem Gesellschafter der Handelsgesellschaft ein Gewinnanspruch gegenüber dem *Gesellschafter* und nicht der *Gesellschaft* zu.

Insofern ist hier nicht Vertragspartner die Gesellschaft, sondern nur einer ihrer Gesellschafter[86].

Darin ist auch der Grund zu erkennen, warum sich die Stille Gesellschaft als Instrument der Einflußnahme auf die Willensbildung eines geschäftsunkundigen Gesellschafters nicht als geeignet erweist.

β) Unterbeteiligung und Beteiligungskonsortium

Eine weitere Abgrenzung der Unterbeteiligung ist gegenüber dem *Beteiligungskonsortium* vorzunehmen. Bei diesem sind mehrere Personen gemeinschaftlich in der Form einer Gesellschaft bürgerlichen Rechts, beispielsweise als Kommanditisten an einer kapitalistischen Kommanditgesellschaft, beteiligt. Die BGB-Gesellschafter treten gewöhnlich nicht selbständig auf, sondern lassen sich durch einen Treuhandkommanditisten vertreten, der im Handelsregister eingetragener Gesellschafter der Handelsgesellschaft ist[87].

Die BGB-Gesellschafter sind nicht Unterbeteiligte des Treuhandkommanditisten, sondern die wahren Herren des Unternehmens als Hauptgeldgeber, die sich insbesondere aus Gründen der Haftung in die BGB-Gesellschaft zurückgezogen haben. Der Treuhandkommanditist nimmt gewissermaßen die Rolle eines Treuhänders der BGB-Gesellschaft ein und vertritt offiziell bei den übrigen Gesellschaftern der Hauptgesellschaft (evtl. mit dem einzigen Komplementär) die Interessen der BGB-Gesellschafter. Nur insofern bestehen Rechtsbeziehungen zwischen der Handels- und BGB-Gesellschaft.

ee) Rechtliche und betriebswirtschaftliche Folgerungen

Die besondere Eignung des Unterbeteiligungsverhältnisses als Instrument der Einflußnahme wird bei praktischer Anwendung im einzelnen Fall einer sorgfältigen Prüfung zu unterziehen sein.

Rechtlich werden sich grundsätzlich keine Schwierigkeiten zeigen, da die Unterbeteiligung stets eine interne Regelung darstellt und nach außen nicht in Erscheinung tritt.

Es wird sich jedoch empfehlen, im Unterbeteiligungsvertrag genaue Kündigungsvereinbarungen zu treffen, um einerseits dem Gesellschafter-

---

[86] Weipert, § 335 Anm. 30 HGB; Janberg, a. a. O., S. 77.

[87] Vgl. Janberg, a. a. O., S. 78.

nachfolger nicht die Möglichkeit späterer Zurückgewinnung seiner Selbständigkeit zu nehmen, andererseits den Dritten aber auch nicht unnötig lange zu binden, falls er im Laufe der Zeit austreten möchte, wenn der Gesellschafter auf Grund seiner erlangten Fähigkeiten die Führung der Geschäfte selbst übernehmen möchte.

Betriebswirtschaftlich betrachtet, wirkt sich die Unterbeteiligung vorteilhaft auf die Kapitalbasis der Unternehmung aus, indem der Gewinn keine zusätzliche Aufspaltung durch das Unterbeteiligungsverhältnis erfährt, keine zusätzlichen Kosten verursacht werden und das Eigenkapital ungeschmälert erhalten bleibt.

Innerhalb des Hauptgesellschaftsverhältnisses werden Verschiebungen von evtl. kapitalabhängigen Führungsverhältnissen vermieden, da in der Innengesellschaft selbst bei stärkster Beherrschung des Hauptbeteiligten durch den Unterbeteiligten der Hauptgesellschaftsvertrag keiner Änderung unterliegt.

Wenn also einerseits durch das Unterbeteiligungsverhältnis kein zusätzlicher Aufwand für die Gesellschaft entsteht, so wirkt sich andererseits die indirekte Einflußnahme des Unterbeteiligten auf die Geschäftsführungshandlungen des Gesellschafternachfolgers noch fördernd aus, so daß damit für die Erhaltung des Unternehmens ein doppelter, zweifellos positiver Effekt erzielt werden kann. Nachteilig für den Unterbeteiligten kann sich insbesondere eine jahrelange Verlustsituation auswirken, wenn er am Gewinn und Verlust der Hauptgesellschaft beteiligt ist. Deshalb empfiehlt es sich, auch eine Beteiligung an dem Geschäftsführergehalt und den Zinsen des Kapitalanteils des Hauptbeteiligten zu vereinbaren, um dem Unterbeteiligten eine weitgehend garantierte Vergütung zuzugestehen.

b) Bestellung eines Nießbrauchsrechts zugunsten eines Dritten als Instrument der Einflußnahme

Es hat sich gezeigt, daß die Einräumung einer Unterbeteiligung als Instrument der Einflußnahme auf die Willensbildung eines geschäftsuntüchtigen Gesellschafters durch einen Dritten besonders dann geeignet ist, wenn eine weitgehende Übertragung der Geschäftsführungsfunktion auf den Dritten gewollt ist, der diese als mittelbare Geschäftsführung ausübt.

aa) Abgrenzung zwischen der Regelung zu Lebzeiten und der von Todes wegen

Einleitend wurde bereits bemerkt[88], neben der Einräumung einer Unterbeteiligung auch die Bestellung eines Nießbrauchsrechts als Instru-

---

[88] Vgl. oben S. 150.

ment der Einflußnahme anwenden zu können, wenn einem Dritten als Berater des geschäftsunkundigen Gesellschafters als Entgelt ein Nießbrauch an den Früchten seiner Beteiligung zustehen soll.

Bei der Behandlung der typischen Möglichkeiten der Nachfolgeregelung wurde bereits die Eigenart des Nießbrauchs herausgestellt. Es boten sich zwei Wege der Bestellung eines Nießbrauchs an: die Regelung zu Lebzeiten und die von Todes wegen.

Die Regelung zu Lebzeiten des Unternehmers ist besonders dadurch gekennzeichnet, durch vorweggenommene Erbfolge den Gesellschaftsanteil auf dem Wege der Schenkung auf den Dritten übertragen zu können, während die Mitgliedschaft des Unternehmers auf diesen übergeht. Der Unternehmer wird sich dann ein Nießbrauchsrecht an dem übertragenen Anteil zur eigenen materiellen Sicherstellung vorbehalten.

Voraussetzung für die Übertragbarkeit ist die Zustimmung aller Gesellschafter, die entweder in der Übertragbarkeitsklausel des Gesellschaftsvertrages oder auch in einem Gesellschafterbeschluß zum Ausdruck kommen kann.

Der Tatbestand der Zustimmungsbedürftigkeit zeigt bereits, wie ungeeignet die Bestellung eines Nießbrauchsrechts in der Regelung zu Lebzeiten ist, wenn die Anonymität des Dritten als Einflußorgan gewahrt bleiben soll. Die Wahrung der Anonymität ergibt sich aber als eine notwendige Folge der Unzulässigkeit einer Änderung des Gesellschaftsverhältnisses auf Grund der gesellschaftsvertraglichen Vereinbarungen.

bb) Rechtliche Konstruktion der Regelung von Todes wegen

Soll also ein Dritter als anonymes Einflußorgan eines Gesellschafters mit Nießbrauchsrechten bedacht werden, so läßt sich eine Lösung in der Anwendung der Regelung von Todes wegen finden.

Diese besteht im Gegensatz zur Regelung zu Lebzeiten im wesentlichen darin, daß bei ihr *keine Übertragung* des Gesellschaftsanteils und damit der Mitgliedschaftsrechte verlangt wird, sondern lediglich eine *Nutzung* des Dritten an den Vermögensrechten des Gesellschafters stattfindet und diese insofern auch einer Zustimmungsbedürftigkeit durch die übrigen Gesellschafter entbehrt. Die Anonymität des Dritten bleibt gewahrt.

Das Gesellschaftsverhältnis wird durch die einseitige Belastung der vermögensrechtlichen Bezüge eines Gesellschafters mit einem Nießbrauchsrecht nicht berührt. Beziehungen bestehen demnach nicht zwischen dem Nießbraucher und der Gesellschaft, sondern nur zwischen dem Nießbraucher und dem einzelnen Gesellschafter als Nießbrauchsbesteller. Der Gesellschafter-Nachfolger bleibt weiter Vollmitglied der Gesellschaft, da seine Mitverwaltungsrechte nicht mitbelastet werden und insofern kein Eingriff in das Gesellschaftsverhältnis damit verbunden ist. Trotz der Vollmitgliedschaft des Gesellschafters hat eine Abspaltung eines Teils der Mitgliedschaftsrechte durch die Nießbrauchbelastung stattgefunden.

Die Mitgliedschaft eines Gesellschafters wird aufgegliedert in die vermögens- und personenrechtliche Seite sowie in das Mitgesamthändersein. Wenn die vermögensrechtlichen Bezüge als Ausfluß der vermögensrechtlichen Beteiligung des Gesellschafters einem Nichtgesellschafter, die Mitverwaltungsrechte dagegen dem Gesellschafter zustehen, so widerspricht das dem Gesamthandsprinzip nicht[89].

Die gesetzlichen Ausnahmen von der Unübertragbarkeit der Gesellschafterrechte nach § 717 Satz 2 BGB umfassen auch die vermögensrechtlichen Bezüge eines Gesellschafters[90].

Insoweit besteht kein unmittelbar bindender Zusammenhang der vermögensrechtlichen Seite mit der Gesellschafterstellung. Der Gesellschafter wird nicht dadurch, daß er diese Rechte nicht mehr besitzt, seiner Gesellschafterstellung beraubt, und der Übernehmende wird durch ihren Erwerb nicht zum Gesellschafter[91].

cc) Die Übertragbarkeit der vermögensrechtlichen Bezüge

Die Vermögensrechte eines Gesellschafters bestehen aus dem Recht auf Ersatz von Aufwendungen und von durch die Geschäftsführung erlittenen Verlusten nach § 110 HGB sowie den Ansprüchen auf einen Gewinnanteil und das Auseinandersetzungsguthaben.

Die vermögensrechtlichen Bezüge sind nach § 717 Satz 2 BGB *übertragbar*. Wird von einem Gesellschafter der Geschäftsanteil ohne Zustimmung der übrigen an einen Dritten abgetreten, so kann es sich dabei, falls der Gesellschaftsvertrag nicht die Übertragung des Gesellschaftsanteils gestattet, nur um die Vermögensrechte handeln. Diese abtretbaren Rechte und Ansprüche können mit einem Nießbrauch belastet werden, da es sich um Geldforderungen handelt, die ihren Ursprung im Gesellschaftsverhältnis haben, aber nach der Freigabe zur Verteilung an die Gesellschafter nicht mehr an deren Mitgliedschaft gebunden sind, da sie dem Gesellschaftszweck nicht mehr dienen[92].

---

[89] Kuhlmann, Nießbrauch und Testamentsvollstreckung bei Beteiligungen an Personalgesellschaften des Handelsrechts, S. 15.

[90] Weipert, § 109 Anm. 10 HGB.

[91] Vgl. Kuhlmann, a. a. O., S. 15.

[92] Dür.-Hach., II, 1 Allg. Einltg. Anm. 36 c; Hueck, OHG, § 27, S. 255, S. 259; Weipert, § 109 Anm. 10 HGB; Kuhlmann, a. a. O.

Im Gegensatz zum Unterbeteiligten, von dem in der Regel eine Leistung materieller oder wie im behandelten Falle mehr inmaterieller Art für die Beteiligung an der Beteiligung des Gesellschafters zu erbringen ist, braucht dies für den Nießbraucher nicht unbedingtes Erfordernis zu sein. Dem Nießbraucher stehen allein die Nutzungen zu, die sich aus der Belastung der Vermögensrechte des Gesellschafters ergeben (§ 1030 BGB); es sei denn, daß der schuldrechtliche Vertrag über die Pflicht zur Nießbrauchsbestellung eine Gegenleistung vorsieht. Wenn ein geschäftsunkundiger Gesellschafter-Nachfolger sich eines Dritten als Einflußorgan bedient, so hat er die Vor- und Nachteile der Nießbrauchsbestellung gegeneinander abzuwägen.

Gestützt auf die Bestimmungen der §§ 1068 Abs. II, 1030 BGB, steht dem Nießbraucher der jährliche Reingewinn als Nutzung zu, und zwar in der gleichen Höhe wie dem Gesellschafter. Es entsteht dabei nur die Frage, ob der Anspruch sich auf den in der Bilanz ausgewiesenen Gewinn oder auf den effektiv zur Verteilung gelangten Gewinn erstreckt[93].

Die Feststellung der Bilanz und damit die Gewinnfeststellung wird durch die Gesellschafter vorgenommen. Sie können beschließen, inwieweit offene und stille Reserven gelegt werden, um die Substanz des Unternehmens zu fundieren. An die Festsetzung des Reingewinns ist der Nießbraucher gebunden, da ihm keine Mitverwaltungsrechte zustehen. Er kann jedoch durch Beeinflussung seines Nießbrauchsbestellers auf dessen Mitverwaltungsrechte einwirken und diesen zu entsprechend anderer Entscheidung veranlassen, falls er es für nötig befindet.

Die *Feststellung* des Reingewinns allein bewirkt noch keine Veränderung des Gesellschaftsvermögens. Es erfolgt lediglich eine Veränderung der Kapitalkonten der Gesellschafter. Die Gewinnverbuchung auf den Kapitalkonten zeigt also zunächst lediglich die Veränderung der Kapitalanteile der Gesellschafter an, die im Verhältnis zueinander den wirtschaftlichen Wert der Beteiligung eines jeden zum Ausdruck bringen.

Mit der Gewinnverbuchung erst ist regelmäßig auch ein Geldauszahlungsanspruch der Gesellschafter verbunden, der dem Recht des Nießbrauchers unterliegt.

Die Höhe des auszahlungsfähigen Betrages richtet sich nach den gesetzlichen Bestimmungen (§ 122 HGB) und den Vorschriften des Gesellschaftsvertrages oder auch nach den von den Gesellschaftern gefaßten Beschlüssen.

Der festgestellte Betrag bewirkt einen Geldanspruch des Gesellschafters und des Nießbrauchers, dessen Auszahlung beide von der Ge-

---

[93] Vgl. Kuhlmann, a. a. O., S. 18.

sellschaft verlangen können[94]. Maßgebend für die Auszahlung ist der wirklich zu verteilende Gewinn als Frucht des Gesellschaftsanteils, nicht dagegen der nicht ausgewiesene und nicht ausgeschüttete Gewinn.

dd) Verhältnis zwischen Nießbrauchsbesteller und Nießbrauchsnehmer

Durch das Verhältnis von Gesellschafter und Nießbrauchsnehmer wird keine *Vertretung* nach außen begründet. Die Vertretung der Gesellschaft wird allein durch den Gesellschafter wahrgenommen, ebenso wie die Geschäftsführung. Diese Rechte können durch den Nießbraucher schon deshalb nicht wahrgenommen werden, weil Mitglied allein der Gesellschafter ist. Wohl wird jedoch der Gesellschafter bei eigener Geschäftsuntüchtigkeit Vereinbarungen mit dem Nießbraucher dahingehend treffen, daß dieser weitgehende Verfügungsrechte eingeräumt bekommt, um insoweit einen zwingenden Einfluß auf den Gesellschafter ausüben zu können.

Aus den Gewinnanteilsrechten wird sich ergeben, daß der Nießbraucher einen Anspruch auf Rechnungslegung hat. Wie der Unterbeteiligte wird er — was sich aus den gegenseitigen Vereinbarungen ergibt — die Vorlage der Geschäftspapiere und Einsicht in sonstige Unterlagen der Gesellschaft fordern können. Jedoch ist die Zubilligung so weitgehender Rechte allein in das Ermessen des Gesellschafters gestellt.

Wenn der Nießbraucher den Gewinnanteil im gleichen Umfang wie der Gesellschafter fordern kann, so wird in der Regel aber vereinbart sein, daß der Gesellschafter nur eine bestimmte Quote des ihm zustehenden Gewinnanteils dem Nießbraucher überläßt, zumal, wenn er zur Bestreitung seines eigenen Lebensunterhaltes auf diese Bezüge allein angewiesen ist.

Falls nicht ausdrücklich anderslautende Vereinbarungen vorliegen, nimmt der Nießbraucher am Verlust der Gesellschaft nicht teil[95].

Die besondere *Vergütung*, die der Gesellschafter für die Ausübung der Geschäftsführung bezieht, wird auch zu den übertragbaren Gesellschafterrechten gezählt, auf die der Nießbraucher einen Anspruch hat[96]. Es fragt sich aber, ob sich der Nießbrauch nach dem Willen der Vertragspartner auf die Geschäftsführung erstrecken soll. Das ist eine Auslegungsfrage, die im Zweifel dahin zu beantworten ist, daß die Geschäftsführungsvergütung demjenigen verbleiben soll, der auch die Geschäftsführung wahrnimmt. Da jedoch die mittelbare Geschäftsführung, d. h. die verantwortliche Führungsfunktion, in Händen des Nieß-

---

94 Kuhlmann, a. a. O., S. 20; Hueck, OHG, § 17, S. 156.

95 Vgl. Schneider-Zartmann-Martin, a. a. O., § 6, S. 114.

96 Weipert, § 109 Anm. 10 HGB.

brauchers liegt, wird die Abtretung dieses Vergütungsanspruchs zumindest teilweise Bestandteil des Bestellungsvertrages zwischen dem Gesellschafter und dem Nießbraucher sein.

Zu Rechtsgeschäften, die das Nutzungsrecht des Nießbrauchers beeinträchtigen, ist dessen Zustimmung nach § 1071 BGB erforderlich.

Die Beendigung des Nießbrauchs bestimmt sich nach den Vorschriften der §§ 1064, 1072 BGB, insbesondere wird sie sich aber nach dem Bestellungsvertrag zwischen Nießbrauchsbesteller und Nießbrauchsnehmer richten.

Der geschäftsunkundige Gesellschafter-Nachfolger wird gewöhnlich keine allzu lange Bindung wollen, da einerseits die Änderungen im Gesellschaftsverhältnis selbst, andererseits aber von seiner Seite eine spätere Bereitschaft, die Geschäfte ohne fremde Hilfe zu führen, Veränderungen bedingen, die es erfordern, rechtzeitig von den Nutzungen an seinen Vermögensrechten loszukommen.

ee) Unterbeteiligung und Nießbrauch im Vergleich

Im Verhältnis zur Unterbeteiligung zeigt sich bei der Nießbrauchsbestellung, daß dem Nießbraucher nicht die umfassende Stellung wie dem Unterbeteiligten eingeräumt werden kann.

Die Bindungswirkung zwischen Nießbrauchsbesteller und Nießbrauchsnehmer ist bei weitem nicht so stark, weil die Erbringung einer Gegenleistung für die Nutzung an den Vermögensrechten des Gesellschafters nicht wie beim Unterbeteiligungsverhältnis eine wesentliche Voraussetzung zu sein braucht.

Schließlich bleibt aber als ein besonders schwerwiegender Nachteil dieses Einflußnahmeinstruments, daß die Gewinnforderungsrechte des Nießbrauchers sich gegen die *Gesellschaft* richten und nicht wie bei der Unterbeteiligung allein gegen den Gesellschafter. Das bedeutet aber, daß die Anonymität des Nießbrauchers als Einflußorgan nicht unbedingt gewahrt bleibt, und zwar insbesondere dann nicht, wenn der Nießbraucher von diesem Forderungsrecht Gebrauch macht und sich an die Gesellschaft wendet.

Die Konstruktion des Nießbrauchs wird daher nur so lange funktionsfähig sein, wie der Gewinn und die sonstigen Nutzungen dem Nießbraucher regelmäßig zufallen und er nicht gezwungen ist, seine Rechte gegenüber der Gesellschaft geltend zu machen. Die Durchbrechung der Anonymität bei Erhebung der Gewinnforderungen durch den Nießbraucher würde im Zweifel das Mißtrauen der Gesellschafter dem Mitgesellschafter gegenüber nach sich ziehen, der das Nießbrauchsrecht für den Dritten bestellt hat, um seine eigene Unfähigkeit durch den positiven Einfluß des Nießbrauchers zu kompensieren.

Die Einräumung einer Unterbeteiligung und die Bestellung eines Nießbrauchsrechts als atypische Möglichkeiten der Fortbestandssicherung des Unternehmens können bei Abwägung der Vor- und Nachteile immer nur *Hilfskonstruktionen* bleiben.

Wenn der Gesellschaftsvertrag den Gesellschaftern, denen das Interesse oder die Qualifikation zur Führung der Geschäfte fehlt, so starke Bindungen auferlegt, daß sie gezwungen sind, zu derartigen Hilfskonstruktionen zu greifen, so zeigt sich darin ein schwerwiegender Mangel des Vertrages in der Anpassung an die natürlichen Veränderungen der personellen und strukturellen Gegebenheiten.

Ein solcher Vertrag schafft in den meisten Fällen keine geordneten Rechtsverhältnisse und wird deshalb nicht immer dazu beitragen, dem Wohl der Gesellschaft und des Unternehmens hinreichend zu dienen.

Es gilt daher, der mangelnden Willenseinheit der Beteiligten, die diesen vertraglichen Schwächen zugrunde liegt, der aber im besonderen Maße Rechnung getragen werden muß, auf anderem Wege zu begegnen, um die Erhaltung und Fortführung des Unternehmens zu sichern.

III. Grundtypabwandlungen durch Trennung von Arbeits- und Kapitalfunktion bei mangelnder Willenseinheit der Beteiligten als Träger der Erhaltung personeller und substantieller Kontinuität auf der Basis weitgehender Vertragsautonomie

Die Einheit von Arbeit und Kapital in den Händen der Gesellschafter charakterisiert den Grundtyp der Personalgesellschaften.

Die Offene Handelsgesellschaft als reinste Vertreterin der Personalgesellschaften baut auf der Individualität ihrer Mitglieder auf und fordert von den Gesellschaftern als Eigner des Unternehmens eine gleichzeitige persönliche Ausübung der Leitungsfunktion. Die auf diese Weise mit gleichen Rechten und Pflichten ausgestatteten Gesellschafter bestimmen weitgehend das Schicksal des Unternehmens, insbesondere durch die Dynamik ihrer Persönlichkeit.

Die enge Verknüpfung der Belange der Einzelgesellschafter und ihr gemeinsames, auf das Unternehmen ausgerichtetes Interesse läßt indessen nur eine begrenzte Zahl von Mitgliedern zu, da mit jeder Erweiterung des Personenkreises zwangsläufig Spannungen in das Gesellschaftsverhältnis hereingetragen werden können und Schwierigkeiten im Ablauf der Geschäfte unvermeidbar werden[97].

---

[97] Vgl. auch dazu Flechtheim, Ernst, Die kapitalistisch ausgestaltete Personalgesellschaft, Mannheim-Berlin-Leipzig 1934, S. 23.

In der Kommanditgesellschaft hingegen findet sich eine Trennung von Leitungs- und Kapitalgeberfunktion insoweit, als die Komplementäre wie die Offenen Handelsgesellschafter Arbeit und Kapital auf sich vereinigen und auch mit ihrem gesamten Vermögen für die Gesellschaft einstehen, während die Kommanditisten ohne Geschäftsführungs- und Vertretungsrechte lediglich kapitalistisch beteiligt und in der Haftung beschränkt sind.

Die vornehmlich kapitalistische Beteiligung der Kommanditisten begünstigt die Anwendungsmöglichkeit der KG dort, wo eine Vielzahl von Gesellschaftern vereinigt ist und der Führung ausgewählter Persönlichkeiten unterstehen soll. Auf den Geschäftsablauf störend kann sich nur die Geltendmachung der den Kommanditisten im geringen Umfang zustehenden Mitwirkungs- und Informationsrechte auswirken, besonders dann, wenn ihnen die Wahrnehmung dieser Rechte zu jeder Zeit vertraglich gestattet ist. Die Tendenz, den auf diese Weise auf die Geschäftsleitung ausgeübten Einfluß zu verstärken, zeigt sich verhältnisgleich zunehmend mit dem Anwachsen des beigesteuerten Kommanditkapitals[98].

Die Entwicklung zur Kommanditgesellschaft ist nicht zuletzt durch die ständig wachsende Gesellschafterzahl infolge Erbgangs begünstigt worden, so daß der Charakter der individualrechtlich geprägten OHG nicht mehr genügen konnte und das auf bestimmte Personen begrenzte Führungsgremium eine Beeinträchtigung seiner Handlungsfähigkeit hinnehmen mußte.

Der OHG und KG gemeinsam ist die enge Verbundenheit aller Mitglieder auf Grund des die Gesellschaft beherrschenden Vertrauensprinzips. Alle Mitglieder sind Mitgesamthänder am Gesellschaftsvermögen und unterscheiden sich zumindest hinsichtlich ihrer Kapitalgeberfunktion voneinander nicht. Wesentlich ist aber, daß die Führung des Unternehmens sowohl bei der OHG als auch bei der KG in den Händen der Eigner, also bei den persönlich haftenden Gesellschaftern liegt, was den Grundtyp im besonderen Maße charakterisiert. Diese Tatsache unterscheidet die Personalgesellschaft auch von der Kapitalgesellschaft. Die Gesellschafter sind selbst die Unternehmer. Die Personalgesellschaft selbst kann nicht handeln, da sie keine eigene Rechtspersönlichkeit besitzt, deshalb bedarf sie bei der Vornahme von Rechtsgeschäften der Vertretung, die in erster Linie von den Gesellschaftern als organschaftliche Vertretung, und zwar in der Form der *Selbstorganschaft* wahrgenommen wird[99]. „Der Grundsatz der Selbstorganschaft ist für die Per-

---

[98] Steiner, a. a. O., S. 139.

[99] Vgl. Hueck, Alfred, Gesellschaftsrecht, 7. Aufl., München u. Berlin 1957, § 16, S. 72; Boesebeck, Ernst, Die „kapitalistische" Kommanditgesellschaft, Frankfurt 1938, S. 14.

sonalgesellschaft wesentlich und unterscheidet sie scharf von der Kapitalgesellschaft[100]".

„Bei der Kapitalgesellschaft hingegen sind nicht die Gesellschafter die Unternehmer, sondern eine von ihnen gebildete kollektive Gemeinschaft. Diese kollektive Gemeinschaft leitet das Geschäft nicht selbst, sondern durch dritte Organe[101]". Hier handelt es sich demnach um den Tatbestand der *Drittorganschaft*.

Diese Unterscheidung ist wichtig, wenn man die Grenzen aufzeigen will, die die Personalgesellschaft von der Kapitalgesellschaft trennen.

Die den Personalgesellschaften vom Gesetzgeber zugestandene Vertragsfreiheit wird von ihren Gesellschaftern vielfach dazu ausgenutzt, sich eine innere Organisation zu geben, die der einer Kapitalgesellschaft sehr nahekommen kann und zu einer weitgehenden Annäherung beider Gesellschaftsformen führt.

Wenn auch das Typische der Personalgesellschaft, insbesondere der OHG, das individualistische Element ist, so hat sich in der Generationenfolge vielfach eine Entwicklung vollzogen, die der Gesellschaft im Innern eine mehr kollektivistische, kapitalistische Organisation aufdrängt, um den häufig divergierenden Interessen einer Gesellschaftervielzahl möglichst weitgehend gerecht werden zu können.

Wegen der scheinbaren Vorzüge der Kapitalgesellschaft bei einer Vielzahl von Gesellschaftern mit unterschiedlichen Interessenlagen könnte die Frage entstehen, ob es nicht zweckmäßiger sei, die Personalgesellschaft in eine Kapitalgesellschaft umzuwandeln, um sich deren Vorteile zunutze zu machen. Bei der Beantwortung dieser Frage spielen jedoch psychologische, rechtliche, betriebswirtschaftliche und im besonderen auch steuerliche Gesichtspunkte eine Rolle, die es angeraten erscheinen lassen, die Rechtsform der Personalgesellschaft unverändert beizubehalten.

Es kann nicht Aufgabe dieser Arbeit sein, diese Gründe im einzelnen einer Betrachtung zu unterziehen; deshalb mag dieser Hinweis genügen.

Besteht nun die Aufgabe darin, innerhalb der Rechtsform der Personalgesellschaft das Problem der Erhaltung personeller und substantieller Kontinuität bei mangelnder Willenseinheit der Beteiligten zu lösen, so kann dies nur auf der Basis der vom Gesetzgeber zugestandenen Vertragsautonomie geschehen.

Die Verwendbarkeit des Grundtyps der Personalgesellschaft zur Regelung der Nachfolge und Sicherung des Fortbestandes wurde sowohl mit Hilfe typischer als auch atypischer Möglichkeiten untersucht

---

[100] Hueck, a. a. O.
[101] Boesebeck, a. a. O.

und dabei festgestellt, daß dieser in seiner vom Gesetzgeber erklärten Normalform hinsichtlich seines Anwendungsbereiches stark *begrenzt* ist. Die Ursache dieser Begrenzung liegt im wesentlichen in der für die Einheit von Arbeit und Kapital geforderten Voraussetzung gleichgerichteter Interessen im Führungsgremium sowie in einer Vertrauens- und Willensübereinstimmung der Gesellschafter, die allerdings infolge der beim Erbgang auftretenden Interessenkonflikte nicht immer als natürlich gegeben sind.

Die Ursachen der mangelnden Willenseinheit wurden aufgezeigt und eine Lösung der Fragen bei der Betrachtung des Grundtyps nur insoweit herbeigeführt, als es sich um nicht sonderlich gravierende Fälle der Interessengegensätze handelte.

Geht es aber um grundsätzliche Fragen der Erhaltung und Fortführung des Unternehmens, so liegen in der Anwendung des Grundtyps nicht alle Möglichkeiten, die dem Unternehmen bei schwerwiegenden Konflikten zu einer Erhaltung und einem Fortbestehen auf die Dauer verhelfen können.

Wenn in der folgenden Betrachtung eine Lösung der Fortbestandsproblematik durch eine *Abwandlung* des Grundtyps versucht werden soll, so geschieht das unter dem Gesichtspunkt einer weitgehenden Trennung von Leitungs- und Kapitalgeberfunktion, um der Forderung nach Erhaltung und Fortführung des Unternehmens nachzukommen.

Es zeigt sich immer wieder, daß die wesentlichen, für eine Existenzbedrohung des Unternehmens auftretenden Gründe entweder in einem Fehlen geeigneter Nachfolger nach einem neuen Erbgang für die Führung des Unternehmens liegen oder, falls Nachfolger vorhanden sind, sich unüberwindliche Interessengegensätze infolge mangelnder Willensübereinstimmung bei einer Vielzahl von Gesellschaftern herausbilden, die schließlich zu einer Verfeindung innerhalb des Gesellschafterkreises oder gar zu einer Zersetzung der Gesellschaft führen können.

In diesem Zustand befinden sich heute sehr viele Personalgesellschaften, und zwar überwiegend die der dritten oder auch einer weiteren Generation. Diese Tatsache läßt sich auch nicht dadurch hinwegleugnen, daß die Öffentlichkeit davon wenig unterrichtet ist. Das aber liegt insbesondere an dem Bemühen der betreffenden Gesellschaften, diese Fragen, die vielfach besonders intimer Natur sind, möglichst geheim zu halten. Die Öffentlichkeit, soweit sie überhaupt unterrichtet wird, erfährt über das Schicksal der Gesellschaften in den meisten Fällen nur etwas über die an den Gerichten ausgetragenen Prozesse. Es ist indessen leicht erklärlich, daß es für eine weitere Existenz der Unternehmen, wenn es erst einmal zu prozessualen Auseinandersetzungen zwischen den Gesellschaftern gekommen ist, vielfach zu spät ist.

Entscheidend für die Erhaltung und Fortführung eines Unternehmens ist bei Berücksichtigung aller Gegensätzlichkeiten dessen vollfunktionsfähige Geschäftsführung.

Ist das einwandfreie Funktionieren der Geschäftsführung gesichert, so verlieren die divergierenden Interessen der Gesellschafter an Bedeutung, selbst dann — oder auch gerade dann, wenn sie nicht im Bereich der Unternehmung liegen. Der Geschäftsführungsbereich selbst muß frei sein von Interessengegensätzen und Spannungsmomenten. Die Geschäftsführer dürfen nur vom gemeinsamen wirtschaftlichen Streben und einer gleichgerichteten Zielsetzung beherrscht sein. Dieser Forderung nach objektiver, zielgerichteter Geschäftspolitik kann aber insbesondere dann entsprochen werden, wenn die Geschäfte weitgehend von *Nichtgesellschaftern* geführt werden, die nicht in der subjektivistischen Abhängigkeit verschiedener, oft gegeneinander laufender Gesellschafterinteressen stehen. Insofern muß eine Trennung von Leitungs- und Kapitalgeberfunktion vollzogen werden. Die Geschäftsführer werden, wie bei der Kapitalgesellschaft, zu einem „gekorenen Organ", die Gesellschafter stehen als Kapitalgeber hinter ihnen.

Mit dieser Abwandlung vom Grundtyp wird gleichzeitig die definitorische Unterscheidung der Personalgesellschaften von den Kapitalgesellschaften widerlegt, nach der die Selbstorganschaft als charakteristisch für die Personalgesellschaften herausgestellt wurde. Es kann als wesentliches Unterscheidungsmerkmal nur der Tatbestand der fehlenden Rechtspersönlichkeit für die Personalgesellschaften und das Vorhandensein dieser für die Kapitalgesellschaften herangezogen werden.

Die Vertragsfreiheit für die rechtliche Gestaltung der inneren Organisation der Personalgesellschaft liefert den Rahmen für Konstruktionen dieser Art, bei denen die Drittorganschaft, d. h. also die Ausschaltung von Gesellschaftern im Führungsgremium und die Besetzung der Geschäftsführung mit Nichtgesellschaftern, als ein Mittel zur Erhaltung und Fortführung des Unternehmens herangezogen werden soll.

Das Erfordernis kombinativer Regelungen wird mit zunehmender Interessendivergenz größer, deshalb erscheint es lohnend, die Lösungsmöglichkeiten einer näheren Betrachtung zu unterziehen.

Ein gemeinsamer Bestandteil derartiger Möglichkeiten liegt in der organisatorischen Ausrichtung an dem inneren Aufbau der Kapitalgesellschaften. Je nach dem Grad der Existenzgefährdung der Gesellschaften werden mehr oder weniger intensiv wirkende Methoden zur Anwendung gelangen müssen. Das Schwergewicht der Betrachtung soll aber auf den *Grad der intensivsten Gefährdung* gelegt werden, einmal deshalb, weil es durch die im Laufe der Zeit eingetretenen Erbgänge häufig zu diesem äußersten Gefährdungsgrad kommen kann und zum anderen, weil eine Betrachtung der extremen Lösung gleichzeitig die Grenzen für einen Lösungsbereich überhaupt absteckt und eine Anwendung der schwächeren Möglichkeiten vereinfacht, zumal die Unterscheidungsmerkmale dann nicht mehr so differenziert sind und sich in vielen Punkten Schlüsse aus der Extremlösung auf die anderen Lösungsmöglikeiten ziehen lassen.

Die Ertremlösung besteht in der Konstruktion der sogenannten *„Körperschaftlichen Kommanditgesellschaft“, die* sich auf Grund ihrer konstruktiven Elemente dem Zerfall der Gesellschaften besonders wirksam entgegenstellen kann.

In der organisatorischen Ausgestaltung der KG nach körperschaftlichen Grundsätzen bietet sich indessen kein Mittel an, das *alle* auftretenden Nachfolge- und Fortführungsschwierigkeiten erfolgreich beseitigen könnte.

Vielmehr wird der Grad einer angestrebten Verselbständigung weitgehend vom Stadium des inneren Zerfalls der Gesellschaft abhängig sein und dort nicht die körperschaftliche KG zur Anwendung angeraten erscheinen lassen, wo sich eine Fortführung der Gesellschaft mit Hilfe schwächer wirkender Lösungsmöglichkeiten noch durchsetzen läßt.

1. Die „körperschaftliche Kommanditgesellschaft“ als vertragliche Konstruktion der Drittorganschaft in Anlehnung an die aktienrechtlichen Vorschriften[102]

Die fehlende Kongruenz der rechtlichen und wirtschaftlichen Stellung der einzelnen Beteiligten auf Grund divergierender Interessen bewirkt nur in seltenen Fällen eine Anwendung der vom Gesetzgeber als Normalfall gedachten Gesellschaftsform der Kommanditgesellschaft. Es ist vielmehr offensichtlich, wie selten ein vollkommenes Gleichgewicht zwischen Arbeits- und Kapitalfunktion anzutreffen ist.

Unter Ausnutzung der vom Gesetzgeber zugestandenen Gestaltungsfreiheit des Verhältnisses der Gesellschafter im Innenverhältnis drängte die Entwicklung insbesondere der Kommanditgesellschaft in eine kapitalgesellschaftsähnliche Form[103]. Sie eignet sich wegen der unterschiedlichen Stellung ihrer Gesellschafter ganz besonders zu einer Ausgestaltung nach körperschaftlichen Organisationsgrundsätzen.

---

[102] Alle angeführten Zitate beziehen sich ausschließlich auf die „kapitalistische Kommanditgesellschaft“.

[103] Houben, Joseph, Der Aufsichtsrat der kapitalistischen Kommanditgesellschaft, Diss., Köln 1958, S. 3.

So kam es, daß sich die Kommanditisten vielfach als Inhaber der größten Kapitalanteile zur Wahrnehmung ihrer Interessen korporativ zusammenschlossen und eine Reihe von Geschäftsführungsmaßnahmen ihrer Beschlußfassung unterwarfen, während sie die geschäftsführende Tätigkeit der Komplementäre überwachten, die durch Bestimmungen des Gesellschaftsvertrages in eine ähnliche Stellung wie der Vorstand einer Aktiengesellschaft gedrängt wurden[104].

Diese Überlegungen wurden von Boesebeck[105] definitorisch auf verschiedene Weise umgrenzt, wenn auch im wesentlichen nach gleichen oder ähnlichen Grundsätzen. Nach Boesebeck liegt dann eine kapitalistische Kommanditgesellschaft vor, wenn bei ihr „die persönlich haftenden Gesellschafter von Selbstunternehmern und Selbstorganen zu geschäftsführerähnlichen Drittorganen einer körperschaftlich organisierten Unternehmergemeinschaft werden".

Die von Boesebeck für die kapitalistische KG zugrunde gelegte Definition der Drittorganschaft ist auch für die hier zu behandelnde körperschaftliche KG maßgebend. Drittorganschaft liegt also begrifflich dann vor, wenn die Organstellung nicht auf der Beteiligung als solcher (auf dem Gesellschaftsvertrag), sondern einem besonderen Bestellungsakt beruht. In der körperschaftlichen KG werden Gesellschaftsfremde zu Geschäftsführern bestellt, die die Führung der Geschäfte für die Gesellschaft zu übernehmen haben.

Die körperschaftliche Kommanditgesellschaft ist mit der kapitalistischen Kommanditgesellschaft wenig vergleichbar. Der strukturelle Aufbau der körperschaftlichen KG richtet sich im besonderen Maße — weit mehr, als es bei der kapitalistischen KG der Fall ist — nach den aktienrechtlichen Vorschriften, während ihr rechtliches Gewand das der Kommanditgesellschaft geblieben ist. Dies „zeigt deutlich, daß die rechtliche Struktur der Unternehmungsform an sich noch nichts über den tatsächlichen Einfluß besagt, den die Eigentümer jeweils auszuüben vermögen"[106].

Das wesentliche Merkmal der Struktur der Aktiengesellschaft ist darin zu sehen, daß *Eigentum* am Unternehmen und *Geschäftsführungsfunktion* nicht in einer Person vereinigt sind[107].

Dieses für die AG bezeichnende Merkmal gilt auch weitgehend für die körperschaftliche Kommanditgesellschaft.

---

104 Vgl. Würdinger, Gesellschaften, Teil I, § 33, S. 157 f.

105 Boesebeck, a. a. O., S. 17.

106 Gutenberg, Erich, Grundlagen der Betriebswirtschaftslehre, I. Bd., Die Produktion, II. Aufl., Bln.-Göttingen-Heidelberg 1955, S. 355.

107 Vgl. Gutenberg, a. a. O., S. 356.

In ihr ist nicht so sehr der Einfluß des im industriellen Bereich ständig wachsenden Kapitals allein entscheidend für die Gestaltung der Willensbildung, wenn die Bedeutung der Arbeit und der persönlichen Initiative der Gesellschafter-Geschäftsführer dem Schwergewicht des Kapitals erliegt und die organisatorische Struktur sich schließlich mehr oder weniger nach rein kapitalistischen Regeln ausrichtet.

Die Entwicklung zur körperschaftlichen KG ist vielmehr auf den der Erhaltung und Fortführung *entgegenstehenden Einfluß* der mangelnden Willenseinheit der Beteiligten, insbesondere als Folge des Generationenwechsels, zurückzuführen. Sie richtet sich vorwiegend aus diesem Grunde in ihrem organisatorischen Aufbau nach dem einer Körperschaft, und zwar innerhalb der rechtlichen Grenzen und Möglichkeiten, die es gestatten, die aktienrechtlichen Vorschriften in den Rahmen der kommanditgesellschaftsrechtlichen Bestimmungen einzuordnen.

Ist für den Grundtyp der Personalgesellschaft die Ausstrahlung der Dynamik persönlicher Initiative als besonderes Antriebselement zu erfolgreicher, wirtschaftlicher Betätigung grundsätzlich entscheidend und bleiben Form und Art des Einsatzes der Arbeitskraft der Gesellschafter und die der Verwertung des Gesellschaftsvermögens ihrem freien Ermessen und ihren vertraglichen Vereinbarungen überlassen[108], so entsteht für die körperschaftlich organisierte KG die Frage, inwieweit die Willensbildung und Dynamik wirtschaftlicher Betätigung sowie die Berechtigung und Verantwortung in der Verfügung über fremdes Eigentum durch Nichtgesellschafter im Leitungsgremium übernommen werden können.

Wenn man von der Voraussetzung ausgeht, daß die Funktionfähigkeit der Geschäftsführung beim Fehlen befähigter Gesellschafter-Nachfolger oder vorhandener Interessengegensätze beim Grundtyp nicht gewährleistet ist, so läßt sich demgegenüber leicht der Beweis antreten, eine erfolgreiche Führung der Geschäfte eher zu erreichen, wenn sie von auserwählten Nichtgesellschaftern übernommen wird.

Für die Anerkennung der Unternehmereigenschaft wird bei dem Gesellschafter-Unternehmer kein besonderes Maß an Individualität und Persönlichkeit vorausgesetzt[109]. Er ist nur auf Grund seines ererbten Eigentums zum „geborenen Organ" der Geschäftsführung geworden, unabhängig von einer Auslese nach besonderen Fähigkeitsmerkmalen. Seine Handlungsweise kann unterschiedlich bestimmt sein. Nach *Gutenberg* wird es sich häufig nur um einen Energieausbruch, um organisatorische oder technische Phantasie oder auch ein persönliches Geltungsbedürfnis sowie um Freude an verantwortungsvoller Arbeit handeln:

---

[108] Steiner, a. a. O., S. 49.
[109] Gutenberg, a. a. O., S. 366 f.

„betriebswirtschaftliche Methoden reichen zur Analyse dieses Phänomens nicht aus".

Der Gesellschafter-Unternehmer ist keinem Ausleseprinzip unterworfen. Er schuldet im wesentlichen nur sich und seinen Mitgesellschaftern Rechenschaft und hat über sich kein Organ, das seine Handlungsweise kontrolliert[110].

Der Nichtgesellschafter als Geschäftsführer hingegen wird als „gekorenes Organ" in seine Aufgabe hineingestellt und unterliegt einem Ausleseprinzip, das in erster Linie die persönliche Qualifikation, unabhängig vom Eigentum, wertet sowie eine ständige Kontrolle fordert, die ihn zu diszipliniertem Verhalten mahnt.

Gleichsam am Rande der Betrachtungen scheint es nicht unwesentlich, darauf hinzuweisen, daß die Eignung der geschäftsführenden Personen auch weitgehend von *äußeren* Umständen, so insbesondere auch von der technischen Entwicklung und von ihrer zunehmenden Komplizierung, abhängig sein kann.

Die zunehmende Technisierung und Rationalisierung in allen betrieblichen Bereichen, „die Verlagerung des technischen Fortschritts vom Einzelnen und ‚seiner' Erfindung fort in die Forschungs- und Entwicklungsabteilungen der großen Werke" sowie der stetig steigende Kapitalbedarf und die zunehmende Systematisierung des gesamten betrieblichen Prozesses „haben zur Folge gehabt, daß sich die Betriebe und die Betriebsführung aus dem Einfluß- und Machtbereich des ‚Eigentums' weitgehend gelöst haben"[111].

Die Bedeutung des Eigentums an Produktionsmitteln tritt bei dieser unaufhaltsamen Entwicklung zurück hinter die Fähigkeiten von Personen, die den durch diese Entwicklung bedingten Anforderungen gewachsen sind.

So wird der Tatbestand der wachsenden Anforderungen an die Führung der Unternehmungen, bedingt durch den drängenden Fortschritt in allen Bereichen, nicht zuletzt auch ein entscheidener Gesichtspunkt für die organisatorische Ausgestaltung der Personalgesellschaften nach körperschaftlichen Gesichtspunkten sein, die an dieser Entwicklung teilnehmen und ihre Existenz auf lange Dauer sichern wollen.

Wenn für die Ausgestaltung der KG nach körperschaftlichen Grundsätzen eingetreten wird, so bedarf es einer näheren Betrachtung der rechtlichen und betriebswirtschaftlichen Auswirkungen auf die *innere Organisation* des Unternehmens.

---

[110] Das gilt selbstverständlich nicht allgemein, sondern nur innerhalb der hier gemachten Unterstellungen.

[111] Gutenberg, a. a. O., S. 367.

Im Vordergrund der folgenden Ausführungen werden daher die typischen, von dem Normalfall abweichenden Tatbestände herausgestellt, die das Wesen der körperschaftlichen Kommanditgesellschaft charakterisieren. Dabei liegt das Schwergewicht der Behandlung auf dem organisatorischen Aufbau der Gesellschaft mit den drei für sie typischen Organen: *Vorstand, Verwaltungsrat* und *Gesellschafterversammlung.*

a) Möglichkeiten und Grenzen des organisatorischen Aufbaus

Der organisatorische Aufbau der körperschaftlichen Kommanditgesellschaft bestimmt sich nach dem Vorbild der Aktiengesellschaft mit den drei Organen:

1. Vorstand,
2. Verwaltungsrat,
3. Gesellschafterversammlung.

Wie nach dem AktG die Hauptversammlung, so ist auch in dieser Gesellschaftsform die *Gesellschafterversammlung* das oberste Organ, was sich im besonderen bei den in ihr vertretenen Unternehmenseignern zeigt, die den Verwaltungsrat ernennen, der seinerseits wiederum den Vorstand bestellt, so daß die Organe Vorstand und Verwaltungsrat, wenn auch nicht in ihrer gesamten Handlungsweise, so doch in ihrer Stellung vom mittelbaren bzw. unmittelbaren Willen der Gesellschafterversammlung abhängig sind.

Die eigentlichen *Verwaltungsträger* sind nur Vorstand und Verwaltungsrat; die Gesellschafterversammlung hat an der laufenden Verwaltung keinen Anteil.

Der *Vorstand* ist das zur Führung der Geschäfte berufene Organ und damit der wirkliche Leiter des Unternehmens, während der *Verwaltungs*rat[112] das zur Beaufsichtigung und Überwachung der Geschäftsführung berufene Organ ist. Er hat nur in ganz bestimmten Fällen Mitwirkungsrechte, die vertragsmäßig im einzelnen festgelegt sind.

Vorstand, Verwaltungsrat und Gesellschafterversammlung als die Organe der körperschaftlichen KG weisen alle in der ihnen eigenen Struktur sehr ausgeprägte Züge auf, die sie mit den gleichen Organen der Aktiengesellschaft in etwa vergleichbar machen. Dennoch werden der individualistische Charakter der Gesellschaft und die mitgliedschaftliche Verbundenheit der Gesellschafter gewahrt, nicht zuletzt, um bei Veränderungen der äußeren und auch inneren Verhältnisse der Gesellschaft eine Rückwandlung zum Grundtyp hin zu ermöglichen.

---

[112] Der Verwaltungsrat als das rechtlich- und betriebswirtschaftlich interessanteste Organ wird einer besonders ausführlichen Behandlung unterzogen.

Wie bereits mehrfach hervorgehoben wurde, geht es bei der Existenzerhaltung der Gesellschaft in erster Linie darum, durch eine Entpersönlichung von Gesellschaftern im Geschäftsführungsbereich die Nachfolge zu sichern und Interessengegensätze, die auf Grund der Eigentumsverbundenheit zwischen den Gesellschaftern entstehen, auszuschalten.

Durch die Eigentumsverbundenheit zwischen den Gesellschaftern aber ist häufig Anlaß zu vielen zermürbenden Streitigkeiten gegeben. Wenn es aber erst zum ernstlichen Streit oder sogar zum Prozeß kommt, dann verliert die Gesellschaft ihren Halt. „Das Fehlen eines Organs im Rechtssinne, wie es die Kapitalgesellschaft hat, wird dann als Anzeichen des Zerfalls fühlbar. Die einfache Art der Geschäftsführung funktioniert nicht mehr; aber verfehlt wäre es, die gestörte Ordnung durch Prozesse über die Richtigkeit oder Einwandfreiheit des Widerspruchs wiederherstellen zu wollen, um die Gesellschaft zu erhalten. ... Der Weg zur Erhaltung der Gesellschaft ist, wenn die Gesellschafter mit § 115 HGB nicht fertigwerden können, ihre Umwandlung in eine Kapitalgesellschaft[113]".

Die Umwandlung in eine Kapitalgesellschaft steht indessen hier nicht zur Diskussion, doch wird auch von *Weygand* das Fehlen eines Organs erkannt, das zur Befriedung der Verhältnisse beitragen kann, so wie es in der körperschaftlichen KG Anwendung finden soll.

Trotz einer eingehenden und weitgehend ausführlichen Untersuchung der körperschaftlichen Kommanditgesellschaft wird sich keine *Norm* herausarbeiten lassen, die den in einer Notlage befindlichen Personalgesellschaften zur inneren Neugestaltung ihrer Verhältnisse dienen könnte. Soweit überhaupt Normen für die körperschaftliche KG in Frage kommen, kann es sich nur um den für sie typischen inneren Aufbau handeln, der allerdings dann Voraussetzung für eine Funktionsfähigkeit dieser Gesellschaftsform ist. Gleichfalls ist die *Neutralität* des Vorstandes ein für sie zwingendes Kriterium sowie die Kommanditistenstellung aller Gesellschafter bis auf einen, der als persönlich haftender und vertretungsberechtigter Gesellschafter zur Vertretung der Gesellschaft gemäß § 125 HGB ermächtigt ist.

Die personelle Besetzung, vor allem des Verwaltungsrates als Träger des Gesellschafterwillens, bedarf im Einzelfalle einer individuellen Gestaltung. Dabei spielt die Frage, ob die Besetzung mit einzelnen Gesellschaftern, mit Gesellschaftsfremden oder mit Gesellschaftern und Gesellschaftsfremden vorgenommen werden soll, eine nicht unbedeutende Rolle.

---

[113] Weygand, Johannes, Der Widerspruch des geschäftsführenden Gesellschafters einer OHG (KG) nach § 115 HGB, AcP, 38. Bd. n. F., Tübingen 1959, S. 167.

Die folgenden Ausführungen werden daher im wesentlichen auf einen Extremfall eingehen und die rechtlichen und betriebswirtschaftlichen Grenzen und Möglichkeiten aufzeigen, innerhalb deren eine Organisation nach körperschaftlichen Grundsätzen bei der Kommanditgesellschaft ermöglicht werden kann.

b) *Abgrenzung und Grundlagen des Vorstandes*

Die personelle Besetzung des Vorstandes wird sich zahlenmäßig vorwiegend nach dem Umfang des Geschäftes richten, weniger nach der Zusammensetzung des Gesellschafterkreises. Bei der Auswahl der Vorstandsmitglieder wird allein die persönliche Qualifikation ausschlaggebend sein, auf Grund derer die Gesellschafter und Mitglieder des Verwaltungsrates ihr Vertrauen dem Vorstand entgegenbringen. Die beim Grundtyp dem persönlich haftenden, geschäftsführenden Gesellschafter eigene Dynamik muß eine notwendige Eigenschaft auch des Nichtgesellschafters sein, wenn das Wirken des Vorstandes von Erfolg gekrönt sein soll. Die von *Steiner*[114] hervorgehobenen Eigenschaften einer Unternehmerpersönlichkeit wie Selbständigkeit, Verfügungsfreiheit, Selbstverantwortlichkeit und Risikobereitschaft können sich auch in der Person eines gesellschaftsfremden Geschäftsleiters vereinigen unter der Voraussetzung, daß sich Unternehmungsbesitz und Geschäftsleitung nicht in seiner Hand vereinigen.

Zweifel könnten sich indessen einstellen, wenn man unterstellt, daß dem Geschäftsführer-Unternehmer im Gegensatz zu dem Gesellschafter-Geschäftsführer ein ausreichender Ansporn fehlt, dem man „die Möglichkeit zur Verwertung eigenen Könnens im eigenen Betriebe und für eigene Rechnung bietet“[115].

Materiell betrachtet, läßt sich ein Ansporn für die Vorstandsmitglieder durch Vereinbarung einer Gewinnbeteiligung erzielen, die ein Eigeninteresse und das Gefühl einer Eigenverantwortlichkeit durchaus wekken kann.

Ist der Vorstand mit mehreren Mitgliedern besetzt, so lassen sich je nach der Ressortaufteilung verschiedene Arten von Tantiemen vereinbaren, die beispielsweise außer einer reinen Gewinnbeteiligung in einer Umsatzbeteiligung oder für den Techniker in einem bestimmten Hundertsatz liegen können, der sich aus der Berechnung des Verhältnisses von Produktionsausstoß und Instandhaltungskosten zu den Gesamtkosten ergibt.

Gleichgültig, welche Form gewählt wird, entscheidend ist lediglich, den nötigen materiellen Anreiz zu wirtschaftlicher Betätigung zu bie-

---

[114] Steiner, a. a. O., S. 49 ff.

[115] Steiner, a. a. O.

ten und den Angestellten in ein Beteiligungs- und Abhängigkeitsverhältnis zu bringen. Dabei kann es sich jedoch immer nur um eine Beteiligungsform handeln, die nicht — wie für die Gesellschafter — in einer Substanzbeteiligung besteht.

Das immer wieder gegen den Geschäftsführer-Unternehmer vorgebrachte Argument, er sei nicht in der Lage, wie ein Gesellschafter-Unternehmer zu wirtschaften, da er Macht ausüben wolle, ohne ein eigenes Kapitalrisiko zu übernehmen, scheint jedoch nach der Zeit unternehmerischer Bewährung beim Wiederaufbau der Unternehmungen nach dem zweiten Weltkrieg widerlegt zu sein.

Vielleicht gerade, weil der Geschäftsführer-Unternehmer nicht das eigene Kapitalrisiko trägt, wird es ihm leichter sein als dem Gesellschafter-Unternehmer, die Lenkungsfunktionen auszuüben, da er sich nicht selbst zu dauernder Vorsicht mahnen muß[116].

Im organisatorischen Aufbau lehnt sich die körperschaftliche Kommanditgesellschaft weitgehend den aktienrechtlichen Vorschriften an. Es wird zwar im Einzelfall immer einer individuellen Regelung bedürfen, doch ist es ratsam, sich in der vertragsmäßigen Festlegung nicht zu weit von den Vorschriften des Aktiengesetzes zu entfernen, da damit auch die Gefahr einer persönlichen Einflußnahme einzelner Gesellschafter als Interessenvertreter wachsen kann.

Die Vorstandsmitglieder haben bei ihrer Tätigkeit die Sorgfalt eines ordentlichen und gewissenhaften Geschäftsleiters anzuwenden und über vertrauliche Angaben Stillschweigen zu bewahren (Vgl. § 84 Abs. I AktG). Im einzelnen lassen sich wie in § 84 Abs. III AktG verschiedene Tatbestände anführen, die bei Verletzungen zum Schadensersatz verpflichten. Die Vorstandsmitglieder können aber darüber hinaus den Gläubigern und auch den einzelnen Gesellschaftern nach den allgemeinen Bestimmungen bei Verletzung eines Schutzgesetzes (§ 823 Abs. II BGB) oder wegen sittenwidriger Schädigung (§ 826 BGB) *persönlich* zum Schadensersatz verpflichtet sein[117].

Die Aufgaben des Vorstandes decken sich im Geschäftsführungsbereich mit denen, die beim Grundtyp durch die persönlich haftenden Gesellschafter ausgeübt werden, soweit sich keine Beschränkungen des Vorstandes zugunsten des Verwaltungsrates ergeben.

Die für die Personalgesellschaft atypsche Besetzung der Geschäftsführung mit gesellschaftsfremden Dritten macht eine nähere Betrachtung der rechtlichen Zulässigkeit der Drittorganschaft für die körperschaftliche Kommanditgesellschaft unumgänglich.

---

[116] Mähler, a. a. O., S. 21.

[117] Hueck, Gesellschaftsrecht, § 24, S. 135.

aa) Die Geschäftsführungsbefugnis

Die Geschäftsführung wird für die Personalgesellschaften im HGB nach den Vorschriften der §§ 114, 161 Abs. II, 164 HGB geregelt. Sie läßt sich kaum mit der Leitung der Aktiengesellschaften vergleichen. Für diese wird in § 70 AktG der Grundsatz der eigenverantwortlichen Leitung durch den Vorstand aufgestellt, der allerdings durch Satzungs- oder Aufsichtsratsbestimmungen gemäß § 74 AktG eingeschränkt werden kann, während das Prinzip des § 116 HGB die auf betriebsgewöhnliche Geschäfte beschränkte Befugnis der Gesellschafter ist. Die persönlich haftenden Gesellschafter sind zur Führung der Geschäfte berechtigt und verpflichtet, während die Kommanditisten grundsätzlich von der Geschäftsführung ausgeschlossen sind, es sei denn, daß die Geschäftsführungsmaßnahmen über den gewöhnlichen Betrieb des Handelsgewerbes hinausgehen. Dann steht ihnen ein Einspruchsrecht zu.

Nicht zur Geschäftsführung gehören diejenigen Akte, die die *Grundlagen* des Gesellschaftsvertrages berühren; sie sind der Vertretung zuzurechnen[118].

Durch den Gesellschaftsvertrag kann die Geschäftsführung gemäß § 114 Abs. II HGB einem oder auch mehreren Gesellschaftern übertragen werden, während die übrigen Gesellschafter dann von der Geschäftsführung ausgeschlossen sind.

Wenn grundsätzlich jeder persönlich haftende Gesellschafter nicht nur zur Geschäftsführung berechtigt, sondern auch dazu verpflichtet ist, so läßt sich die Verpflichtung durch den Vertrag ausschließen[119]. Daraus folgt, daß sämtliche Gesellschafter von der Geschäftsführung *ausgeschlossen* werden können[120]. Der Ausschluß aller Gesellschafter von der Geschäftsführung hindert diese jedoch nicht, durch einstimmigen Beschluß den geschäftsführenden Angestellten Weisungen im Bereich der Geschäftsführung zu erteilen, da sie bei Willensübereinstimmung die Bestimmungen des Gesellschaftsvertrages über den Ausschluß der Geschäftsführerbefugnis einengen oder aufheben können[121].

Die Personalgesellschaft ist zwar, wenn auch nicht notwendig, eine Arbeitsgemeinschaft. Für den Begriff der Gesellschaft „genügt, daß zwischen den Gesellschaftern eine Interessen-, Vermögens- und Haftungsgemeinschaft besteht. Was sodann die praktische Durchführbarkeit angeht, so ist es durchaus denkbar und u. U. nötig, daß die Leitung des

---

[118] Dür.-Hach., II, 1, Anm. 106 a; Dür.-Hach., II, 2, § 114 Anm. 2 HGB.

[119] Dür.-Hach., II, 2, § 114 Anm. 6 HGB; Weipert, § 114 Anm. 8 HGB.

[120] Dür.-Hach., II, 2, § 114 Anm. 4 HGB; Weipert, § 114 Anm. 10 HGB; Hueck, OHG, § 10, S. 73; Flechtheim, Die kapitalistisch ausgestaltete Personalgesellschaft, S. 34.

[121] Hueck, OHG, § 10, S. 73; Wieland, S. 565, nach Hueck, a. a. O., Anm. 8.

Geschäfts einem oder auch mehreren Angestellten (Prokuristen, kaufmännischen und technischen Direktoren) anvertraut wird"[122].

Der Umfang der Geschäftsführung wird je nach den speziellen Verhältnissen des Gesellschaftsunternehmens und seiner organisatorischen Ausgestaltung unterschiedlich und daher individuell zu regeln sein. Besteht der Vorstand aus mehreren Mitgliedern, so wird grundsätzlich *Gesamtgeschäftsführung* vorgeschrieben, soweit der Gesellschaftsvertrag nicht eine andere Regelung vorsieht.

Wesentlich bei aller Gestaltungsfreiheit bleibt die reibungslose Abwicklung der Geschäfte auf dem Instanzenweg zwischen Vorstand und Verwaltungsrat, um ein lückenloses Ineinandergreifen der Kompetenzen dieser Organe sicherzustellen.

Das gilt insbesondere hinsichtlich der Unterscheidung zwischen ungewöhnlichen und gewöhnlichen Geschäften, bei denen der Vorstand in der Durchführung an die Zustimmung des Verwaltungsrates gebunden ist.

Im übrigen deckt sich der Geschäftsführungsbereich des Vorstandes im wesentlichen mit dem der persönlich haftenden Gesellschafter beim Grundtyp der Handelsgesellschaften.

bb) Die Vertretungsmacht

Für die persönlich haftenden Gesellschafter der Personalgesellschaft bilden Geschäftsführungsbefugnis und Vertretungsmacht grundsätzlich eine Einheit, die ihr Auftreten im Innen- und Außenverhältnis bestimmt.

Die *Vertretungsmacht* regelt sich für die Personalgesellschaften nach den Bestimmungen der §§ 125, 126, 161 Abs. II, 170 HGB. Die persönlich haftenden Gesellschafter sind zur Vertretung der Gesellschaft bei allen gerichtlichen und außergerichtlichen Geschäften und Rechtshandlungen, einschließlich der Veräußerung und Belastung von Grundstücken, sowie der Erteilung und des Widerrufs einer Prokura ermächtigt, während nach § 170 HGB die Kommanditisten zur Vertretung der Gesellschaft nicht ermächtigt sind. Die Vertretungsmacht des Gesellschafters stimmt im wesentlichen mit der des Vorstandes der AG nach § 71 AktG überein. Die Vertretungsmacht ist wie die Geschäftsführungsbefugnis Ausfluß des personenrechtlichen Elements der Mitgliedschaft und berechtigt die Gesellschafter, Dritten gegenüber mit Wirkung für die Gesellschaft alle Handlungen vorzunehmen, die das Bestehen der Gesell-

---

[122] Hueck, OHG, § 10, S. 73, führt in Anm. 9 ein Beispiel für diese Notwendigkeit an, wo der bisherige alleinige geschäftsführende Gesellschafter stirbt und an seiner Stelle die Witwe und minderjährige Kinder in die Gesellschaft eintreten.

schaft überhaupt mit sich bringt[123]. Die Regelung der Vertretungsmacht in § 125 HGB ist auch nachgiebigen Rechts, so daß es möglich ist, einen oder auch mehrere persönlich haftende Gesellschafter durch den Gesellschaftsvertrag von der Vertretung der Gesellschaft auszuschließen (§ 125 Abs. I HGB).

Die Möglichkeit des teilweisen Ausschlusses von der Vertretung ist für die hier behandelte Gesellschaftsform von besonderer Bedeutung. Es entsteht aber die Frage, ob *alle* persönlich haftenden Gesellschafter von der Vertretung durch Vertrag oder Beschluß ausgeschlossen werden können mit der Folge, die organschaftliche Vertretung Nichtgesellschaftern zu übertragen; denn ohne Vertretung ist für die Gesellschaft das Auftreten im Rechtsverkehr unmöglich.

Die Ansichten dazu sind nicht immer einhellig gewesen und auch heute noch teilweise umstritten, doch steht die herrschende Meinung auf dem Standpunkt, daß ein vertragsmäßiger Ausschluß aller Gesellschafter von der Vertretung *unzulässig* ist[24].

Wenn gegen den Ausschluß aller persönlich haftenden Gesellschafter von der Geschäftsführung keine Bedenken bestehen, weil es sich dabei im wesentlichen um das Verhältnis der Gesellschafter untereinander handelt, so kommt dem Ausschluß von der Vertretung eine andere Bedeutung zu, da durch ihn der Verkehr der Gesellschaft mit der Außenwelt betroffen wird. Mit der Stellung der Gesellschaft wird es als unvereinbar angesehen, die organschaftliche Vertretung einem Nichtgesellschafter zu übertragen. Deshalb muß sich nach herrschender Lehre zumindest immer *ein* verantwortlicher, persönlich haftender Gesellschafter finden, der die Gesellschaft nach außen vertritt und in seiner Vertretereigenschaft in zivilrechtlicher, öffentlich-rechtlicher und auch strafrechtlicher Beziehung die Verantwortung für das Verhalten der Gesellschaft übernimmt[125].

Teilweise wird die Bestimmung des Ausschlusses aller Gesellschafter von der Vertretung auch dahin umgedeutet, gleichzeitig damit die *Gesamtvertretung* für alle persönlich haftenden Gesellschafter anzuordnen[126].

Mit der Anordnung einer Gesamtvertretung wird dem praktischen Bedürfnis jedoch kaum Rechnung getragen bei einer Gesellschaft mit

---

[123] Vgl. Weipert, § 126 Anm. 2 HGB.

[124] Dür.-Hach., II, 2, § 125 Anm. 4 HGB; Schlegelberger, § 125 Anm. 11 HGB; Weipert, § 125 Anm. 4 HGB; Lehmann, Gesellschaftsrecht § 20, S. 120; Hueck, OHG, § 20, S. 176; Buchwald, DB 1957, 109 f.

[125] Vgl. Weipert, § 125 Anm. 4 HGB.

[126] Hueck, OHG, § 20, S. 176; Weipert, § 125 Anm. 5 HGB, will die Anordnung der Gesamtvertretung im Einzelfall durch Vertragsauslegung ermitteln; Dür.-Hach., II, 2, § 125 Anm. 4 HGB.

großer Mitgliederzahl. Es ist ziemlich unwahrscheinlich, daß sich alle persönlich haftenden Gesellschafter auf den jeweiligen Vertretungsakt reibungslos einigen können[127].

Im Gegensatz zur herrschenden Lehre hat das OLG München[128] in einer Entscheidung vom 14. 7. 1937 die Zulässigkeit des Ausschlusses aller Gesellschafter von der Vertretung durch den Gesellschaftsvertrag erklärt und gestattet, Nichtgesellschafter als organschaftliche Vertreter der Gesellschaft zuzulassen.

Das Kammergericht[129] schließt sich aber in einer Entscheidung aus dem Jahre 1939 der von der herrschenden Lehre vertretenen Ansicht an und verneint die Vertretung durch Drittorgane nach erfolgtem Ausschluß aller persönlich haftenden Gesellschafter von der Vertretungsmacht.

Auch im 1. Arbeitsbericht des Ausschusses für das Recht der Personalgesellschaften der Akademie für Deutsches Recht[130] kommt die einmütige Auffassung zum Ausdruck, daß ein gesellschaftsfremder Dritter durch Gesellschaftsvertrag nicht zum gesetzlichen Geschäftsführungs- und Vertretungsorgan bestellt werden kann. Seiner Ansicht nach ist eine solche Rechtsgestaltung weder mit den Grundsätzen des geltenden Rechts vereinbar noch rechtspolitisch zu billigen. Insoweit sind auch durch diesen Ausschuß keine Reformvorschläge gebracht worden, die später einmal in das geltende Recht aufgenommen werden könnten.

In neuerer Zeit sind allerdings die vorerwähnten Entscheidungen wieder aufgegriffen[131] worden, und man ist für eine Zulassung der Drittorganschaft in besonderen Fällen eingetreten.

Mit der Möglichkeit der organschaftlichen Fremdvertretung der Gesellschaft durch einen Nichtgesellschafter wäre dem organisatorischen Aufbau, insbesondere im Vorstandsbereich der körperschaftlichen KG, wesentlich gedient, um die Entpersönlichung von Gesellschaftern bis zur letzten Konsequenz durchführen zu können.

Andererseits darf aber nicht übersehen werden, daß die Eigner der Gesellschaft es sich nicht bieten zu lassen brauchen, wenn Nichtgesellschafter sie unbeschränkt verpflichten, während sie dagegen die volle Haftung mit ihrem ganzen Vermögen übernehmen.

---

[127] Im Ergebnis auch Flechtheim, a. a. O., S. 38.

[128] OLG München, JFG, 16,65 = ZAkDR 1937, 761.

[129] KG, HRR 1939 Nr. 94, nach Weipert, § 125 Anm. 5 HGB.

[130] Würdinger, Hans, Das Recht der Personalgesellschaften, I. Teil, Die Kommanditgesellschaft, I. Arbeitsbericht des Ausschusses für das Recht der Personalgesellschaften der Akademie für Deutsches Recht, München-Berlin 1939, S. 45 ff.

[131] Müller, W., NJW 1955, 1909 f.

Im Ergebnis spricht also für die organschaftliche Selbstvertretung durch mindestens einen persönlich haftenden Gesellschafter das Wesen der Personalgesellschaft an sich. Es ist daher für den strukturellen Aufbau eine Vertretung durch Nichtgesellschafter allein nicht weiter in Erwägung zu ziehen, unabhängig davon, daß eine solche Fremdvertretung auch dem geltenden Recht entgegenstehen würde.

Besteht auf der einen Seite das zwingende Erfordernis nach organschaftlicher Vertretung durch einen Gesellschafter und auf der anderen Seite die Notwendigkeit zur „Neutralisierung des Geschäftsführungsbereiches" durch Besetzung mit Nichtgesellschaftern, so entsteht die grundsätzliche Frage, wie diese scheinbar gegensätzlichen Tatbestände in Einklang gebracht werden können, um eine vollfunktionsfähige Geschäftsführung mit Vertretungsmacht zu begründen.

In Abs. III des § 125 HGB ist die Möglichkeit einer vertraglichen Abänderung zugelassen worden, nach der die Gesellschafter, wenn nicht mehrere zusammen handeln, nur in Gemeinschaft mit einem Prokuristen zur Vertretung der Gesellschaft ermächtigt werden sollen. Es handelt sich dann um die unechte oder auch *gemischte Gesamtvertretung.*

Die Vorschrift enthält eine Ausnahme von dem Grundsatz, daß die Gesellschaft nur durch Gesellschafter als Gesellschaftsorgan vertreten werden kann. Wenn für die Gesellschaft Gesamtvertretung angeordnet ist, dann kann ein Prokurist anstelle eines zweiten Gesellschafters die Gesellschaft gemeinsam mit einem vertretungsberechtigten Gesellschafter vertreten.

Die unechte Gesamtvertretung kann aber nicht in der Weise durch den Gesellschaftsvertrag für zulässig erklärt werden, daß ein Gesellschafter in allen Fällen *nur* gemeinsam mit einem Prokuristen, nicht aber auch gemeinsam mit einem anderen Gesellschafter, vertretungsberechtigt sein soll, da eine derartige Beschränkung der Vertretungsmacht der vertretungsberechtigten Gesellschafter mit ihrer Stellung als Leiter des Unternehmens unvereinbar wäre. Dies gilt selbst dann, wenn nur *ein* Gesellschafter vertretungsberechtigt ist und die übrigen von der Vertretung ausgeschlossenen sind; denn es muß stets eine Vertretung der Gesellschaft durch Gesellschafter allein möglich sein.

Bei der Anordnung der unechten Gesamtvertretung wird der Umfang der Vertretungsmacht des Prokuristen sachlich über seine ihm nach § 49 HGB zustehende Vertretungsmacht hinaus erweitert. Er richtet sich beim Zusammenwirken mit einem Gesellschafter nach § 126 HGB, nicht etwa nach dem Umfang der Prokura[132], d. h., der Grundsatz der Unbeschränkbarkeit der Vertretungsmacht der Vertreter gilt auch für die un-

[132] RG 134, 303, 306.

echte Gesamtvertretung[133]. Bei unechter Gesamtvertretung handelt der Prokurist also nicht als Gehilfe des vertretungsberechtigten Gesellschafters, sondern unter eigener Verantwortung.

Die mit der unechten Gesamtvertretung erreichten Möglichkeiten einer wirksamen Vertretung der Gesellschaft unter weitgehender Wahrung der Neutralität des Vorstandsbereiches sind durch den unvermeidlichen Eingriff eines vertretungsberechtigten Gesellschafters immer stark begrenzt. Auch der erweiterte Umfang der Vertretungsmacht des Prokuristen bei gemeinsamer Vertretung mit dem Gesellschafter entbindet diesen in keiner Weise von seinem Eingriff in die Geschäftsführung des Vorstandes.

Wenn einerseits, entsprechend des Postulats der körperschaftlichen KG, der Vorstandsbereich frei von direkten Gesellschaftereinflüssen bleiben soll, andererseits sich aber ein Eingriff des gesamtvertretungsberechtigten Gesellschafters nicht umgehen läßt, stellt sich die Frage, ob sich dies durch eine Abgrenzung der Geschäftsführungsakte von den Vertretungsakten erreichen läßt.

Betreffen die Geschäftsführungshandlungen in erster Linie das Innenverhältnis und die Vertretungshandlungen das Außenverhältnis der Gesellschaft, so stellt im Verhältnis gegenüber den Mitgesellschaftern jede Vertretungshandlung zugleich einen Akt der Geschäftsführung dar. Auch die Vornahme ungewöhnlicher Geschäfte im Sinne des § 116 Abs. II HGB ist im Verhältnis gegenüber den Mitgesellschaftern Geschäftsführung. Der § 116 Abs. II HGB stellt lediglich klar, wie weit mangels abweichender Bestimmungen des Gesellschaftsvertrages die *Befugnis* zur Geschäftsführung geht. Wird ein ungewöhnliches Geschäft ohne die Zustimmung der übrigen Gesellschafter vorgenommen, so ist der betreffende Akt der Geschäftsführung zwar *unberechtigt*, obwohl es sich aber begrifflich um Geschäftsführung handelt.

Wenngleich sich mit Hilfe einer gemäß § 125 Abs. II Satz 2 HGB zulässigen Erteilung einer Sondervollmacht an den gesamtvertretungsberechtigten Gesellschafter eine Lösung des Problems anstreben ließe, so ist ein Zusammenwirken des oder der Prokuristen des Vorstandes mit dem vertretungsberechtigten Gesellschafter unumgänglich und eine Trennung der Funktionen in letzter Konsequenz nicht zu erreichen, ganz abgesehen von den in der Praxis kaum abzugrenzenden Befugnissen der einzelnen mit Vollmachten ausgestatteten Personen.

Es erscheint daher geboten, den Vorstand mit einer über die gesetzlichen Beschränkungen der Prokura gemäß § 49 Abs. II HGB hinausgehenden Vollmacht auszustatten.

---

[133] Dür.-Hach., II, 2, § 125 Anm. 14 HGB; Weipert, § 125 Anm. 16 HGB; Baumbach-Duden, § 125 Anm. 6 AB HGB; Hueck, OHG, § 20, S. 180 f.

Nach dem Gesetz ergibt sich weder aus § 49 Abs. II HGB noch § 54 HGB das Verbot zur Erteilung einer *Generalvollmacht*, deren Wirkung die Entstehung einer umfassenden Vertretungsmacht ist. Dem BGB ist zwar der Begriff der Generalvollmacht unbekannt, es macht auch keinen Unterschied hinsichtlich einzelner Arten der Vollmacht, wohl aber unterscheidet der Verkehr verschiedene Arten der Vollmacht in bezug auf ihren Umfang, wie die hier herausgestellte Generalvollmacht, die zu allen das Vermögen betreffenden Handlungen ermächtigt.

Werden also die Vorstandsmitglieder der körperschaftlichen KG mit einer Generalvollmacht ausgestattet, so sind sie in der Vornahme von Handlungen grundsätzlich nur hinsichtlich derjenigen Akte beschränkt, die das Gesetz dem Inhaber des Handelsgeschäftes selbst vorbehält. Es handelt sich um die Vorschriften der §§ 48 Abs. I, 29, 41 Abs. I, 108 HGB. Ferner ergeben sich Beschränkungen im Liquidationsstadium. Alle übrigen Handlungen, die zur Führung der Geschäfte notwendig sind, kann der Vorstand mit Wirkung für und gegen die Gesellschaft vornehmen.

Durch die Möglichkeit, den Vorstandsmitgliedern Generalvollmacht zu erteilen, wird zwar ihre Vertretungsmacht über die der Prokura hinaus erweitert, sie werden aber damit nicht zu gesetzlichen Vertretern der Gesellschaft wie die Vorstandsmitglieder einer Aktiengesellschaft[134].

Soweit der Vorstand eine Vertretung der Gesellschaft nicht vornehmen kann, wird sie von dem einzigen vertretungsberechtigten Gesellschafter ausgeübt. Sie bezieht sich dann auf die vom Gesetzgeber dem Inhaber des Handelsgeschäfts selbst vorbehaltenen Akte der Vertretung, sofern der Gesellschaftsvertrag nicht noch weitere Vertretungshandlungen dem Gesellschafter allein vorbehält.

Der Gesellschaftsvertrag der körperschaftlichen KG sieht die Bestellung eines Vorstandes vor, der die Geschäfte für die Gesellschaft zu führen hat. Wenn wie bei der Aktiengesellschaft der Aufsichtsrat, für die körperschaftliche KG der Verwaltungsrat das den Vorstand zu bestellende Organ ist, so ergibt sich die Frage, wie eine Bestellung des Vorstandes und eine Erteilung der Vollmacht rechtswirksam erfolgen kann. Der eigentlichen Vollmachtserteilung vorauszugehen hat ein

---

[134] Die rechtliche Natur der Vertretungsbefugnis ist bestritten. Sie wird kaum eindeutig als gesetzliche Vertretung zu bezeichnen sein, da sie einerseits auf dem Gesellschaftsvertrag beruht und insoweit einer Vollmacht gleichkommt, andererseits das Gesetz aber bestimmt, wer in der Regel die Vertretungsbefugnis ausübt, obwohl wiederum den Gesellschaftern weitgehende Freiheit gelassen wird, ihre Vertretungsverhältnisse abweichend von der geseztlichen Normvorschrift zu ordnen.

Beschluß des Verwaltungsrates, der die Bestellung einzelner Personen zum Vorstand der Gesellschaft festlegt.

Der vertretungsberechtigte Gesellschafter darf, entsprechend der ihm nach dem Gesetz zustehenden Rechte, analog der Erteilung einer Prokura gemäß § 48 Abs. I HGB, die Erteilung einer Vollmacht als Generalvollmacht nur selbst vornehmen.

Die Vollmacht als eine durch Rechtsgeschäft erteilte Vertretungsmacht (§ 166 Abs. II BGB) wird im BGB in den §§ 164—181 BGB geregelt.

Die Vollmachterteilung (Bevollmächtigung) erfolgt durch einseitige, empfangsbedürftige Willenserklärung des Gesellschafters gegenüber den zu Vorstandsmitgliedern bestellten Personen unter gleichzeitiger Bekanntmachung an die Öffentlichkeit (§ 171 BGB). Den bestellten Vorstandsmitgliedern wird entgegen der grundsätzlichen Formfreiheit der Bevollmächtigung (§ 167 Abs. II BGB) aus Beweisrücksichten und, sofern Grundbuch- und Registeranträge in Betracht kommen, eine Vollmachtsurkunde ausgestellt.

In der Regel wird die Vollmacht mehreren Vorstandsmitgliedern gemeinschaftlich (Gesamtvollmacht) erteilt werden, um ihnen zusammen eine Vertretung der Gesellschaft zu ermöglichen. Dann müssen alle Mitglieder gemeinschaftlich handeln, doch ist es nicht gleichzeitig durch einen Gesamtakt notwendig, sondern auch einzeln nacheinander. Voraussetzung ist, daß zum Zeitpunkt der späteren Erklärung der Wille aller Gesamtvertreter vorhanden ist, daß diese als gemeinsame gelten soll. Dies kann unter Umständen sogar stillschweigend erfolgen[135].

Das BGB hat im Gegensatz zum HGB[136] über den Inhalt der Vollmacht keine Vorschriften aufgestellt. Der Umfang bestimmt sich daher nach dem Wortlaut der Vollmachtsurkunde und den begleitenden Umständen, insbesondere aber nach dem der Bevollmächtigung zugrunde liegenden Rechtsverhältnis. Bei der Beurteilung des Umfangs der Vollmacht kann davon ausgegangen werden, daß sie die Vermögensverwaltung des Unternehmens und dabei nur solche Geschäfte umfaßt, die zur Erhaltung, Nutzung und Mehrung des zu verwaltenden Gesellschaftsvermögens erforderlich sein können, nicht hingegen solche bei Veräußerungen der Substanz des Vermögens[137].

Grundsätzlich ist die Dauer der Vollmacht an die Laufzeit des ihr zugrunde liegenden Dienstvertrages gebunden (§ 168 S. 1 BGB). Aber

---

[135] Vgl. RG 75, 424.

[136] Vgl. die gesetzlichen Vorschriften über die Vollmacht: des Prokuristen § 49 HGB; des Handlungsbevollmächtigten § 54 HGB; des Gesellschafters oder Abwicklers einer OHG oder KG §§ 126, 149, 161 HGB; des Vorstands einer AG § 74 AktG.

[137] Vgl. Enneccerus-Nipperdey, I. Bd., 2. Halbbd., § 185, I.

auch beim Fortbestehen des Rechtsverhältnisses (des Dienstvertrages) kann die Vollmacht wegen der weitgehenden Befugnis und der Vertrauenswürdigkeit der Bevollmächtigten jederzeit widerrufen werden (§ 168 S. 2 BGB). Der Widerruf der Vollmacht ist wie die Bevollmächtigung eine einseitige, empfangsbedürftige Erklärung, die dem Vorstandsmitglied zugehen muß, indem gemäß §§ 172 Abs. II, 176 BGB die Vollmachtsurkunde für kraftlos erklärt und das Erlöschen der Vollmacht öffentlich bekanntgegeben wird (§ 171 Abs. II BGB).

Ein Anlaß zum Widerruf der Vollmacht wird insbesondere in grober Pflichtverletzung oder Unfähigkeit zur ordnungsmäßigen Geschäftsführung zu sehen sein. Der persönlich haftende Gesellschafter hat dann auf Beschluß des Verwaltungsrates den Widerruf vorzunehmen. Die Widerruflichkeit ist wie im Aktiengesetz in § 75 Abs. III an einen wichtigen Grund geknüpft, um zu verhüten, daß der Vorstand aus Angst vor einem Widerruf in eine zu starke Abhängigkeit vom Verwaltungsrat gerät. Die Bestimmung eines wichtigen Grundes wird in der Regel nach Lage des Einzelfalles zu entscheiden sein.

Durch den Widerruf der Vollmacht wird nicht gleichzeitig der Dienstvertrag aufgehoben, wenn auch im allgemeinen eine fristlose Kündigung damit einhergehen kann, die ja nach § 626 BGB bei einem wichtigen Grund zulässig ist.

Unter Berücksichtigung der besonderen Stellung der Vorstandsmitglieder können im Gesellschaftsvertrag weitere Gründe angeführt werden, die das Erlöschen der Vollmacht zur Folge haben:

a) bei Aufgabe des Geschäftsbetriebes,
b) bei Konkurseröffnung über das Vermögen des Prinzipals, § 23 KO,
c) mit Beginn der Liquidation der Gesellschaft,
d) bei Geschäftsveräußerung (wegen des zwischen den Inhabern und Bevollmächtigten bestehenden Vertrauensverhältnisses).

Der Tod des Vollmachtgebers hat kein Erlöschen der Vollmacht zur Folge.

Erlischt die Vollmacht eines Gesamtvertreters, so endigt damit die Vertretungsmacht des anderen Gesamtvertreters nur insoweit, als er nur mit diesem anderen die Gesellschaft vertreten kann. Trifft dies nicht zu, so bleibt die Vertretungsmacht des verbliebenen Gesamtvertreters unberührt. Es kann dann jederzeit ein anderer Gesamtvertreter bestellt werden. Sind hingegen nach dem Wegfall eines Gesamtvertreters neben einem verbliebenen Gesamtvertreter noch andere Mitvertretungsberechtigte vorhanden, so besteht die Gesamtvollmacht jenes verbliebenen Bevollmächtigten weiter[138].

---

[138] Vgl. Würdinger, § 53 Anm. 10 HGB.

Die vorangehende Untersuchung hat gezeigt, auf welche Weise der zwingenden Forderung der körperschaftlichen KG, die Geschäftsführung mit Nichtgesellschaftern zu besetzen, entsprochen werden kann und wie sich ein Eingriff der Gesellschafter in den Vorstandsbereich vermeiden läßt.

Der vertretungsberechtigte Gesellschafter der körperschaftlichen KG darf, entsprechend den Bestimmungen des Gesellschaftsvertrages, seine Vertretungsmacht in erster Linie nur dazu benutzen, den zum Vorstand bestellten Personen Vollmacht zu erteilen. Die Vollmachterteilung ist dann ein Akt der Geschäftsführung. Da andere Akte der Geschäftsführung von dem vertretungsberechtigten Gesellschafter nicht vorgenommen werden dürfen, schließt der Gesellschaftsvertrag es aus, daß der vertretungsberechtigte Gesellschafter Vertretungshandlungen für die Gesellschaft vornehmen darf oder in die Geschäftsführung des Vorstandes eingreift. Die rechtliche Stütze dazu findet sich in der Vorschrift des § 126 Abs. II HGB. Danach ist zwar eine Beschränkung des Umfangs der Vertretungsmacht *Dritten* gegenüber unwirksam, doch im Innenverhältnis der Gesellschaft sind Beschränkungen verschiedener Art möglich[139].

Freilich bleibt immer die Möglichkeit, daß kraft der Dritten gegenüber unbeschränkbaren Vertretungsmacht (§ 126 Abs. I HGB) der vertretungsberechtigte Gesellschafter Handlungen für die Gesellschaft vornimmt, die die Leitung des Unternehmens durch den Vorstand stören. Dann aber sind solche Akte, bei denen er sich nicht an die ihm durch den Gesellschaftsvertrag auferlegten Beschränkungen hält, unberechtigte Geschäftsführung, für die er sich schadensersatzpflichtig macht.

c) Abgrenzung und Grundlagen des Verwaltungsrates

aa) Der Verwaltungsrat als Träger gesellschaftlicher Willensbildung

Das Aktiengesetz behandelt im Anschluß an die Bestimmungen über den Vorstand in den §§ 86 ff. AktG den *Aufsichtsrat* in seiner Zusammensetzung und seinen Aufgaben.

Schon die terminologische Unterscheidung — Aufsichtsrat bei der Aktiengesellschaft und Verwaltungsrat bei der körperschaftlichen KG — läßt eine Wesensverschiedenheit zwischen beiden Organen erkennen.

Während der Aufsichtsrat in seiner Funktion im wesentlichen von zwei Hauptaufgaben — nämlich der Bestellung und Abberufung des Vorstandes (§ 75 AktG) sowie der laufenden Überwachung der Geschäftsführung — bestimmt ist, kann der Funktionsbereich des Verwaltungs-

---

[139] Dür.-Hach., II, 2, § 126 Anm. 9 HGB.

rates der körperschaftlichen KG bedeutend umfassender ausgestaltet werden.

Diese Ausgestaltung wird individuell, entsprechend der Verschiedenheit der Gesellschaftsstrukturen, zu regeln sein. Die Verwaltungsrechte selbst können abgestuft werden und sich von Kontroll-, Überwachungsbefugnissen und einfachen bis zu umfangreichen Mitwirkungsrechten erstrecken.

Die Stellung des Verwaltungsrates wird mangels gesetzlicher Bestimmungen ausschließlich durch den Willen der Gesellschafter im Gesellschaftsvertrag festgelegt. Im einzelnen ergibt sich die Stellung des Verwaltungsrates aus der personellen Besetzung und den ihm zugewiesenen Aufgaben[140].

Die Zusammensetzung des Verwaltungsrates kann sich sehr wohl von der des Aufsichtsrates bei der Aktiengesellschaft unterscheiden, da letzterer wesentlich von dem Betriebsverfassungsgesetz von 1952 bestimmt ist, welches sicherstellen will, daß immer ein Drittel der Aufsichtsratsstellen von Arbeitnehmervertretern besetzt wird.

Der von den Gesellschaftern aufgestellte Verwaltungsrat muß die Interessen aller Gesellschafter wahren; er darf seine Tätigkeit nicht nur an den Interessen eines bestimmten Gesellschafterstammes oder einer Gesellschaftergruppe orientieren.

bb) Rechtliche Konstruktion des Verwaltungsrates

Das Fehlen gesetzlicher Bestimmungen zur Bildung eines Verwaltungsrates oder eines ähnlichen Organes gesteht den Gesellschaftern der Personalgesellschaft innerhalb ihrer Gemeinschaft völlige Vertragsfreiheit zu, nach der sie die Machtverhältnisse, ihrem Willen entsprechend, verteilen können, doch sind sie den Schranken unterworfen, die sich aus der Natur des Gesellschaftsrechts ergeben, indem sie dem Verwaltungsrat nicht die Stellung eines Gesellschaftsorgans im rechtlichen Sinne verleihen können[141].

Nach dem bürgerlichen Recht kann die Person als Träger von Rechten und Pflichten wechseln, ohne den Inhalt der zugrunde liegenden Rechtsbeziehung einer Veränderung zu unterwerfen. Es kommt also nicht darauf an, *wer* die geschuldete Leistung erbringt[142].

Ein Wechsel in der Person des Gläubigers ist auch nur ausnahmsweise bei der Übertragung einer Forderung gemäß §§ 398, 399 BGB ausgeschlossen.

---

[140] Vgl. Houben, Der Aufsichtsrat der kapitalistischen Kommanditgesellschaft, S. 23.
[141] Vgl. Weipert, § 161 Anm. 32 HGB.
[142] § 267 BGB.

Auch im Erbrecht geht das Gesetz bei der Regelung des Verwaltungsrechtes des Testamentsvollstreckers von der stillschweigenden Voraussetzung aus, daß ein Wechsel in der Person desjenigen stattfinden kann, dem das Vermögensrecht zusteht[143].

Die dem Wesen der Personalgesellschaft eigentümliche enge Verbundenheit ihrer Mitglieder widerspricht aber eine Übertragung von Mitgliedschaftsrechten auf Dritte. Die Unübertragbarkeit dieser Rechte ist in der Bestimmung des § 717 Abs. I BGB zum Ausdruck gekommen, wo es heißt, daß Ansprüche, die den Gesellschaftern aus dem Gesellschaftsverhältnis gegeneinander zustehen, nicht übertragbar sind. Nach § 719 BGB ist ein Gesellschafter nicht berechtigt, über seinen Anteil am Gesellschaftsvermögen zu verfügen. Die Verwaltungs- und Vermögensrechte sowie die gesamthänderische Mitberechtigung sind deshalb während des Bestehens der Gesellschaft unübertragbar, weil sie Ausfluß der gesellschafterlichen Mitgliedsstellung sind und auf Grund dieser jedem einzelnen zustehen[144].

Übertragbar mit Zustimmung aller Gesellschafter ist nur die *gesamte* Mitgliedschaft, bei den einzelnen Rechten ist die Übertragbarkeit auf die vermögensrechtlichen Bezüge beschränkt[145].

„Die Abspaltung einzelner Verwaltungsrechte von dem Gesellschafteranteil in der Weise, daß sie auf einen anderen übertragen werden, ist mit dem Wesen der Gesamthandsgemeinschaft nicht zu vereinbaren. Die Verwaltungsrechte sind vielmehr mit dem Gesellschafteranteil notwendig verbunden und können von ihm nicht losgelöst und selbständig übertragen werden", wie der BGH in zwei Urteilen ausdrücklich bestätigte[146]. Eine Übertragung dieser Rechte auf einen Nichtgesellschafter läßt sich auch nicht mit Zustimmung aller Gesellschafter vereinbaren[147].

Wenn die Interessen der Gesellschafter und die besondere Struktur der Mitgliedschaft grundsätzlich nicht zulassen, daß die personenrechtlichen Mitgliedschaftsrechte durch Dritte, wie hier durch die Mitglieder des Verwaltungsrates, ausgeübt werden, so ist doch zu unterscheiden, ob diese Rechte dem Dritten übertragen werden sollen oder er nur neben dem Mitglied zur Ausübung der Rechte *bevollmächtigt* ist und insoweit *fremdes* Recht geltend macht.

Dem Wesen der Mitgliedschaft entgegenstehend ist keinesfalls eine *Bevollmächtigung* zur Ausübung der Verwaltungsrechte, da durch sie

---

143 Vgl. Houben, a. a. O., S. 28.

144 Vgl. Siebert, StbJb 1955/56, S. 310; Weipert, § 109 Anm. 7 HGB.

145 Vgl. Siebert, StbJb 1955/56, S. 320.

146 BGH (Urt. v. 10. 11. 1951 — II ZR 111/50), NJW 1952, 178; = BGH 3, 354; BB 1952, 10; BGH (Urt. v. 8. 10. 1953) BB 1953, 926.

147 Siebert, a. a. O., S. 321.

nur Gesellschafterinteressen berührt werden und sich beim Einverständnis aller Gesellschafter keine Einwendungen dagegen vorbringen lassen[148].

Im Ergebnis ist also festzuhalten, daß die Abspaltung einzelner Verwaltungsrechte von den Mitgliedschaftsrechten und deren Übertragung auf einen Dritten nicht möglich ist. Die Mitglieder des Verwaltungsrates haben somit keine Möglichkeit, aus *eigenem* Recht ihre Stellung und die damit verbundenen Handlungen zu begründen. Sie handeln, soweit Gesellschafterrechte ausgeübt werden, aus *fremdem* Recht als Bevollmächtigte und sind dazu auf Grund eines Dienstvertrages verpflichtet.

Gegen die Ausübung der Verwaltungsrechte durch Dritte bestehen keine Bedenken, weil sie in Vollmacht ausgeübt werden und die höchstpersönlichen Mitgliedschaftsrechte in der Person des bisherigen Rechtsträgers verbleiben. Der Bevollmächtigte braucht nicht nur nach den Weisungen seines Vollmachtgebers abzustimmen. Die Bevollmächtigung wird erst dann unzulässig, wenn durch Stimmrechtsabtretung und Erteilung einer unwiderruflichen Vollmacht die Wirkung einer Stimmrechtsübertragung herbeigeführt werden soll[149]. Damit würde der Gesellschafter von seinem Stimmrecht ausgeschlossen und gezwungen, ein von seiner Mitgliedschaft unlösbares Recht aufzugeben[150].

Hinsichtlich der personellen Zusammensetzung des Verwaltungsrates können in ihm sowohl Nichtgesellschafter als auch Gesellschafter vertreten sein.

cc) Die besondere Stellung des einzigen Komplementärs

Der Gesellschaftsvertrag der körperschaftlichen KG kann neben der Bestimmung einzelner Mitglieder des Verwaltungsrates auch die Stellung eines für dieses Organ zuständigen Vorsitzers vorsehen, die nach dem Willen aller Beteiligten von dem einzigen persönlich haftenden Gesellschafter eingenommen werden sollte. Der Nichtgesellschafter übt die Mitgliedschaftsrechte im Namen eines Gesellschafters, einer Gesellschaftergruppe oder eines Gesellschafterstammes aus. Er nimmt damit seine Aufgabe aus fremdem Recht wahr. Ein Gesellschafter als Verwaltungsratsmitglied übt sein Amt kraft seiner Gesellschaftereigenschaft aus[151].

Sind die Verwaltungsratsmitglieder nicht von vornherein im Gesellschaftsvertrag benannt, so können sich die Gesellschafter auch auf den

---

[148] Vgl. auch Weipert, § 109 Anm. 7 HGB; Siebert, a. a. O., S. 322.
[149] BGH 3, 354.
[150] Siebert, a. a. O., S. 322.
[151] Vgl. Würdinger, Gesellschaften, Teil I, S. 158.

für den Vorsitz des Verwaltungsrates vorgesehenen vollhaftenden und vertretungsberechtigten Gesellschafter nach Prüfung seiner Eignung durch Beschluß einigen. Dieser ist zwar auf Grund des Gesellschaftsvertrages von der Geschäftsführung, die allein dem Vorstand vorbehalten bleibt, ausgeschlossen, hingegen aber als „gesetzlicher" Vertreter der Gesellschaft ermächtigt, die dem Inhaber des Handelsgeschäfts durch das Gesetz vorbehaltenen Rechte nur selbst auszuüben.

Eine Abschwächung der Stellung des vertretungsberechtigten Gesellschafters zeigt sich insbesondere in der ihm fehlenden Einflußmöglichkeit auf die Geschäftsführung, da der wesentliche Einfluß auf die Führung der Geschäfte weniger auf ihn allein, sondern auf die Tätigkeit des Verwaltungsrates als solchen zurückgeht. Auch kann der begrenzte Einfluß des persönlich haftenden Gesellschafters dazu beitragen, eine Einigung der Gesellschafter auf seine Person reibungsloser herbeizuführen, als wenn er, unabhängig von den übrigen Verwaltungsratsmitgliedern, das Gewicht seiner Persönlichkeit voll zur Geltung bringen könnte.

Wesentlich für die Position des vollhaftenden Gesellschafters bleibt allerdings die Frage, wie weit man ihm mit Rücksicht auf seine unbeschränkte Haftung zumuten kann, sich seiner Rechte zur Geschäftsführung und Vertretung zu entäußern.

Die zwingende Vorschrift des § 128 HGB läßt es im Gegensatz zu der sonst vom Gesetzgeber weitgehend zugestandenen Vertragsfreiheit nicht zu, den vollhaftenden Gesellschafter von der persönlichen Haftung Dritten gegenüber auszuschließen. Aus dem Wortlaut des Gesetzes ergibt sich, daß entgegenstehende Vereinbarungen „Dritten gegenüber unwirksam" sind, was aber die Möglichkeit eröffnet, abweichende Vereinbarungen im *Innenverhältnis* treffen zu können.

Die Gesellschafter werden daher in der Regel im Gesellschaftsvertrag vereinbaren, den persönlich haftenden Gesellschafter schon mit seinem Eintritt in seine Stellung bei Inanspruchnahme durch einen Gläubiger von der Haftung zu befreien, indem sie selbst mit bestimmten Leistungen eine Haftungsfreistellung erwirken. Ebenso kann zwischen der Gesellschaft und einzelnen Gläubigern schon bei Aufnahme der Geschäftsbeziehungen oder auch später vereinbart werden, „daß nur das Gesellschaftsvermögen oder daß einzelne Gesellschafter nicht oder erst nach anderen in Anspruch genommen werden dürfen oder daß nur bei Unzulänglichkeit des Gesellschaftsvermögens die Gesellschafter oder einige persönlich belangt werden können"[152].

Die Haftungsbefreiung des Komplementärs und die gleichzeitige Haftungsübernahme für ihn durch die Kommanditisten müssen Bestandteil

[152] Weipert, § 128 Anm. 37 HGB.

des Gesellschaftsvertrages der körperschaftlichen KG sein; denn nur so wird sich im Falle der Nachfolge ein Dritter bereit finden, die für ihn sonst so risikoreiche Stellung eines persönlich haftenden Gesellschafters zu übernehmen.

Alle Vereinbarungen über eine Befreiung von der Haftung für sämtliche oder auch nur gewisse Gesellschaftsschulden haben auf diese Weise im Innenverhältnis volle Gültigkeit[153].

Die nach körperschaftlichen Gesichtspunkten ausgerichtete Organisationsform der Gesellschaft kann es auch als wünschenswert erscheinen lassen, statt aus dem vorhandenen Gesellschafterkreise einen Gesellschaftsfremden für die Stellung des persönlich haftenden Gesellschafters vorzusehen, wenn sich unter den Gesellschaftern keine geeignete Person zur Übernahme dieser Stellung findet. Ein Gesellschaftsfremder kann dann auf Grund seiner Qualifikation in die Gesellschaft aufgenommen und zum Vorsitzer des Verwaltungsrates benannt werden. Für diese Stellung sollte man indessen keine kapitalistische Beteiligung zur Voraussetzung machen. Die interne Bindung wird zweckmäßigerweise dann so gestaltet, daß der Gesellschafter wie ein Angestellter behandelt wird und als Vergütung ein festes Gehalt mit Gewinnbeteiligung bezieht. Vereinbarungen über eine interne Übernahme der Haftung durch die übrigen Gesellschafter werden auch hier zu treffen sein, wenngleich sie an der Dritten gegenüber bestehenden Haftung nichts ändern. Diesem Gesellschafter sollte auch das Recht eingeräumt werden, bei seinem Ausscheiden aus der Stellung als persönlich haftender Gesellschafter Kommanditist werden zu können.

Es soll allerdings nicht die für den Dritten mit der Übernahme der Stellung als persönlich haftender Gesellschafter verbundene Gefahr verkannt werden, die auch dann besteht, wenn er intern von der Haftung freigestellt wird. Ungeachtet dieser internen Freistellungspflicht, könnten sich die Gläubiger jederzeit unmittelbar an den persönlich haftenden Gesellschafter halten. Wenn ein vollstreckbarer Titel gegen ihn persönlich erwirkt ist, läuft er Gefahr, mit seinem Privatvermögen in Anspruch genommen zu werden. Geht es dem Unternehmen wirtschaftlich schlecht, ist diese Gefahr um so größer, je vermögender der Komplementär ist. Selbst dann, wenn die Gesellschaft ein zur Deckung ihrer Verbindlichkeiten ausreichendes Vermögen besitzt, kann die persönlche Haftung unangenehm werden. Das kann der Fall sein, wenn der geltend gemachte Anspruch von der Gesellschaft dem Grund oder der Höhe nach bestritten wird. Der Komplementär würde dann von dem Gläubiger persönlich verklagt werden und das Prozeßrisiko zu tragen

[153] Dür.-Hach., II, 2, § 128 Anm. 19 HGB; vgl. § 105 Anm. 12 HGB; Weipert, a. a. O.; Baumbach-Duden, § 128 Anm. 6 HGB.

haben. Während eines sich möglicherweise über Jahre hinziehenden Prozesses würde er in seiner geschäftlichen Bewegungsfreiheit stark beeinträchtigt sein. Weitere Schwierigkeiten könnten sich während der 5jährigen Verjährungsfrist nach einem Ausscheiden des Komplementärs ergeben. Schließlich besteht die Gefahr, daß der für diese Stellung vorgesehene Dritte nicht bereit ist — namentlich dann nicht, wenn es dem Unternehmen wirtschaftlich schlecht geht —, in die Gesellschaft einzutreten oder seinen Eintritt von Bedingungen abhängig macht, die den Kommanditisten untragbar erscheinen.

Im Hinblick auf eine fundierte Bestandssicherung des Unternehmens erscheint es daher fraglich, ob die Berufung eines Dritten in die Stellung des einzigen persönlich haftenden Gesellschafters empfehlenswert ist. Die Verbundenheit zum Unternehmen und die damit in Zusammenhang stehende Bereitschaft der Risikoübernahme ist naturgemäß bei einem aus dem Kreise der Eigner stammenden Gesellschafter größer.

Für den *Bestand* der Gesellschaft können sich jedoch Schwierigkeiten ergeben, wenn der einzige Komplementär durch Tod aus der Gesellschaft ausscheidet und keine Fortsetzungsklausel gemäß § 138 HGB vorliegt. Dann wird die Gesellschaft gemäß § 131 Z. 4 HGB aufgelöst.

Deshalb ist es für den Bestand der körperschaftlichen KG unbedingte Voraussetzung, diesen Fall zu berücksichtigen und durch entsprechende vertragliche Regelung eine Auflösungsmöglichkeit auszuschließen.

Wenn also der einzige Komplementär durch Tod ausscheidet, „so muß sie (die Gesellschaft) bei seinem Ausscheiden sofort zur Bestellung eines Nachfolgers schreiten“[154]. Ihre Auflösung kann dann nur durch das Einrücken eines neuen persönlich haftenden Gesellschafters abgewendet werden.

Die in der Gesellschafterversammlung zusammengefaßten Kommanditisten müssen sich über die Person eines neuen Komplementärs einigen, soweit nicht schon auf Grund einer vertraglichen Vereinbarung die Nachfolge für den Komplementär bestimmt ist. Dabei ist es auch zulässig, einen der Kommanditisten zur Nachfolge in die Stellung des Komplementärs zu berufen[155].

In der Regel werden daher für den Todesfall des Komplementärs im Gesellschaftsvertrag besondere Bestimmungen vorgesehen sein, die je nach der Struktur der Gesellschaft einen Nachfolger schon namentlich benennen oder nach erfolgter Einigung in der Gesellschafterversammlung eine Neubestellung anordnen.

---

[154] Dür.-Hach., II, 2, Vorbem. zu § 161 Anm. 5 HGB.

[155] Dür.-Hach., II, 2, § 173 Anm. 1 HGB.

Die Mitgliedsstellung des Komplementärs ist, da seine Stellung in der Gesellschaft mehr der eines Angestellten gleicht, *unvererblich.*

Für alle übrigen in der Person des Komplementärs liegenden Gründe, die gesetzlich zur Auflösung der Gesellschaft führen, wird im Vertrag durch eine entsprechende Fortsetzungsklausel Vorsorge getroffen. Handelt es sich bei dem persönlich haftenden Gesellschafter um einen aus dem Kreise der Unternehmenseigner stammenden, so treten im Falle seines Todes seine Erben in die Kommanditistenstellung ein.

Die Gesellschafter-Eigenschaft eines in die Gesellschaft aufgenommenen Dritten endet ohne Beeinträchtigung der Gesellschaft (keine Abfindungsansprüche für Kapitalbeteiligung) und Nachfolgerechte[156, 157].

Die entscheidende Konsequenz, die aus der Unvererblichkeit der Mitgliedsstellung des einzigen Komplementärs gezogen werden kann, ist, daß die beim Grundtyp auftretenden Schwierigkeiten, die sich infolge Erbgangs einstellen, grundsätzlich vermieden werden.

Vorstand und Verwaltungsrat als allein maßgebende Träger der Geschäftsführung des Unternehmens im allgemeinen sind wegen der Unvererblichkeit der Stellung ihrer Mitglieder *frei von Nachfolgeproblemen* und gewährleisten unter diesem Aspekt einen reibungslosen Fortbestand des Unternehmens auch beim Wechsel im Personenbestand der Gesellschafter.

dd) Innere Ordnung des Verwaltungsrates

Die Verwaltungsratsmitglieder werden sich, um einen reibungslosen Geschäftsablauf zu gewährleisten, im Rahmen der ihnen zustehenden Einzel- und Gesamtbefugnisse eine Geschäftsordnung geben. Als *Vorsitzer* wird in der Regel der einzige persönlich haftende Gesellschafter bestimmt werden, der insbesondere die Geschäfte dieses Organs zu führen hat. Ihm kommt es zu, die turnusmäßig stattfindenden Sitzungen des Verwaltungsrates vorzubereiten, sie schriftlich unter Vorlage einer Tagesordnung einzuberufen, zu leiten und die Protokolle zu erstellen, die von allen Mitgliedern zu unterzeichnen sind, um allseitiges Einverständnis herbeizuführen und gegebenenfalls einzelnen Besprechungspunkten Beschlußwirkung zu verleihen.

Durch die dem Verwaltungsrat auferlegte Tätigkeit im Verkehr mit dem Vorstand, insbesondere aber hinsichtlich der umfassenden Mitverwaltungsrechte, kommt dem Vorsitzer eine Stellung zu, die weitaus

---

[156] Plum, a. a. O., S. 157.

[157] Für eine Behandlung aller übrigen Auflösungsbedingungen außer Tod eines Gesellschafters, die vertraglich auch ausgeschlossen werden können, vgl. Plum, a. a. O., S. 179 ff.

stärker ist als die des Vorsitzenden im Aktienrecht[158]. Der Vorstand hat dem Vorsitzer laufend Bericht zu erstatten und ihm über alle im einzelnen festgelegten Positionen Informationen zu erteilen.

Der Vorsitzer hat in bestimmten Fällen im Rahmen der ihm zustehenden Vollmachten eine Entscheidung des Verwaltungsrates herbeizuführen oder auch selbst zu entscheiden.

Außerhalb der turnusmäßigen, ordentlichen Sitzungen, die bei den weitgehenden Mitwirkungsrechten des Verwaltungsrates alle zwei Monate stattfinden sollten, kann der Vorsitzer auch zu außerordentlichen Sitzungen einladen, wenn er es auf Grund bestimmter Sachlagen für erforderlich hält. Darüber hinaus kann, entsprechend dem § 94 AktG, jedes Verwaltungsratsmitglied oder der Vorstand unter Angabe des Zwecks und der Gründe verlangen, daß der Vorsitzer des Verwaltungsrates unverzüglich den Verwaltungsrat einberuft. Wird einem von mindestens zwei Verwaltungsratsmitgliedern oder vom Vorstand geäußerten Verlangen nicht entsprochen, so können die Antragsteller unter Mitteilung des Sachverhaltes selbst den Verwaltungsrat einberufen.

Die *Entscheidungen* des Verwaltungsrates werden durch *Beschluß* gefaßt. Zur *Beschlußfassung* ist ein Mitwirken aller Mitglieder des Verwaltungsrates erforderlich. Der Einstimmigkeitsgrundsatz bei der Abstimmung kann indessen nicht angewendet werden, da Spannungen, die zwischen Gesellschaftern bestehen, leicht durch ihre Vertreter in den Verwaltungsrat hineingetragen und dort infolge fehlender Zustimmung eines Mitgliedes auf dieser Ebene weiter ausgetragen werden könnten. Deshalb wird die Entscheidung von der Mehrheit der abgegebenen *Stimmen* oder von der Zahl der anwesenden Mitglieder abhängig gemacht. Dem Vorsitzer kann dabei das Recht des Stichentscheids eingeräumt werden.

Die Abstimmung hat im Gegensatz zu der Gesellschafterversammlung nach der *Kopfzahl* der gleichberechtigten Mitglieder zu erfolgen.

Für die *Haftung* gilt § 99 AktG sinngemäß wie für die Vorstandsmitglieder.

Die *Vergütung* für die Tätigkeit im Verwaltungsrat wird jeweils einer individuellen Regelung bedürfen, jedoch insofern innerhalb des Verwaltungsrates unterschiedlich sein, als dem Komplementär als Vorsitzer und Träger des mit seiner Gesellschaftereigenschaft verbundenen Haftungsrisikos eine besondere Vergütung zustehen sollte.

Für die Bewilligung und Festsetzung der Höhe der Vergütung ist die Gesellschafterversammlung zuständig. Jedes Verwaltungsratsmitglied erhält eine fest zu vereinbarende Vergütung, die rechtlich die Bedeu-

[158] So auch Houben, S. 59.

tung eines Gehalts hat. Daneben werden Aufwendungen nach §§ 670, 675 BGB erstattet[159].

Wie im Aktiengesetz in § 87 Abs. III ist eine Gewinnbeteiligung für die Mitglieder des Verwaltungsrates zu empfehlen, um sie zu ständiger Leistung anzuspornen. Diese hat sich aber in dem ihrer Tätigkeit entsprechenden Rahmen zu halten.

Eine strenge Beschränkung der Amtsdauer des Verwaltungsrates, wie sie § 87 AktG anordnet, entfällt bei der körperschaftlichen Kommanditgesellschaft. Dennoch werden in den meisten Fällen Nachfolgebestimmungen allein für ein durch unvorhergesehene Umstände ausscheidendes Mitglied nicht ausreichen. Für die Ausübung der Verwaltungsrechte kann eine bestimmte Dauer vorgeschrieben sein, so beispielsweise 4 oder auch 5 Jahre, wobei Wiederwahl gestattet sein sollte. Indessen erscheint es angesichts der Dritten gegenüber unbeschränkten Haftung des vollhaftenden Gesellschafters nicht vertretbar, *seine* Stellung an eine bestimmte Amtsdauer zu binden.

Für den einzigen im Verwaltungsrat vertretenen persönlich haftenden Gesellschafter kann ein Widerruf seiner Befugnisse durch Beschluß der Gesellschafterversammlung erfolgen, wenn ein wichtiger Grund vorliegt. Die Gesellschafterversammlung muß sich gleichzeitig auf einen anderen Gesellschafter einigen, der den Vorsitz als vertretungsberechtigter Gesellschafter im Verwaltungsrat zu übernehmen hat. Dem bisherigen persönlich haftenden Gesellschafter wird mit Rücksicht auf das Erlöschen seiner Befugnisse das Recht eingeräumt, aus seiner Stellung als vollhaftender Gesellschafter auszuscheiden und Kommanditist zu werden[160].

Einfacher ist der Widerruf der Vollmacht der übrigen Verwaltungsratsmitglieder beim Vorliegen eines wichtigen Grundes. Hier wird lediglich dem bestellten Mitglied die Vollmacht zur Ausübung seiner Rechte entzogen. Wie bei der Bestellung, so haben die Gesellschafter das Recht, das Mitglied durch Mehrheitsbeschluß abzuberufen.

Die Voraussetzungen und Wirkungen der im Widerruf enthaltenen Kündigung richten sich nach den Vorschriften des Dienstvertrages. Eine fristlose Kündigung ist nur aus wichtigem Grund gemäß § 626 BGB möglich, was für beide Teile Gültigkeit hat[161].

---

159 Vgl. Houben, a. a. O., S. 65; vgl. Plum, Maria, Der fortschreitende Strukturwandel der Personalgesellschaft durch Vertragsgestaltung, S. 157; Baltes, Gesellschaftsvertragliche Gestaltung bei der Kommanditgesellschaft u. ihren Erscheinungsformen, betriebswirtschaftlich betrachtet, S. 86; Houben, a. a. O., S. 67.

160 Vgl. Plum, a. a. O., S. 153.

161 Vgl. Houben, S. 53 ff.

ee) Die Aufgaben des Verwaltungsrates

Die Stellung des Verwaltungsrates als Träger gesellschaftlicher Willensbildung fordert die Übernahme eines Aufgabenbereiches, der erheblich über den Umfang desjenigen des Aufsichtsrates der Aktiengesellschaft hinausgeht.

Sinngemäß übereinstimmend mit § 75 AktG, sieht der Gesellschaftsvertrag die Bestellung des Vorstandes durch den Verwaltungsrat vor. Durch Beschluß des Verwaltungsrates werden die zu Vorstandsmitgliedern bestimmten Personen bestellt. Dem vertretungsberechtigten Gesellschafter obliegt es, den Vorstandsmitgliedern die Vollmacht in dem im Gesellschaftsvertrag festgelegten Rahmen zu erteilen.

Analog § 75 Abs. III AktG kann die Bestellung zum Vorstandsmitglied auf Beschluß des Verwaltungsrates widerrufen werden, wenn ein wichtiger Grund vorliegt. Der Widerruf der Vollmacht ist wie ihre Erteilung durch den vertretungsberechtigten Gesellschafter vorzunehmen.

Für den Aufsichtsrat der kapitalistischen Kommanditgesellschaft werden darüber hinaus folgende Funktionen herausgestellt, die auch für den Verwaltungsrat der körperschaftlichen Kommanditgesellschaft zugrunde gelegt werden können:

1. Die Überwachungsfunktion
2. Die Zustimmungsfunktion
3. Die Anweisungsfunktion
4. Die Informationsfunktion[162]
5. Die Beratungsfunktion[162]

In welchem Umfange die einzelnen Funktionen dem Verwaltungsrat eingeräumt werden sollen, wird sich jeweils nach dem Grad der Verselbständigung dieser Organisationsform richten und sich in dem Maße intensivieren, in dem eine Angleichung an die aktiengesellschaftliche Organisation einhergeht.

Da den einzelnen Funktionen eine inhaltlich unterschiedliche Ausgestaltung je nach der Struktur der Gesellschaft zuteil wird, können hier nur die wichtigsten inhaltlichen Bestandteile der einzelnen Funktionskreise behandelt werden.

ad (1): Der Verwaltungsrat hat die geschäftsführende Tätigkeit des Vorstandes zu *überwachen* (vgl. § 95 AktG).

Zu diesem Zweck kann der Verwaltungsrat laufende Unterrichtung innerhalb bestimmter Zeitabstände über den Gang der Geschäfte und die Lage des Unternehmens durch den Vorstand verlangen.

---

[162] Diese Funktionen werden nur von Baltes, a. a. O., S. 86 ganz besonders herausgestellt.

Zweckmäßigerweise sollte der Vertrag den Gegenstand der Unterrichtung im einzelnen angeben, ebenso deren Form (schriftlich in Berichtsform oder durch Vorlage der Geschäftsunterlagen an den Vorsitzer).

Bei zeitlich kurzen (zweimonatlichen) Sitzungsterminen wird es in der Regel auch ausreichen, zu dem jeweiligen Sitzungstermin einen entsprechenden Lagebericht vom Vorstand zu verlangen, der dann sowohl von dem jeweiligen Sachbearbeiter als auch vom Vorstand selbst zu unterzeichnen ist. Es empfiehlt sich, in einer Klausel festzulegen, daß über die turnusmäßige Berichterstattung hinaus beim Vorliegen besonderer Gründe der Verwaltungsrat auch *Zwischenberichte* vom Vorstand zu seiner Information anfordern kann.

Ein umfassender *Jahresabschlußbericht* über den wirtschaftlichen und technischen Stand des Unternehmens als Einzelgebilde und auch seine Stellung innerhalb der Branche wird sich als notwendig und zweckmäßig in der Berichterstattung erweisen.

Die *Prüfung* des Jahresabschlusses und des Geschäftsberichtes sowie aller übrigen Geschäftsunterlagen hat durch den Verwaltungsrat zu erfolgen.

Falls die Mitglieder des Verwaltungsrates keine ausreichende Sachkenntnis zur Prüfung dieser Unterlagen besitzen, können sie mit der Prüfung auch Sachverständige beauftragen, die dies im Auftrage der Gesellschaft zu besorgen haben.

Die Jahresabschlußprüfung wird bei größeren Gesellschaften in Angleichung an die entsprechenden Bestimmungen in den §§ 135 ff. AktG vorgenommen[163].

ad (2): Als weitere Funktion obliegt es dem Verwaltungsrat, die *Zustimmung* zu bestimmten Geschäften zu erteilen, die dem Vorstand allein in seiner sonstigen weiten Entscheidungsfreiheit nicht zustehen.

Den Kommanditisten ist das Zustimmungsrecht zugunsten ihrer Vertreter im Verwaltungsrat entzogen, soweit es um Handlungen nach § 164 HGB geht. Die Übertragung des Zustimmungsrechts auf die Verwaltungsratsmitglieder ist bei Gesellschaften mit großer Mitgliederzahl allein auch deshalb von Bedeutung, weil das Einholen der Zustimmung bei jedem Kommanditisten mit erheblichen Schwierigkeiten verbunden sein würde.

Mit der umfassenden Ausgestaltung des Zustimmungsrechts vollzieht sich gleichzeitig ein wesentlicher Eingriff des Verwaltungsrates in den Bereich der eigentlichen Geschäftsführung, und zwar um so

---

[163] Vgl. Houben, a. a. O., S. 69.

stärker, je weiter die Grenze für zustimmungsbedürftige Handlungen gesteckt ist.

Eine zu weit gezogene Grenze der zustimmungspflichtigen Geschäfte würde indessen die Handlungen des Vorstandes solch erschwerten Bedingungen unterwerfen, daß dieser stark in der Entfaltung seiner unternehmerischen Initiative gehemmt wird und das Interesse an seiner Aufgabe verliert. Andererseits würde der Geschäftsablauf durch das Einholen der Zustimmung zu einer Vielzahl von Geschäften wesentlich gestört und die Elastizität der unternehmerischen Tätigkeit eingeengt. Schließlich läßt es sich zur Vermeidung von Kompetenzschwierigkeiten nicht umgehen, einen detaillierten Katalog der Geschäfte aufzustellen, die der Zustimmung durch den Verwaltungsrat bedürfen.

Die untere Grenze des Unterrichtungsrechts liegt bei den alltäglichen Geschäften, die der Vorstand allein zu besorgen hat. Die Festlegung der oberen Grenze, die die durch den Verwaltungsrat zustimmungspflichtigen Geschäfte betrifft, hat durch genaue vertragliche Aufzählung der Gegenstände zu erfolgen. Sollten sich dennoch Zweifel in der Zuständigkeit herausstellen, so hat der Verwaltungsrat und bei Streitigkeiten zwischen Vorstand und Verwaltungsrat die Gesellschafterversammlung zu entscheiden.

Der Methodik des Handelsgesetzbuches folgend, können bei den zustimmungsbedürftigen Geschäften

ungewöhnliche oder besondere sowie
gewöhnliche oder laufende

unterschieden werden. Es wird sich als zweckmäßig erweisen, wenn die Aufzählung der Gegenstände, die der entsprechenden Kategorie zuzurechnen sind, getrennt vorgenommen wird, um die anfallenden Tatbestände reibungslos einreihen zu können. Die Einreihung der ungewöhnlichen Geschäfte in den Merkmalskatalog erfordert eine besondere Überlegung, um nach Möglichkeit alle u. U. auftretenden Fälle mit in diesen Funktionskreis einzubeziehen. Die Abgrenzung zu den Aufgaben, die der Gesellschafterversammlung als drittem Organ vorbehalten bleiben sollen, ist dabei von entscheidender Bedeutung.

Insbesondere muß eine Begrenzung da einsetzen, wo durch die Handlungen die *Grundlagen* der Gesellschaft betroffen werden und zu einer strukturellen Änderung des Unternehmens an sich führen können.

Zustimmungspflichtige Geschäfte ungewöhnlichen Charakters sind beispielsweise:

a) Errichtung oder Veränderung von Gebäuden im Werte von DM ...
b) Grundlegende Änderungen des Produktionsverfahrens sowie der Organisation des Verfahrensablaufs in Betrieb und Verwaltung

c) Aufnahme neuer, der bisherigen Produktionsweise fremder Fabrikate, die mit erheblichem Kostenaufwand verbunden sind
d) Einstellung und Entlassung von Angestellten in leitender Position mit einem monatlichen Bruttogehalt von über DM ... sowie Erteilung von Handlungsvollmacht
e) Beauftragung oder Kündigung eines Wirtschaftsprüfers, einer Wirtschaftsprüfungsgesellschaft oder eines Steuerberaters sowie Beauftragung oder Kündigung des Auftrags einer Organisations- und Beratungsgesellschaft
f) Verträge, die dem Unternehmen in der Beschaffung, der Produktion oder im Absatz mit dritten Unternehmen Bedingungen, gleich welcher Art, auferlegen und seine wirtschaftliche Tätigkeit beeinflussen
g) Beteiligung an anderen Unternehmungen, Gründung oder Auflösung von Zweig- oder Tochtergesellschaften sowie Erwerb oder Veräußerung gleichartiger oder ähnlicher Betriebe oder Betriebsteile[164]
h) Erwerb, Veräußerung, Tausch, Freistellung und Belastung von Grundstücken
i) Übernahme von Bürgschaften sowie Aufnahme und Gewährung betriebsfremder Mittel und Schuldübernahme über einen Betrag von DM ... hinaus
j) Anträge des Vorstands an die Gesellschafterversammlung betr. Kapitalherauf- oder herabsetzung.

Diese Geschäftsarten werden sich nicht mit gewisser Regelmäßigkeit wiederholen und in ihrer Ungewöhnlichkeit auch nicht besonders häufig vorkommen, wenngleich es nicht ausgeschlossen ist, daß, je nach der wirtschaftlichen Struktur des Unternehmens, das eine oder andere Geschäft in seinem Vorkommen doch einer gewissen Häufigkeit und Regelmäßigkeit unterliegen kann.

Bei den *regelmäßig wiederkehrenden* Geschäften, die der Zustimmung bedürfen, ist eine Festlegung einzelner Punkte wegen der in betrieblicher, persönlicher und kapitalistischer Hinsicht bestehenden Unterschiedlichkeit der verschiedenen Unternehmungen nicht so leicht vorzunehmen.

Die Schwierigkeit der Abgrenzung der Geschäfte, die den sich wiederholenden zuzurechnen sind, liegt darin, sie so auszuwählen und festzulegen, damit einerseits die Wichtigkeit des Geschäfts im Hinblick auf weitergreifende Auswirkungen berücksichtigt wird, andererseits aber der Vorstand in der Verrichtung der täglichen Geschäfte nicht gehemmt wird.

Folgende regelmäßig wiederkehrende gewöhnliche Geschäfte sind demnach zustimmungspflichtig:

a) Genehmigung der Bilanz und des Gewinnvorschlages
b) Investitionen von Anlagen und maschinellen Einrichtungen von einem Werte ab DM ...

---

[164] Vgl. Houben, a. a. O., S. 77.

c) Veräußerung von Gegenständen des Anlagevermögens im Werte von ab DM ...
d) Aufnahme und Gewährung von Darlehen
e) Kredithergabe von über DM ... an Arbeiter, Angestellte oder sonstige Personen und solche Kredite mit einer längeren Laufzeit als einem Jahr
f) Abschluß von Betriebsüberlassungsverträgen
g) Abschluß von Patent- und Lizenzverträgen
h) Abschluß von Dienstverträgen, die mit einer Gewinnbeteiligung (Tantiemen allgemein) oder Ruhegeldansprüchen verbunden sind oder Jahresbezüge von über DM ... vorsehen
i) Bewilligung von Gewinnbeteiligung, Ruhegehältern, Gratifikationen oder besonderen freiwilligen sozialen Leistungen
j) Einleitung von Rechtsstreiten, soweit diese nicht der Eintreibung von Außenständen dienen sowie der Abschluß von gerichtlichen und außergerichtlichen Vergleichen, falls der Streitwert DM ... übersteigt.

Houben[165] hält es für notwendig, da vertraglich nicht alle Möglichkeiten erfaßt werden können, dieser Aufzählung eine Klausel anzufügen, die ähnliche Tatbestände wie die aufgezählten umfaßt. Die Klausel soll dann folgenden Wortlaut haben:

„Darüber hinaus ist bei allen Maßnahmen die Zustimmung des Aufsichtsrats einzuholen, die in Art, Umfang und finanzieller oder wirtschaftlicher Bedeutung den hier aufgezählten Geschäften entsprechen. In Zweifelsfällen entscheidet der Aufsichtsrat (Die Gesellschafterversammlung).“

Ergänzend könnte, um jeden Sachverhalt nach Möglichkeit auch in seiner Struktur zu treffen, eingefügt werden:

„... die in Art, Umfang und rechtlicher sowie wirtschaftlicher Bedeutung den hier aufgezählten Geschäften entsprechen.“

In der „wirtschaftlichen Bedeutung“ ist die „finanzielle“ schon eingeschlossen, so daß sich ein Anführen dieser erübrigt; lediglich die rechtliche Bedeutung verdiente, herausgestellt zu werden. Es kann sich also durchaus als empfehlenswert erweisen, eine derartige Klausel der Aufzählung anzuschließen.

ad (3): Die größte Machtvollkommenheit des Verwaltungsrates findet ihren Ausdruck darin, daß er dem Vorstand bindende *Anweisungen* erteilen kann. Die Vorstandsmitglieder werden in ihrer Stellung auf diese Weise leicht zu Ausführungsorganen des Verwaltungsrates, was sich jedoch mit ihrer Stellung als Angestellte des Unternehmens durchaus in Einklang bringen läßt.

Das HGB verweist in § 163 darauf, daß für das Verhältnis der Gesellschafter untereinander „in Ermangelung abweichender Bestimmungen des Gesellschaftsvertrages die besonderen Vorschriften der §§ 164—169“ Gültigkeit haben. Damit ist einer Gestaltung auch in der vorerwähnten Richtung von Gesetzes wegen nichts entgegenzustellen,

[165] Houben, a. a. O., S. 81.

und dem Machteinfluß des Verwaltungsrates sind keine Grenzen gesetzt, soweit nicht Grundsätze des Gesellschaftsrechts verletzt werden. Fraglich bleibt nur, ob mit dieser Bestimmung auch die Möglichkeit eröffnet werden sollte, „die nachfolgenden gesetzlichen Bestimmungen in ihr Gegenteil zu verkehren“[166].

ad (4): Die *Informationspflicht* legt dem Verwaltungsrat die Verpflichtung auf, den Kommanditisten als den Vollmachtgebern, die von einer aktiven Mitwirkung ausgeschlossen sind, über den Stand der Geschäfte, die Lage des Unternehmens sowie die eigene Tätigkeit zu berichten.

Der Verwaltungsrat hat, entsprechend seinem Vorbild, dem Aufsichtsrat, gemäß § 96 AktG den Jahresabschluß, den Vorschlag für die Gewinnverteilung und den Geschäftsbericht des Vorstandes zu prüfen und im Anschluß daran der Gesellschafterversammlung in einem Ergänzungsbericht Aufklärung darüber zu erteilen.

Entsprechend der Vorschrift des § 96 Abs. II AktG, hat auch bei der körperschaftlichen KG der Verwaltungsrat der Gesellschafterversammlung mitzuteilen, in welcher Art und welchem Umfange er die Geschäftsführung der Gesellschaft während des Geschäftsjahres geprüft hat und ob die Prüfungen nach ihrem abschließenden Ergebnis Anlaß zu wesentlichen Beanstandungen gegeben haben.

Die Informationsfunktion kann in ihrem Umfang unterschiedlich ausgestaltet sein, wird sich aber in der Regel nach den dem Verwaltungsrat übertragenen Vollmachten und der damit von ihm zu tragenden Verantwortung und seinem Machteinfluß in der Gesellschaft überhaupt richten. Im einzelnen kann auch die Vorlage von Zwischenberichten an die Gesellschafterversammlung, z. B. Halbjahresberichte, die über den wirtschaftlichen Stand des Unternehmens Auskunft zu geben haben, vereinbart werden, um nicht zuletzt auch ein ständiges Interesse der Gesellschafter am Geschehen des Unternehmens wachzuhalten.

ad (5): Schließlich kann dem Verwaltungsrat die *Beratungsfunktion* übertragen sein, die darin besteht, auf Grund spezieller Kenntnisse seiner einzelnen Mitglieder dem Vorstand Hinweise und Empfehlungen rein geschäftlicher oder auch organisatorischer Art zu geben.

Die unterschiedliche Berufsstellung der Mitglieder wird es mit sich bringen, Anregungen und Kenntnisse in verschiedener Hinsicht zu erhalten, die dem Zweck des Unternehmens dienlich sein und insofern dem Vorstand beratend mitgeteilt werden können.

---

[166] Houben, a. a. O., S. 82.

Der zweifellos damit verbundenen Gefahr der Konkurrenzeinsicht, die sich auch durch die erweiterte Mitwirkung des Verwaltungsrates bei der Geschäftsführung ergibt, kann, soweit erforderlich, durch das auch für die persönlich haftenden Gesellschafter geltende *Wettbewerbsverbot* (§ 112 HGB), das in entsprechender Weise vertraglich statuiert wird, begegnet werden.

Eine besondere Ausgestaltung der Beratungsfunktion kann durch die Bildung eines *Beirates* erreicht werden. Der Beirat als Unterorgan des Verwaltungsrates wird Beratungsaufgaben im besonderen Maße dann ausführen können, wenn seine Mitglieder aus Sachverständigen bestehen, die für einzelne technische oder kaufmännische Bereiche des Unternehmens zuständig sind und deren besondere Aufgabe darin liegt, dem Unternehmen beratend zur Seite zu stehen.

Der Beirat, der verschieden konstituiert sein kann, hat seinerseits dem Verwaltungsrat Empfehlungen und Ratschläge zu unterbreiten, der diese nach Prüfung an die Geschäftsführung des Vorstandes weiterzuleiten hat. Der dem Verwaltungsrat angehängte Beirat sollte nach Möglichkeit nur mit Beratungsaufgaben betraut werden, da mit der Übertragung von weiteren Aufgaben und Rechten eine Schwerfälligkeit in der Abwicklung des gesamten Geschäftsablaufs nicht zu umgehen ist.

Unter Berücksichtigung der Ursachen, die zur Gründung einer körperschaftlichen Kommanditgesellschaft führen können, wie Nachfolgeregelung, Interessenausgleich und Fortbestandssicherung, wird es immer Fälle geben, bei denen der Verwaltungsrat Aufgaben zu lösen hat, die stark in die Individualsphäre der Gesellschafter übergreifen und damit eher in deren Zuständigkeitsbereich fallen würden, besonders dann, wenn es sich um Fragen handelt, die die *Grundlagen* der Gesellschaft betreffen. Die Grenzen werden also in bestimmten Fällen flüssig sein, wenn es darum geht, eindeutig zu bestimmen, inwieweit der Verwaltungsrat fremde Rechte ausübt oder in Vollmacht wahrnimmt.

Übereinstimmend mit Houben[167] kann dazu festgestellt werden, daß es entscheidend darauf ankommt, ob in solchen Fällen das Wesen der Personalgesellschaft an sich verletzt wird. Dahin wird es beispielsweise dann kommen, wenn durch die Ausübung der Vollmacht die vertretenen Gesellschafter völlig entrechtet und genötigt werden, einen Zustand als unabänderlich hinzunehmen.

Es wird keinen Gesellschaftsvertrag geben, der alle von den Gesellschaftsvertretern auszuübenden Rechte eindeutig abgrenzen kann, deshalb muß bei der Vollmachtsausübung immer die Tatsache Berücksich-

---

167 Houben, a. a. O., S. 38 f.

tigung finden, daß die von den Mitgliedern des Verwaltungsrates ausgeübten Rechte auf Grund einer allseitig gewollten Vereinbarung unter Gewährung gegenseitigen Vertrauens begründet worden sind. Eine Vereinbarung in dem Sinne, einzelne oder auch alle Gesellschafter ihrer Rechte völlig zu berauben, würde dem Wesen der Personalgesellschaft widersprechen und von vornherein wirkungslos bleiben.

ff) Grundlegende Maßnahmen der Gesellschaft

Bei dem umfassenden Aufgaben- und Wirkungsbereich des Verwaltungsrates bleibt noch zu klären, inwieweit er für Maßnahmen zuständig ist, die die *Grundlagen* der Gesellschaft, d. h. das Gesellschaftsverhältnis als solches berühren.

Diese Maßnahmen, die alle Gesellschafter in gleicher Weise angehen, gehören grundsätzlich nicht in den Zuständigkeitsbereich des Verwaltungsrates, vielmehr bilden sie den Geschäftsbereich des dritten Organs, der Gesellschafterversammlung; denn diese Maßnahmen unterliegen mangels abweichender Bestimmungen des Gesellschaftsvertrages der Beschlußfassung aller Gesellschafter (§§ 112, 113, 117, 119, 127, 131, 140, 146, 161 Abs. II HGB).

Die Wahrnehmung der Interessen aller Gesellschafter durch die Mitglieder des Verwaltungsrates gestattet allerdings, wenigstens einen Teil dieser Geschäfte den Gesellschaftern zu entziehen und der Zuständigkeit des Verwaltungsrates zuzuweisen. Zweck dieser Gestaltung ist es — gerade bei Gesellschaften mit großer Mitgliederzahl —, den schwerfälligen Prozeß einer Beschlußfassung durch die Gesellschafterversammlung zu vermeiden, selbst dann, wenn nach Stimmenmehrheit (§ 119 HGB) entschieden wird[168].

Bei den wesentlichen Maßnahmen, die die Grundlagen der Gesellschaft betreffen, ist das Mitwirken aller Gesellschafter erforderlich. Es bedarf zu ihrer Unterwerfung unter Mehrheitsbeschlüsse einer ausdrücklichen Vereinbarung im Vertrag; denn sie sind nicht ohne weiteres unter § 119 Abs. II HGB zu rechnen. Soweit die Vorschriften nur dem Schutz der Gesellschafter dienen und an ihnen kein öffentliches Interesse besteht, sind diese abdingbar. Daher bestehen auch keine Bedenken, einen Teil dieser Maßnahmen in den Zuständigkeitsbereich des Verwaltungsrates zur Beschlußfassung zu verlegen.

Eine derartige Regelung wird sich aber nur dann als empfehlenswert erweisen, wenn es sich um eine Gesellschaft mit großer Mitgliederzahl handelt und erhebliche Schwierigkeiten bei der Beschlußfassung durch die Gesellschafterversammlung zu erwarten sind. Indessen erscheint es nicht als fördernd für das Gesellschaftsverhältnis, die Gesellschafter in

---

[168] Vgl. Houben, a. a. O., S. 89.

ihren Entscheidungen so weitgehend zu entmachten und ihnen fast jede das Gesellschaftsverhältnis betreffende Willensäußerung zu nehmen.

gg) Abschließende Beurteilung des Verwaltungsrates

Bei der Beurteilung der Institution des Verwaltungsrates in einer nach körperschaftlichen Grundsätzen organisierten Kommanditgesellschaft drängt sich zunächst die Frage nach der rechtlichen Zulässigkeit dieses Organs auf.

Eine Beantwortung dieser Frage kann sich doch allein schon aus der Tatsache ergeben, daß der Gesetzgeber die Regelung des Innenverhältnisses mit dem ausdrücklichen Hinweis auf den Vorrang des Gesellschaftsvertrages bestimmt. Die gesetzliche Regelung wird damit gleichzeitig nur als eine subsidiäre gekennzeichnet, die nur solchen Gesellschaften hilfsweise als Ersatzkonstruktion dienen soll, die sich bei Abfassung des Gesellschaftsvertrages hinsichtlich der Gestaltung ihres Gesellschaftsverhältnisses nicht aller Möglichkeiten bewußt sind[169].

Die Gesellschafter folgen also bei der Gestaltung des Innenverhältnisses ihrer Gesellschaft dem Grundsatz der Gestaltungsfreiheit, der in § 163 HGB aufgestellt wird.

Die Ausstrahlungen des Verwaltungsrates als willensbildendes Organ der Gesellschaft werden je nach dem Grad seiner Verselbständigung unterschiedlich sein. Immer aber kann bei Neutralität und persönlicher Qualifikation der Mitglieder des Verwaltungsrates einer funktionsfähigen Geschäftsführung im Vorstand, einem Interessenausgleich zwischen den Gesellschaftern und einer planvollen Nachfolgeregelung und Fortbestandssicherung in besonderer Weise Rechnung getragen werden.

Rathenau[170] kennzeichnet die Bedeutung des Aufsichtsrates der Aktiengesellschaft, die auch auf den Verwaltungsrat der körperschaftlichen KG zutreffen kann, in hervorragender Weise dadurch, daß er sein Wirken zunächst allein durch sein *Vorhandensein* herausstellt. „Denkt man die Instanz hinweg, von der die Geschäftsführer ... wissen, daß sie befugt ist, Einsicht und Aufklärung zu verlangen, ja Genehmigungen zu verweigern, von der sie andererseits erwarten können, in schwierigen Lagen, Verhandlungen, Geschäftsabschlüssen unterstützt zu werden, so wird der wertvolle Vorteil ersichtlich, den das bloße Vorhandensein gewährt; *Stetigkeit*. Es tritt hinzu die persönliche Tätigkeit, die jeder einzelne eines solchen Kreises zu leisten bestimmt und fast ausnahmslos zu leisten bereit ist ...“.

Die Gewährung der Stetigkeit aber gerade ist es, die den wesentlichen Inhalt der Forderung nach einer Sicherung des Fortbestandes ausmacht.

---

[169] Vgl. auch Houben, a. a. O., S. 102.

[170] Rathenau, Vom Aktienwesen — Eine geschäftliche Betrachtung, S. 15 ff.

Alle der Stetigkeit entgegenwirkenden Kräfte erschüttern das Gesellschaftsgefüge und tragen zu seiner Instabilität bei, die den Zerfall und schließlich den Untergang der Gesellschaft zur notwendigen Folge haben können.

Im täglichen Existenzkampf des Unternehmens im Wirtschaftsleben kommt dem Verwaltungsrat insbesondere in Krisenzeiten eine weitere Aufgabe zu: die Übernahme der *Verantwortung* für eine Existenzerhaltung des Unternehmens.

Der Verwaltungsrat wird auch bei Krisen im Vorstandsbereich selbst die Führung der Geschäfte übernehmen müssen, bis eine Neuregelung innerhalb dieses Organs erfolgt ist. Gründe dafür können in Zerwürfnissen zwischen den Vorstandsmitgliedern oder auch in dem Ausscheiden maßgeblicher Vorstandsmitglieder gegeben sein. „Niemals ist die Frage der Nachfolge unlösbar, denn wenn auch starke und persönliche Kräfte im Rahmen ihrer selbstbestimmten Arbeitsweise schlechthin unersetzlich sind, so liegt gerade darin Problem und Aufgabe organischer Nachfolgerschaft, daß Werk und Leitung in ein neues Gleichgewicht gesetzt werden und daß durch den Wechsel der Geschlechter zugleich der Wechsel der Umwelt in das lebendige Gefüge eindringt[171]“.

Mit diesen Worten Rathenaus wird die Bedeutung des Verwaltungsrates besonders treffend gekennzeichnet. Allein im personellen Bereich der Gesellschaft liegt die Bestandsfrage begründet, die zugleich Schicksalsfrage des Unternehmens ist. Jedes Wirtschaftsunternehmen, sei es auch das stärkste, wird bei falscher Leitung im Laufe weniger Jahre zusammenbrechen. „Diese Schicksalsfrage der Führerschaft aber ist die höchste und verantwortungsvollste Aufgabe des Aufsichtsrats; an ihr muß sich in gegebenen Abständen seine Menschenkenntnis und organisatorische Kraft erproben[172]“.

d) Die Gesellschafterversammlung

Die Gesellschafterversammlung als drittes Organ der körperschaftlichen Kommanditgesellschaft unterscheidet sich mehr als die beiden übrigen Organe, Vorstand und Verwaltungsrat, von dem entsprechenden Organ der Aktiengesellschaft.

Gleichheit bei Aktiengesellschaft und körperschaftlicher Kommanditgesellschaft herrscht insofern, als bei beiden Gesellschaftsformen die Eigner des Unternehmens in diesem Organ zusammengefaßt sind und ihre Rechte dort geltend machen können.

---

[171] Rathenau, a. a. O., S. 18 f.

[172] Rathenau, a. a. O., S. 19; für die hier vorliegende Betrachtung beziehen sich die Worte Rathenaus in gleicher Weise auf den Verwaltungsrat der körperschaftlichen KG.

Eine Verschiedenheit zwischen Hauptversammlung der AG und Gesellschafterversammlung zeigt sich besonders in den für die Hauptversammlung differenzierten gesetzlichen Bestimmungen, wohingegen der Gesellschafterversammlung in der organisatorischen Ausgestaltung ein weitgehend unbeschränkter Spielraum zur Verfügung steht. Der Grund liegt vor allem in dem umfassenden Funktionskreis des Verwaltungsrates als Träger gesellschaftlicher Willensbildung und beruht auf der Selbstentmachtung der Gesellschafter zugunsten ihrer Vertreter.

Auch hier läßt sich eine stärkere Anlehnung an aktienrechtliche Vorschriften in dem Maße verzeichnen, in dem die Verselbständigung der Organisation voranschreitet.

Im Gegensatz zum Aktienrecht (§ 105 AktG) kann die Gesellschafterversammlung vom Verwaltungsrat einberufen werden, der sich in Abstimmung mit dem Vorstand über Sitzungstermin und einzelne Punkte der Tagesordnung einigt. Satzungsmäßig festgelegt ist insbesondere der Zeitpunkt einer ordentlichen Jahresversammlung. Außerordentliche Gesellschafterversammlungen werden dann einberufen, wenn der Verwaltungsrat es in Ausübung seiner Rechte für notwendig hält. Aus seiner Überwachungs- und Zustimmungsfunktion kann sich auch die Pflicht ergeben, beim Vorliegen bestimmter Tatbestände die Gesellschafterversammlung einzuberufen[173]. Dem Vorstand kann ebenso das Recht eingeräumt werden, beim Vorliegen besonderer Tatbestände, deren Vollzug nicht im Bereich des Verwaltungsrates liegt, die Einberufung einer Gesellschafterversammlung durch den Verwaltungsrat zu verlangen.

Schließlich kann einer Minderheit von Gesellschaftern das Recht zugestanden werden, unter Angabe eines triftigen Grundes die Einberufung einer außerordentlichen Gesellschafterversammlung herbeizuführen[174].

Der organisatorische Ablauf der Versammlung selbst kann in seiner Ordnungsmäßigkeit wesentlich von der Einführung eines Vorsitzenden der Gesellschafterversammlung bestimmt werden, wie es sich bei Mitwirkung einer Vielzahl von Beteiligten empfiehlt. Dennoch wird sich der gesamte Tätigkeitsbereich des Vorsitzers weniger auf den materiellrechtlichen Teil des Beschlußvorgangs auswirken, sondern vielmehr vorwiegend ordnenden Charakter besitzen.

Der Willensbildungsvorgang der Gesellschafterversammlung sollte also von der Funktion eines Vorsitzenden nicht berührt werden[175].

---

[173] Vgl. Mühling, Ernst, Die kapitalistische Kommanditgesellschaft, Diss., München 1954, S. 77.

[174] Vgl. Mühling, a. a. O.

[175] Vgl. Küster, Inhalt und Grenzen der Rechte der Gesellschafter, insbesondere des Stimmrechts im deutschen Gesellschaftsrecht, S. 75.

Ein möglichst reibungsloser und auch erfolgversprechender Verlauf der Gesellschafterversammlung wird vornehmlich dann gewährleistet sein, wenn die Möglichkeit eröffnet wird, auf Grund eines Antrages aller Gesellschafter die Mitglieder des Vorstandes, des Verwaltungsrates oder auch sonstige Sachverständige zu bestimmten Punkten der Tagesordnung mit hinzuzuziehen, da auf diese Weise eher fachgerechte Entscheidungen getroffen werden können.

Dabei wird immer zu berücksichtigen sein, nach Möglichkeit Außenstehenden keinen zu tiefen Einblick in die internen Verhältnisse der Gesellschaft zu gestatten, was insbesondere in der Vorschrift zum Ausdruck kommen kann, daß sich Gesellschafter in der Gesellschafterversammlung nur durch bestimmte Personen, nicht aber durch unbestimmte Dritte vertreten lassen können, wenn hierzu nicht die ausdrückliche Zustimmung der Gesellschafterversammlung erteilt worden ist.

aa) Die Aufgaben der Gesellschafterversammlung

Die Gesellschafterversammlung hat über die Vornahme von Handlungen zu beschließen, die über den gewöhnlichen Betrieb des Handelsgewerbes hinausgehen (§§ 116 Abs. II, 164 HGB). Diese Geschäfte haben nach ihrer Art, ihrem Umfang und ihrer Wichtigkeit besondere Bedeutung[176] und sind im Vertrag näher zu bestimmen. Die Zuständigkeit der Gesellschafterversammlung kann aber auch gänzlich entfallen oder auf ganz ungewöhnliche Geschäfte beschränkt werden. Zumindest wird sich eine Abgrenzung im Vertrag besonders hinsichtlich der noch vom Verwaltungsrat auszuführenden Geschäfte ungewöhnlichen Charakters als unumgänglich erweisen.

Soweit nicht schon vertragliche Regelungen über eine Beschickung des Verwaltungsrates mit geeigneten Mitgliedern vorliegen, besteht eine besondere Aufgabe für die in der Gesellschafterversammlung vereinigten Gesellschafter darin, sich über die in den Verwaltungsrat zu entsendenden Personen zu einigen.

Durch die den Gesellschaftern vom Gesetzgeber zugestandene Vertragsfreiheit werden Regelungen sehr unterschiedlichen Inhalts ermöglicht, die einer den Gesellschaftsbedürfnissen angepaßten Beschickung des Verwaltungsrates dienlich sein können.

Im wesentlichen wird es sich um drei Möglichkeiten handeln, die je nach der Gesellschaftsstruktur und nach der in der Gesellschaft vorhandenen Organisation in Betracht zu ziehen sind:

a) im Gesellschaftsvertrag werden die Personen benannt, die dem Verwaltungsrat angehören sollen. Alsdann müssen Vereinbarungen für den Fall

---

[176] Vgl. Flechtheim, a. a. O., S. 36.

getroffen werden, daß eine dieser Personen aus irgendeinem Grunde wegfällt.

b) Der Gesellschaftsvertrag sieht vor, daß bestimmte Gesellschafter oder Gesellschaftergruppen das Recht haben, je ein Mitglied des Verwaltungsrates zu entsenden.

c) Der Gesellschaftsvertrag sieht die Wahl der Verwaltungsratsmitglieder durch die Gesellschafterversammlung vor. Alsdann wird man für eine angemessene Berücksichtigung von Minderheitsgesellschaftern im Verwaltungsrat sorgen müssen.

Die besonderen, individuellen Verhältnisse einer jeden Gesellschaft geben den Ausschlag, welche dieser Regelungen heranzuziehen ist. Es läßt sich deshalb nicht bestimmen, eine Regelung etwa im Sinne von a) für das Anfangsstadium einer körperschaftlichen KG anzustreben. Man kann sehr wohl auch gleich für eine längere Dauer Lösungen im Sinne der Regelungen von b) und c) vereinbaren.

Eine weitere Aufgabe der in der Gesellschaftsversammlung vereinigten Gesellschafter besteht in der Abberufung der Verwaltungsratsmitglieder, wenn ein wichtiger Grund vorliegt, wie grobe Pflichtverletzung eines Mitgliedes oder Unfähigkeit zur Ausübung der vorgeschriebenen Tätigkeit.

Die Abberufung eines Mitgliedes sollte nur mit qualifizierter Mehrheit möglich sein. Überdies sollte jeder im Verwaltungsrat vertretene Gesellschafterstamm oder jede Gesellschaftergruppe den eingesetzten Vertreter abberufen können.

Alle vertraglichen Bindungen werden aber in ihrer Durchführung stark davon abhängig sein, wie weit die *Verselbständigung* der Organisation fortgeschritten ist, d. h., daß im Anfangsstadium vielfach Übergangsregelungen geschaffen werden müssen, während in einem späteren Stadium eine mehr allgemein verbindliche einer stärker personenbezogenen Regelung vorzuziehen ist.

Ganz allgemein läßt sich sagen, daß mit zunehmender Entpersönlichung im Verwaltungsrat das Bedürfnis größer wird, durch vertragliche Bestimmungen auszugleichen, was dem Verhältnis der Vertreter im Verwaltungsrat an persönlicher Bindung zu den Gesellschaftern fehlt[177].

Die Gesellschafterversammlung hat darüber hinaus über alle Akte zu beschließen, die die *Grundlagen* des Gesellschaftsverhältnisses betreffen und bei denen das Gesetz die Mitwirkung aller Gesellschafter verlangt[178], soweit diese Akte nicht bereits in den Zuständigkeitsbereich des Verwaltungsrates verwiesen wurden.

---

177 So auch Houben, a. a. O., S. 43.

178 Vgl. Flechtheim, a. a. O., S. 36; Dür.-Hach., II, 2, § 114 Anm. 2 HGB.

Zu den die Grundlagen der Gesellschaft betreffenden Maßnahmen, die in den Aufgabenbereich der Gesellschafterversammlung gehören, sind namentlich die Feststellung der Bilanz, Entscheidung über eine Kapitalherauf- oder -herabsetzung, Entlastung des Vorstandes und Verwaltungsrates[179], Vertragsänderungen, Aufnahme neuer und Ausschließung alter Gesellschafter, Änderung des Betriebszwecks sowie Auflösung der Gesellschaft zu rechnen.

bb) Stimmrecht und Beschlußfassung

Die vom Gesetzgeber grundsätzlich geforderte Einstimmigkeit bei Gesellschafterbeschlüssen ist betriebswirtschaftlich nicht immer vertretbar, weil die Gesellschafter ohne Berücksichtigung ihrer rechtlichen und wirtschaftlichen Stellung gleichgestellt werden, was sich als besonders nachteilig vor allem hinsichtlich der unterschiedlichen Stellung von Komplementären und Kommanditisten erweist.

Deshalb müssen entsprechende Erweiterungen oder Einschränkungen, die § 119 HGB gestattet, vorgenommen werden. Ungeeignet ist bei der körperschaftlichen KG eine Abstimmung nach Köpfen, da bei ihr das personelle Element hinter dem kapitalistischen stark zurücktritt. Die Abstimmung nach der Kopfzahl ist vornehmlich auf die Fälle beschränkt, bei denen die Leistungsbeiträge oder die wirtschaftliche Stellung der Gesellschafter annähernd gleichwertig sind[180].

Bei der körperschaftlichen KG, bei der in der kapitalistischen Beteiligung der größte Leistungsbeitrag der Mehrzahl der Gesellschafter liegt, kann allein eine Abstimmung nach *Kapitalanteilen* zweckmäßig sein. Damit drängt sich aber gleichzeitig die Frage nach der Bestimmung der Kapitalanteile im einzelnen auf.

Eine Antwort auf diese Frage kann nur in der Einführung *konstanter Kapitalkonten*[181] liegen, die allein maßgebend für die Abstimmung der Gesellschafter sein sollten.

Stimmenverteilung und -verhältnis werden bei Konstanz der Kapitalkonten gleichbleiben und erst dann eine Veränderung erfahren, wenn eine Kapitalherauf- oder -herabsetzung vorgenommen wird, mit der sich auch der absolute Stimmanteil verschiebt.

---

179 Streitig ist die Bedeutung der Entlastung. Nach Hueck, Gesellschaftsrecht, § 26, S. 141, ist sie für die Aktiengesellschaft darin zu erblicken, daß der Hauptversammlung Rechenschaft abgelegt ist und diese gegen eine Fortsetzung der Verwaltungstätigkeit keine Bedenken hat. Damit stellt die Entlastung ein Vertrauensvotum dar.

Für die körperschaftliche KG wird man sich vielmehr der früheren Auslegung des Aktienrechts anschließen, wonach der Entlastete von der Haftung für mangelhafte Geschäftsführung befreit wird.

180 Vgl. Baltes, a. a. O., S. 318.

181 Bei der AG § 114 Abs. I AktG ist allein der Nennwert ohne Rücksicht auf das Vorhandensein der Einlage maßgeblich.

Bei einer Abstimmung nach Kapitalanteilen könnte für den Komplementär, sollte er nicht auch kapitalistisch beteiligt sein, eine erhebliche Benachteiligung eintreten. Diese kann sogar so weit gehen, daß er völlig entmachtet wird und die Kommanditisten ein absolutes Übergewicht erlangen. Eine Entmachtung des Komplementärs kann aber nicht gewollt sein, wenn man seine besondere Stellung berücksichtigt.

So ist, wenn eine gerechte Abstimmung zwischen allen Gesellschaftern in der Gesellschafterversammlung gewährleistet sein soll, eine kombinative Lösung geboten. Diese wird darin bestehen, den nach Kapitalanteilen abstimmenden Kommanditisten den einzigen Komplementär gegenüberzustellen, der mit einem besonderen *Personalstimmrecht* ausgestattet wird[182]. Mit Hilfe des Personalstimmrechts wird für den Komplementär ein gewisser, seiner Position entsprechender Ausgleich gegenüber den Kommanditisten geschaffen[183]. Die Ausgestaltung des Personalstimmrechts kann in der Weise geschehen, indem man einen gewissen Prozentsatz aller vorhandenen Stimmen von vornherein auf den Komplementär entfallen läßt, während der restliche Prozentsatz der Stimmen den Kommanditisten je nach Höhe ihrer Kapitalanteile zusteht. Im einzelnen Falle können die Regelungen verschieden aussehen, entscheidend ist nur die, der Stellung des Komplementärs entsprechend, zu verleihende Stimmenmacht, mit der er sich gegen eine Kapitalüberlegenheit der Kommanditisten behaupten kann.

Rechtlich bestehen gegen die Zulässigkeit des Personalstimmrechts für den persönlich haftenden Gesellschafter keine Bedenken.

Die in § 12 Abs. II AktG ausgesprochene Unzulässigkeit der Mehrstimmrechtsaktien will dem der Unternehmung dienenden Kapital den ihm zukommenden Einfluß sichern und setzt die entpersönlichte, nur auf die Kapitalbeteiligung abgestellte Mitgliedschaft voraus[184]. Das trifft aber nicht in dem Umfang für die körperschaftliche KG zu, besonders nicht unter Berücksichtigung der Stellung des einzigen Komplementärs.

e) Dauer der Gesellschaft

Für den Bestand der körperschaftlichen Kommanditgesellschaft erscheint es wünschenswert, eine möglichst lange Vertragsdauer zu vereinbaren.

Diesem Wunsche stehen aber erhebliche rechtliche Bedenken gegenüber. Eine feste Vertragsdauer und Vereinbarungen über große Ver-

---

[182] Vgl. Würdinger, Gesellschaften, Teil I, § 33, S. 159.

[183] Vgl. dazu das bei Boesebeck, Die „kapitalistische“ Kommanditgesellschaft, auf S. 107, § 24, angeführte Vertragsbeispiel.

[184] Vgl. Würdinger, Die Kommanditgesellschaft, § 4, S. 50; Weipert, § 119 Anm. 12 HGB; Dür.-Hach., II, 2, § 119 Anm. 2 HGB.

längerungszeiträume sind schon deshalb ausgeschlossen, weil mit einer derartigen Regelung einem unzulässigen Ausschluß der Kündbarkeit in gleicher Weise entsprochen werden könnte, als wenn die Zulässigkeit einer Kündigung von der Zustimmung eines Dritten oder eines der Gesellschafter abhängig gemacht würde.

So würde jede Bestimmung, die letztlich zu einer unlösbaren Bindung führen würde, als nichtzulässige Erschwerung des Kündigungsrechts anzusehen sein[185].

Wenn eine Gesellschaft auf Lebenszeit eines Gesellschafters eingegangen ist, steht sie der für unbestimmte Zeit eingegangenen gleich (§§ 134, 161, Abs. II HGB).

Der Gesetzgeber will den Gesellschaftern damit keine unzumutbar lange Bindung an die Gesellschaft auferlegen. Im Gesellschaftsvertrag lassen sich aber abweichende Vereinbarungen treffen. Indessen ist die Bindung als solche zwingend, d. h. das Recht eines Gesellschafters, eine auf unbestimmte Zeit eingegangene Gesellschaft zu irgendeinem Zeitpunkt zu kündigen, kann auf vertraglichem Wege zwar verschieden gestaltet, aber für den Kündigenden nicht rechtlich nachteilig belastet oder sogar gänzlich ausgeschlossen werden[186].

Diese Gesellschaft kann vielmehr jederzeit gekündigt werden. Das aber hat nur Gültigkeit, wie *Hueck*[187] ausführt, wenn die Lebenszeit eines Gesellschafters wirklich die Dauer der Gesellschaft festlegen soll, nicht dagegen schon dann, wenn eine bestimmte Zeitdauer vereinbart ist und diese die mutmaßliche Lebenserwartung eines der Gesellschafter übersteigt, da das zu völlig unsicheren Verhältnissen führen und je nach den Umständen eine an sich vielleicht wünschenswerte längere Bindung überhaupt unmöglich machen würde[188].

Boesebeck[189] weist mit Recht darauf hin, daß die Auflösung der Gesellschaft nicht von der willkürlichen Entschließung eines Einzelgesellschafters, sondern von einer *Mehrheit* abhängig gemacht werden solle; denn nach herrschender Lehre ist es unzulässig, im Gesellschaftsvertrag unter Ausschluß der Einzelkündigung die Auflösung der Gesellschaft nur durch Mehrheitsbeschluß vorzusehen. Er hält es für durchaus vernünftig, wenn ein einzelner Gesellschafter sich nicht auf eine langbestimmte Zeit binde, wohl aber die Dauer der gemeinsamen Betätigung

---

185 Plum, a. a. O., S. 185.

186 RG, 61, 328; 82, 395; 106, 130; Würdinger, Gesellschaften, Teil I, § 28, S. 137; Hueck, Gesellschaftsrecht, § 18, S. 84.

187 Hueck, OHG, § 24, Anm. 7, S. 231.

188 So heute auch die herrschende Lehre; Weipert, § 134, Anm. 4 HGB und die bei Hueck, a. a. O., zitierte Literatur; vgl. auch Plum, a. a. O., S. 186.

189 Boesebeck, Betrachtungen zur Umwandlung von Kapitalgesellschaften, S. 36, nach Würdinger, Gesellschaften, § 28, S. 137; Boesebeck, Die kapitalistische KG, S. 41 f.

von Mehrheitsbeschlüssen abhängig gemacht werde. Er verlangt weiter die Unterordnung der persönlichen Interessen eines jeden Gesellschafters gegenüber der zur Erfüllung volkswirtschaftlicher und sozialpolitischer Aufgaben zusammengeschlossenen Gesellschaftergesamtheit.

Bei der körperschaftlich organisierten KG, in der die Einzelperson hinter dem wirtschaftlichen Gesamtinteresse zurücktritt, ist der Forderung Boesebecks unbedingt zu entsprechen und die Entscheidung über die Dauer der Gesellschaft einer Stimmenmehrheit zu überlassen. Der Einzelgesellschafter ist insbesondere durch den von Gesetzes wegen gewährten Schutz aus der zwingenden Vorschrift des § 133 HGB hinreichend gesichert[190].

Um trotz aller Schwierigkeiten eine möglichst lange Dauer der Gesellschaft sicherzustellen, kann der Vertrag z. B. diese von 10—20 Jahren mit ca. dreijähriger Kündigungsfrist und jeweiliger Verlängerungsdauer von 3—5 (z. T. auch 10 Jahren) vorsehen. Diese Regelung muß als durchaus noch zulässig angesehen werden[191].

f) Betriebswirtschaftliche Besonderheiten

Die Funktionsfähigkeit der körperschaftlichen Kommanditgesellschaft als einer nach stark *kapitalistischen* Grundsätzen ausgestalteten Gesellschaftsform ist gerade wegen dieser Ausgestaltung von betriebswirtschaftlichen Faktoren abhängig, die sich von denen beim Grundtyp erheblich unterscheiden. Deshalb verdienen diese Besonderheiten eine Hervorhebung, ohne damit Anspruch auf alleinige Gültigkeit und Vollständigkeit für die betriebswirtschaftliche Gestaltung des Innenverhältnisses der körperschaftlichen KG erheben zu wollen.

aa) Die Kontenführung

Die ursprünglich von den Gesellschaftern geleisteten Einlagen gehen nach ihrer Leistung in dem *Kapitalanteil* auf, dessen Grundstock sie dann bilden[192].

---

[190] Die verschiedenen sonstigen Auflösungsgründe, wie:

a) Auflösung als Folge der Konkurseröffnung über das Vermögen eines Gesellschafters

b) Auflösung als Folge der Kündigung der Gesellschaft durch den Privatgläubiger eines Gesellschafters

c) Auflösung durch gerichtliche Entscheidung

d) Auflösung durch ordentliche Kündigung eines Gesellschafters

können insoweit eine Bestandsgefährdung der Gesellschaft nicht herbeiführen, als sich vertraglich die Fortführung der Gesellschaft beim Eintreten eines Ereignisses vereinbaren läßt.

[191] Plum, a. a. O., S. 185 f.

[192] Vgl. Kock, Walter-Dieter, Die Gesellschafterkonten bei den Personalgesellschaften des Handelsrechts einschließlich der stillen Gesellschaft, Diss., Göttingen 1955, S. 3.

Im Kapitalanteil des Gesellschafters kommt die vermögensrechtliche Seite der Beteiligung zum Ausdruck, und zwar unter dem Gesichtspunkt der wertmäßigen Zuordnung[193]. Als Rechnungsziffer zeigt er den Wert der jeweiligen wirtschaftlichen Beteiligung des Gesellschafters am Gesellschaftsvermögen, entsprechend § 120 HGB. Folglich liegt keine Identität mit dem gesamthänderischen Anteil des Gesellschafters am Gesellschaftsvermögen vor; denn bei einer Gesamthandsgemeinschaft steht dem einzelnen nicht wie bei einer Bruchteilsgemeinschaft ein in einer bestimmten Geldsumme ausdrückbarer Bruchteil am Gesellschaftsvermögen zu. Damit bildet der Kapitalanteil als Rechnungsziffer dann den Maßstab, wenn der Wert der Beteiligung rechtlich von Bedeutung wird[194].

Bedeutung erlangt der Kapitalanteil im Hinblick auf die besonderen Eigenschaften des *Kapitalkontos,* das nur ein buchmäßig unvollkommener Ausdruck des Kapitalanteils ist und dessen absolute Höhe regelmäßig nicht mit dem Wert der Beteiligung übereinstimmt. Das Verhältnis der einzelnen Kapitalkonten der Gesellschafter untereinander bildet die Quote, mit der der einzelne Gesellschafter am Gesamtvermögen der Gesellschaft beteiligt ist[195]. „Sein Anteil besteht nicht in einer festen Summe Geldes, sondern in einem festen Anteil an der Substanz des Gesellschaftsvermögens, der, in Geld ausgedrückt, abhängig ist von den Schwankungen des Wertes des Unternehmens und denen des Geldwertes[196]".

Buchhalterisch wird allgemein der Kapitalanteil im Kapitalkonto verrechnet. Der Inhalt des Kapitalkontos ist so nichts anderes als eine Geldziffer der Einlagen, der auf der Aktivseite die Ziffern der eingelegten Werte gegenüberstehen[197].

Das für jeden Gesellschafter zu führende Kapitalkonto gibt in seinem rechnungsmäßigen Ausdruck Auskunft über die jeweilige Höhe des Kapitalanteils. Dem Kapitalanteil werden die dem Gesellschafter zustehenden Gewinne zugeschrieben und die auf ihn entfallenden Verluste und zulässigen Entnahmen vom Kapitalanteil abgeschrieben. Beträge dieser Art können auf dem Kapitalkonto verbucht werden, alle übrigen Forderungs- und Schuldbeträge sind nicht auf diesem Konto auszuweisen[198].

---

193 Siebert, Gesellschaftsvertrag und Erbrecht, S. 7; vgl. Potthoff-Zintzen, a. a. O., S. 140.

194 Hueck, OHG, § 16, S. 146; vgl. BGH, BB 1951, 710; RG 117, 242; Dür.-Hach., II, 2, § 120 Anm. 6 HGB; Weipert, § 120 Anm. 16, 18 HGB.

195 Siebert, a. a. O.

196 Beste, ZfhwF 1924, S. 106.

197 Potthoff-Zintzen, a. a. O., S. 141.

198 Vgl. Kock, a. a. O., S. 7.

Bei der gesetzlichen Kontenführung sind die Kapitalkonten durch Zu- und Abschreibungen ständigen Veränderungen unterworfen. Der den Kommanditisten zukommende Gewinn wird dem Kapitalanteil nur bis zur Höhe der Pflichteinlage zugeschrieben, am Verlust nimmt er nur bis zum Betrage seines Kapitalanteils und seiner noch rückständigen Einlage teil (§ 167 HGB).

In diesen Schwankungen, denen die Kapitalkonten ständig unterworfen sind, liegt der größte Nachteil dieser Kontenführung, weil viele innergesellschaftliche Beziehungen, die auf die Kapitalverhältnisse abgestellt sind, dadurch auch Veränderungen unterworfen sind[199].

Nachteile ergeben sich besonders im Hinblick auf die körperschaftlich organisierte Kommanditgesellschaft sowie alle kapitalistisch organisierten Personengesellschaften[200], bei denen u. a. das Verhältnis der Kapitalbeteiligung maßgebend für die Verteilung des Geschäftswertes ist. Bei Kontenveränderung würden sich gleichzeitig auch die Anteile am Geschäftswert ändern. Das aber ist durchaus unerwünscht, wenn eine gleichmäßige Behandlung aller Kommanditisten auch bei unterschiedlicher Beteiligungshöhe erfolgen soll. Ebenso wirkt sich die gesetzliche Kontenführung ungünstig auf die Kapitalerhaltung aus, wenn auf dieser das Entnahmerecht aufgebaut ist[201].

Die im Gesellschaftsvertrag festgelegten Einlagen bilden wie bei der Kapitalgesellschaft in ihrer Summe das Grundkapital, hier Gesellschaftskapital genannt.

Die besondere Eigenart der Kommanditeinlage zeigt sich aber in der der Stellung des Kommanditisten eigentümlichen beschränkten Haftung.

Der Kapitalanteil des Kommmanditisten, soweit er geleistet ist, bildet seine interne *Pflichteinlage*. Sie ist der Einlagebetrag, mit dessen einmaliger Erbringung der Kommanditist sich von seiner Pflicht gegenüber der Gesellschaft befreit. Nur soweit die Pflichteinlage nicht geleistet ist, bedeutet sie eine Forderung der Gesellschaft gegen den Kommanditisten. Er kann zur Einzahlung von der Gesellschaft in Anspruch genommen werden.

Demgegenüber steht die *Hafteinlage* des Kommanditisten. Sie ist auf keinem Konto ausgewiesen und stimmt in ihrer im Handelsregister eingetragenen Höhe häufig *nicht* mit der internen Pflichteinlage überein.

Zu ihrer Einzahlung kann der Kommanditist weder durch die Gesellschaft noch durch Dritte gezwungen werden. Sie gibt lediglich nach

---

[199] Vgl. Potthoff-Zintzen, a. a. O., S. 142 f.

[200] Vgl. Potthoff-Zintzen, a. a. O., S. 143.

[201] Potthoff-Zintzen, a. a. O., weisen auch auf die Gefahr einer Kapitalübersättigung hin, die dadurch entstehen kann.

außen zu erkennen, in welcher Höhe der Kommanditist die *Haftung* übernommen hat. In dieser Höhe kann der Kommanditist von den Gesellschaftsgläubigern wegen einer Gesellschaftsverbindlichkeit in Anspruch genommen werden. Er schuldet aber den Betrag der Hafteinlage nicht und kann sich lediglich durch dessen Leistung von der unmittelbaren Haftung befreien[202].

Die Hafteinlage kann also sowohl nach oben als auch nach unten von der Pflichteinlage abweichen[203]. So kann der Kommanditist mit einer höheren Einlage beteiligt sein, als er den Gläubigern haften will, andererseits auch mit einem höheren Betrage haften, als er sich im Innenverhältnis mit seiner Pflichteinlage beteiligt.

In der körperschaftlichen KG sollten aber wegen ihrer kapitalistischen Struktur *konstante* statt variable Kapitalkonten geführt werden, da sich so eher eine gleichmäßige Behandlung aller Gesellschafter erreichen läßt. Das wird sich schon im Hinblick auf einen reibungslosen Übergang im Erbfall empfehlen, um dem Erbenkommanditisten die gleiche Stellung wie seinem Erblasser zuzusichern.

Nicht weniger entscheidend ist das konstante Kapitalkonto für die Ausübung des Stimmrechts, welches sich in der körperschaftlichen KG nach Kapitalanteilen bestimmt.

Beim Grundtyp erweist sich die gesetzliche Kontenregelung deshalb nicht als unbedingt unpraktisch, weil sich in dieser Gesellschaftsform die Abstimmung nach der Kopfzahl vollzieht und nicht nach der jeweiligen Höhe des Kapitalanteils. Hier aber, wo sich die Abstimmung nach den Kapitalanteilen richtet, bildet das konstante Kapitalkonto eine wesentliche Voraussetzung.

Schließlich sollen die Gutschriften und Belastungen den Charakter von Forderungen bzw. Verbindlichkeiten erhalten, um wenigstens innerhalb eines bestimmten Zeitraumes die Unveränderlichkeit der Kapitalkonten zu gewährleisten. Daher sind vertragliche Vereinbarungen dahingehend zu treffen, Gewinne, Verluste sowie die laufenden Entnahmen auf *Sonderkonten* zu verbuchen, um die Kapitalkonten von den Schwankungen freizuhalten. Für den Fall empfiehlt es sich auch, genaue Bestimmungen über die *Verzinsung* der Guthaben bzw. Schulden der Gesellschafter auf den Sonderkonten festzulegen.

Man bezeichnet diese zweckmäßigerweise als *Kapital-Konto II*, da es sich um Zusatzkonten oder Unterkonten des Kapitalkontos handelt. Erst am Ende des Jahres werden die auf diesem Konto entstandenen Salden auf das Kapitalkonto übertragen, womit sich gleichzeitig ein

---

[202] Vgl. Weipert, § 172 Anm. 41 HGB.

[203] RG 150, 171; 163, 385.

neuer Ausdruck der vermögensrechtlichen Situation der Gesellschafter ergibt. Indessen kann diese relativ kurzfristige Veränderung der Beteiligung unerwünscht sein und es daher eher im Interesse der Gesellschafter liegen, auch über einen längeren Zeitraum[204] die Konstanz des Kapitalkontos beizubehalten und alle Veränderungen auf Kapital-Konto II zu verbuchen. Für den Fall wird es sich auch leichter einrichten lassen — wie bei der Aktiengesellschaft —, eine allgemeine *Kapitalherauf-* oder *-herabsetzung* je nach den wirtschaftlichen Ergebnissen des Unternehmens in der Vergangenheit zu beschließen.

Ein gewisser prozentualer Anteil der Kapital-Konten II wird auf den Kapitalkonten verbucht und dadurch verhältnisgleich das Gesellschaftskapital — je nachdem, ob es sich um eine Kapitalherauf- oder -herabsetzung handelt, — verändert. Auf diese Weise ist eine neue Grundlage, insbesondere für die Gewinnverteilung, geschaffen und der betriebswirtschaftlichen Forderung nach Kapitalerhaltung Genüge getan. Es empfiehlt sich jedoch nach Ablauf gewisser Zeiträume, innerhalb deren Kapitalherauf- oder -herabsetzungen vorgenommen wurden, auch die Hafteinlagen zu ändern und *Neueintragungen* im Handelsregister zu beantragen. Zu leicht stellt sich sonst ein Mißverhältnis zwischen der internen Pflichteinlage und den Hafteinlagen heraus, das dazu führen kann, daß beispielsweise die Haftung Dritten gegenüber durch eine besonders hohe Hafteinlage in keinem Verhältnis zu der abgesunkenen Pflichteinlage steht und im Eventualfalle die effektive Haftsumme nicht zur Deckung der Schulden bereitsteht.

Neben dieser Kontenführung kann ein weiteres Konto, das *Separatkonto,* auch vielfach Privatkonto genannt, für jeden Gesellschafter geführt werden. Dieses Konto ist nicht für Bewegungen des Kapitalanteils bestimmt, es enthält vielmehr echte Forderungen und Schulden des Gesellschafters gegenüber der Gesellschaft[205].

Schließlich kann es sich empfehlen, zusätzlich ein sogenanntes Steuerrücklagen-Konto einzurichten, dessen Fonds aus den Gutschriften des Kapital-Kontos II in der Höhe der voraussichtlich anfallenden Steuerzahlungen zu bilden ist.

Eine Verrechnung hat am Ende eines jeden Jahres mit Kapital-Konto II zu erfolgen. Reichen die auf Kapital-Konto II vorhandenen Beträge weder zu Entnahme- noch zu Steuerzahlungszwecken aus und ist dies in gleicher Weise bei allen Gesellschaftern der Fall, so kann sich aus diesem Tatbestand auch die Forderung nach einer allgemeinen Kapitalherabsetzung ergeben.

---

[204] z. B. entsprechend der Vertragsdauer, wenn sie nicht zu lang bemessen ist.

[205] Dür.-Hach., II, 2, § 120 Anm. 6 HGB; Hueck, OHG, § 16, S. 147.

Potthoff-Zintzen[206] verweisen auf die Möglichkeit einer *Rücklagenbildung* bei der Kontenführung mit konstanten Kapitalkonten und wollen zunächst den noch nicht ausgeschütteten Gewinn dieser Rücklage zuführen, um den Restgewinn erst nach Abdeckung von evtl. entstandenen Verlusten den Gesellschaftern zuzuweisen. Ebenso gestehen Potthoff-Zintzen den Gesellschaftern eine *Steuerbeihilfe* zu, die aus dem Reservefonds gespeist werden soll, wobei ein Anspruch der Gesellschafter darauf im Verhältnis ihrer Beteiligung besteht.

Die in § 167 HGB geregelte Verlustdeckung ist dispositiven Rechts und läßt sich durch Vereinbarungen der Gesellschafter abweichend festlegen. So kann im Vertrage bestimmt sein, daß die Gesellschafter die Verluste nach späterer Gewinnentstehung wieder auffüllen müssen, doch leitet sich daraus keine echte Forderung ab, da die Auffüllung von der Unsicherheit eines späteren Gewinnanfalls abhängig ist[207].

Dennoch bleibt zu beachten, daß die auf die Gesellschafter entfallenden Verluste nur dann nicht den Charakter einer Forderung haben, wenn sie direkt vom Kapitalkonto abgeschrieben werden; allerdings würde damit das Prinzip der Konstanz der Kapitalkonten durchbrochen werden.

Es bleibt daher, wenn diesem Prinzip entsprochen werden soll, die Möglichkeit, für ausreichende Rücklagen Sorge zu tragen oder die Gesellschafter zur zusätzlichen Einzahlung zu verpflichten. Wenn jedoch die Verluste verhältnisgleich der Kapitalbeteiligung aufgeteilt werden, so tritt zwar keine Veränderung im Verhältnis der Kapitalkonten zueinander — wohl aber in ihrer Höhe — ein[208], was einer Kapitalherabsetzung des Gesellschaftskapitals weitgehend entsprechen würde.

bb) Kurswertermittlung und Kurswertbestimmung

Das für die steuerliche Bewertung von Unternehmungen, Unternehmungsteilen sowie nichtnotierten Aktien von dem Berliner Oberfinanzpräsidium im Jahre 1935[209] entwickelte Verfahren, das seitdem unter der Bezeichnung „Berliner Verfahren" bekannt ist, „schließt sich den in Literatur und Praxis der Betriebswirtschaft schon seit Jahrzehnten in Übung befindlichen Methoden an"[210]. Nach einer Entscheidung

---

[206] Potthoff-Zintzen, a. a. O., S. 144; Potthoff, ZfhwF 1939, S. 75 f.

[207] Potthoff, Die Gesellschaftsverträge der Personalgesellschaften in betriebswirtschaftlicher Betrachtung, Diss., Köln 1941, S. 70.

[208] Potthoff-Zintzen, a. a. O., S. 145.

[209] Reichsdurchführungsverfügung des Oberfinanzpräsidiums Berlin vom 6. 11. 1935, S. 3263 — I 1/35. Verfügung des Oberfinanzpräsidiums Berlin v. 9. 10. 1936, S. 3263 — I 1/36, Reichsdurchführungsverfügung des Oberfinanzpräsidiums Berlin v. 2. 4. 1937, S. 3263 — I 3/36.

[210] Schmalenbach, Beteiligungsfinanzierung, S. 86.

des Reichsfinanzhofes[211] kann es jedoch weder nach dem Einkommensteuergesetz noch nach dem Reichsbewertungsgesetz Anwendung für Personalgesellschaften finden. Es bleibt damit ausschließlich den Kapitalgesellschaften als steuerliches Bewertungsverfahren vorbehalten.

Indessen kann das „Berliner Verfahren" in seinen Grundgedanken und seiner Methodik unter freier Gestaltung des Kapitalisierungszinsfußes auch bei Personalgesellschaften Anwendung finden, wenn es darum geht, den wirtschaftlichen Wert von Kapitalanteilen einer im hohen Grade kapitalistisch ausgestalteten Gesellschaft zu ermitteln und sie den laufenden äußeren Einflüssen anzupassen.

Der besondere Vorteil einer Bewertung von Kapitalanteilen nach den Grundsätzen dieses Verfahrens liegt insbesondere darin, den Wert der verschiedenen Gesellschafterbeteiligungen in Relation zu den Veränderungen des Substanz- und Ertragswertes der Unternehmung zum Ausdruck bringen zu können.

Es lassen sich auf diese Weise analog einer Kursfestsetzung für Beteiligungen an Kapitalgesellschaften auch Kurse für die Beteiligung an Personalgesellschaften ermitteln, sofern sich die Kapitalanteile in konstanten Kapitalkonten niederschlagen.

Für eine steuerliche Bewertung von Wertpapieren der Aktiengesellschaften ist der Kurswert der an der Börse notierten Aktien maßgebend. Für die an der Börse nicht notierten Wertpapiere ist der Gemeine Wert anzusetzen[212]. Die Ermittlung des Gemeinen Wertes erfolgt nach dem Berliner Verfahren. Danach werden zwei Werte festgestellt, der Vermögenswert und der Ertragswert. Das aus diesen Werten gebildete arithmetische Mittel ergibt den Gemeinen Wert nach der Formel:

$$\text{Vermögenswert} = \frac{\text{Gesamtvermögen} \times 100}{\text{Kapital}}$$

$$\text{Ertragswert} = \frac{\text{Ertrag} \times 100 \times 100}{\text{Kapital} \times \text{Kapitalisierungszinsfuß}}$$

$$\text{Gemeiner Wert} = \frac{\text{Vermögenswert} + \text{Ertragswert}}{2}$$

Dieser Berechnung analog läßt sich der Kurswert für Kapitalanteile von Gesellschaftern an Personalgesellschaften ermitteln.

Nach dem Beschluß der Gesellschafterversammlung über den Abschluß des abgelaufenen Geschäftsjahres kann unter Berücksichtigung

---

211 Entscheidung des RFH v. 8. 11. 1944, RStbl. 1945, S. 25.

212 Der Gemeine Wert ist ein steuerlicher Wert, der bei der Bewertung dann anzusetzen ist, wenn nichts anderes vorgeschrieben ist. Er bestimmt sich durch den Preis, der im gewöhnlichen geschäftlichen Verkehr nach der Beschaffenheit eines Wirtschaftsgutes bei der Veräußerung zu erzielen wäre. Alle den Preis zu beeinflussenden Umstände sind dabei zu berücksichtigen.

des Geschäftsergebnisses der Kurswert der Kapitalanteile vom Verwaltungsrat oder von der Gesellschafterversammlung neu festgesetzt werden.

Es werden zunächst nach dem tatsächlich vorhandenen Gesamtvermögen (Substanzwert) der Vermögenskurs in Prozenten und darauf nach dem angefallenen Ertrag (Ertragswert) der Ertragskurs in Prozenten auf Grund folgender Richtlinien errechnet:

1. Ermittlung des Vermögenskurses

   Alle in der letzten Handelsbilanz ausgewiesenen Aktiva und Passiva sind nach ihrem wirklichen Wert nach Maßgabe der Fortführung des Unternehmens einzusetzen. Grundstücke und Gebäude sollen mindestens mit dem Einheitswert eingesetzt werden, wobei die Zu- und Abgänge zu berücksichtigen sind. Gegenstände des Anlagevermögens, auf die die normalen Abschreibungen vorgenommen sind, sollen zum Buchwert eingesetzt werden.

   Die stillen Reserven sind aufzulösen, zu reichlich bemessene Abschreibungen rückgängig zu machen. Die immateriellen Werte sind grundsätzlich außer Ansatz zu lassen.

   Der auf diese Weise gefundene Wert wird in Beziehung zu dem sich aus der letzten Bilanz ausgewiesenen Gesellschaftskapital gesetzt. Der Vermögenskurs errechnet sich dann nach der Formel:

$$\text{Vermögenskurs} = \frac{\text{Gesamtvermögen} \times 100}{\text{Gesellschaftskapital}}$$

$$\text{Zahlenbeispiel:} \quad \frac{8\,000\,000,\text{—} \times 100}{4\,000\,000,\text{—}} = 200\,\%$$

2. Ermittlung des Ertragskurses

   Zur Feststellung des Ertragskurses legt man den durchschnittlichen Ertrag des Unternehmens zugrunde, der in den vergangenen drei oder fünf Jahren erzielt wurde.

   Der Ertrag besteht in dem zur Verteilung gelangenden Reingewinn, gemessen in Prozent am Gesellschaftskapital.

   Die tatsächliche Verzinsung des Unternehmens ergibt sich aus dem Verhältnis des ermittelten durchschnittlichen Ertrages zum Gesellschaftskapital.

   Der Ertragskurs wird nach Maßgabe eines angenommenen Normalertrages von X % pro Jahr errechnet nach der Formel:

$$\text{Ertragskurs} = \frac{\text{Effektive Verzinsung des Gesellschaftskapitals} \times 100}{\text{X (Normalzinsertrag)}}$$

$$\text{Zahlenbeispiel:} \quad \frac{10\,\% \times 100}{8} = 125\,\%$$

3. Das *arithmetische Mittel* aus Vermögenskurs und Ertragskurs ist daraufhin nach folgender Formel zu errechnen:

$$\text{Mittelwert} = \frac{\text{Vermögenskurs} + \text{Ertragskurs}}{2}$$

$$\text{Zahlenbeispiel:} \quad \frac{200\,\% + 125\,\%}{2} = 162{,}5\,\%$$

Der so errechnete Wert von 162,5 % bringt den Durchschnittswert der Kapitalanteile der Gesellschafter zum Ausdruck.

Wie auch für die steuerliche Bewertung üblich, können auch hier Zu- oder Abschläge auf den errechneten Durchschnittswert erfolgen. Die Höhe der Zu- oder Abschläge kann vom Verwaltungsrat oder der Gesellschafterversammlung unter Berücksichtigung aller die Kurswerte beeinflussenden Umstände festgelegt werden. Diese können, insbesondere in einer Berücksichtigung der konjunkturellen Situation, der künftigen Rentabilität und der Stellung des Unternehmens auf dem Markt gesehen werden.

Der Zu- oder Abschlag wird prozentual vom errechneten Durchschnittswert vorgenommen:

$$\text{Kurswert} = \text{Durchschnittswert} + \text{Zuschlag}$$

$$\text{Kurswert} = \text{Durchschnittswert} - \text{Abschlag}$$

Zahlenbeispiel:

$$162{,}5 + 5\,\% \text{ von } 162{,}5 = 195\,\%$$

$$162{,}5 - 5\,\% \text{ von } 162{,}5 = 130\,\%$$

Der so von den mit Zu- oder Abschlägen bereinigte Durchschnittswert stellt den Kurswert dar, der Ausdruck für den wirtschaftlichen Wert des Kapitalanteils der Gesellschafter unter Berücksichtigung des Substanz- und künftigen Ertragswertes ist.

Der Kurswert kann bei besonderer vertraglicher Abmachung, u. a. bei der Kapitalerhöhung, der Vererbung und Veräußerung von Kapitalanteilen sowie der Abfindung von Gesellschaftern als Berechnungsgrundlage dienen.

cc) Mobilität der Einlagen

Es würde dem Wesen der körperschaftlichen KG entsprechen, wenn sie sich in bezug auf die Übertragbarkeit der Gesellschaftsanteile auch nach ihrem Vorbild, der AG, ausrichten würde.

Bei dieser können die Gesellschafter frei über ihre Beteiligung unter Lebenden und von Todes wegen verfügen. Sie ist also sowohl veräußerlich als auch vererblich.

Indessen können Bedenken hinsichtlich der Wahrung des Charakters der Personalgesellschaft auch bei dieser Organisationsform nicht übersehen werden. Durch die Fungibilität der Kommanditistenbeteiligung könnte dem Eindringen Gesellschaftsfremder Tür und Tor geöffnet werden, soweit diese Ausgestaltung keine Begrenzung vorsieht.

Es kann daher zunächst hier nur festgehalten werden, daß eine Mobilität der Einlagen und Übertragbarkeit des Gesellschaftsanteils nicht unbedingte Voraussetzung zur Funktionsfähigkeit der körperschaftlichen Kommanditgesellschaft zu sein brauchen, wenngleich sich andererseits nicht leugnen läßt, daß sie durchaus dem Bestandsschutz des Unternehmens dienlich sein können[213].

Steiner[214] stellt dazu fest, „daß in der Tat ein praktisches Bedürfnis für die handelsrechtliche Erleichterung der Übertragungsmöglichkeit unter Lebenden anerkannt werden muß", was eine von ihm vollzogene Nachprüfung von Gesellschaftsverträgen im Ergebnis erwiesen hat. „Darin ist häufig den Gesellschaftern die vollständige oder auch teilweise Veräußerung der Beteiligung ohne Vorliegen eines gesetzlich oder vertraglich näher bezeichneten Anlasses ohne große Umstände gestattet." Hingegen stellt er weiter fest, „daß eine freie Übertragbarkeit der Mitgliedschaft an jedermann nirgends vereinbart ist".

In seinen Reformgedanken schlägt Steiner[215] vor, die Übertragbarkeit der Kommanditanteile handelsrechtlich durch Anerkennung der Veräußerung zu vereinfachen. Die grundsätzliche Unzulässigkeit der Übertragbarkeit von Gesellschaftsanteilen kann jedoch aufgehoben werden, wenn die Mitgliedschaft als Ganzes übertragbar gestaltet wird[216, 217]. Dazu bedarf es nur einer Vereinbarung zwischen allen Gesellschaftern, die sowohl in Form einer vorherigen Einwilligung, einer Zustimmung im Gesellschaftsvertrag, als auch einer nachträglichen Genehmigung bestehen kann. Es bleibt aber zu beachten, daß mit dem Mitgliederwechsel eine Änderung des Gesellschaftsvertrages einhergeht, weil durch den Eintritt eines neuen Gesellschafters auch die Gesamthandsgemeinschaft geändert wird[218]. Es empfiehlt sich daher wie bei der AG, den beschränkten oder unbeschränkten Gesellschafterwechsel im Vertrag festzulegen.

---

[213] Vgl. Boesebeck, Die „kapitalistische" Kommanditgesellschaft, S. 19, der hervorhebt, daß die Zulässigkeit der Abtretung der Mitgliedschaft eng mit dem Schutz gegen Auflösungsgründe zusammenhängt und ein Ventil für losstrebendes und dadurch die Fortführung des Unternehmens gefährdendes Kapital bildet. Derjenige, der seine Mitgliedschaft übertragen kann, braucht nicht von den ordentlichen Kündigungsrechten Gebrauch zu machen.

[214] Steiner, a. a. O., S. 134.

[215] Steiner, a. a. O., S. 135.

[216] Siebert, StbJb 1955/56, S. 314 f; Boesebeck, a. a. O., S. 46 f. und die dort angegebene Literatur.

[217] Die rechtsdogmatischen Merkmale wurden bereits in früheren Abschnitten wiederholt aufgezeigt.

[218] Vgl. Siebert, StbJb 1955/56, S. 314; = BGH 3,354; BGH (Urt. v. 28. 4. 54 — II ZR 8/53) = BGH 13,179 = JZ 1954, 503.

In Wissenschaft und Rechtsprechung findet die auf vertraglichem Wege erteilte Zustimmung zur Übertragung von Gesellschaftsanteilen ihre Zulässigkeit in der abdingbaren Vorschrift des § 719 Abs. I BGB. Die Abdingbarkeit der in den §§ 717, 719 BGB bestimmten Unübertragbarkeit des Gesellschaftsanteils beruht darauf, daß sie lediglich den Interessen der Gesellschafter selbst dienen soll, nicht dagegen dem Schutze Dritter[219].

Eine vertragliche Gestaltung der Übertragungsmöglichkeiten kann stufenweise von der vertraglichen Erleichterung der Mitgliedschaftsübertragung an bestimmte oder bestimmbare Personen über die vertraglich festgelegte Einwilligung auch an Fremde und bis zur völlig freien Veräußerlichkeit herüberreichen[220, 221].

Mit der Übertragbarkeit des Kommanditanteils — denn nur darum kann es sich bei einer im höchsten Grade kapitalistisch ausgerichteten Gesellschaft handeln — entsteht gleichzeitig die bedeutsame Frage nach der *Weiterhaftung* des seine Mitgliedschaft übertragenden Kommanditisten neben der Haftung des Neuerwerbers der Mitgliedschaft.

Das RG[222] ist mit der Entscheidung des Großen Zivilsenats vom 30. 9. 1944[223] den Ausführungen Weiperts[224] nachgekommen und erklärt, daß die Eintragung des *Grundes* des Gesellschafterwechsels durch Rechtsnachfolge unbedingt erforderlich sei. Für den Fall der Sonderrechtsnachfolge verlangt das Reichsgericht bei der Anmeldung zum Handelsregister eine Versicherung der Gesellschaft, des ausscheidenden und des neu eintretenden Gesellschafters, daß der ausscheidende Gesellschafter *keine Abfindung* aus dem Gesellschaftsvermögen erhalten hat.

Wird also der Übergang der Gesellschafterstellung im Handelsregister als Sonderrechtsnachfolge eingetragen, so lebt die durch Leistung der Einlage erloschene Haftung des ehemaligen Kommanditisten nicht wieder auf, wenn der Übergang seiner Beteiligung und damit seines Kapitalanteils auf den neu eintretenden Kommanditisten in ordnungsgemäßer und zulässiger Weise erfolgt ist[225].

In der Eintragung des neuen Kommanditisten muß aber zum Ausdruck kommen, daß er nur *Rechtsnachfolger* des ausgeschiedenen ist.

---

219 Weipert, § 173 Anm. 21 HGB; Baumbach-Duden, § 124 Anm. 2 A, B HGB; RG 92, 163, 398; BGH (Urt. v. 14. 10. 1957) = DB 1958, 105; Boesebeck, a. a. O., S. 46; Würdinger, Gesellschaften, Teil I, § 13, S. 68.

220 Vgl. Plum, a. a. O., S. 176.

221 Würdinger, a. a. O., erwähnt, daß gelegentlich über die Mitgliedschaft sogenannte Anteilscheine ausgestellt werden, die aber nur die Bedeutung von Beweisurkunden haben und keine Traditionspapiere sind; RG 57, 415.

222 RG 128, 172.

223 GSE 39, 1943, nach Weipert § 172 Anm. 24 HGB; DNotZ 1944, 195.

224 Weipert, § 173 Anm. 24 HGB.

225 RG 128, 175; Weipert, § 173 Anm. 24 HGB; vgl. Plum, a. a. O., S. 177.

Als Folge davon kann von den Gläubigern nicht geltend gemacht werden, *eine* Leistung könne nicht zur Deckung *zweier* Einlageverpflichtungen verwendet werden. Es bestand eben nur eine Beteiligung mit einer Einlageverpflichtung, die aber durch eine einmalige Leistung erfüllt ist. Geändert hat sich nur die Person des Gesellschafters[226].

Wie für andere Fälle, so werden auch für die Frage der Übertragbarkeit die *Struktur* der Gesellschaft sowie der *Grad der Verselbständigung* sehr ausschlaggebend sein.

Bei Gesellschaften, bei denen der familiäre Charakter dominierend ist, wird daher eine Übertragung unter Lebenden an Abkömmlinge, sonstige Verwandte und Ehegatten eher vertraglich erleichtert und eine Übertragung an Dritte erschwert oder gar ausgeschlossen als bei Gesellschaften, denen eine solche Bindung fehlt[227].

In einem fortgeschrittenen Stadium der Verselbständigung der Organisation wird also eher der umgekehrte Weg eingeschlagen, indem die Übertragbarkeit an Familienangehörige erschwert und diejenige an Dritte, vielleicht besonders kapitalstarke Personen, erleichtert wird.

Zur Frage, welches Gesellschaftsorgan die Genehmigung zur Übertragung erteilt, kann grundsätzlich festgestellt werden, daß der mit der Übertragung verbundene Gesellschafterwechsel in den Zuständigkeitsbereich der Gesellschafterversammlung gehört und von dieser nach den vorliegenden Abstimmungsgrundsätzen zu entscheiden ist[228]. Innerhalb einzelner Familienstämme ließe sich eine Erleichterung insofern erzielen, daß die Übertragbarkeit mit einem Vorerwerbsrecht oder einer Anbietungspflicht[229] den Angehörigen dieses Stammes gegenüber verbunden sein kann.

Die Zulässigkeit der Übertragbarkeit von einem Gesellschafter an jeden beliebigen Dritten ohne jegliche Voraussetzungen ist nicht unstreitig. Unter Berufung auf die Bestimmung des § 139 HGB, der die Nachfolge nicht auf die Erben eines Gesellschafters begrenzt, sondern eben nur den häufigst vorkommenden Fall im Hinblick auf die besondere Stellung des Erben regelt[230], wird die Zulässigkeit einer solchen Vertragsbestimmung grundsätzlich bejaht[231], wenn auch die Grenze einer so weitgehenden Freiheit in dem das Gesellschaftsrecht beherrschenden Grundsatz von Treu und Glauben zu suchen ist.

---

226 Weipert, a. a. O.

227 Vgl. Plum, a. a. O.

228 Zur Übertragbarkeit ist auch die Zulässigkeit von Mehrheitsbeschlüssen anerkannt, vgl. Weipert, § 173 Anm. 21 HGB.

229 Vgl. Plum, a. a. O., S. 178.

230 RG 128, 172.

231 Weipert, § 130 Anm. 3, § 173 Anm. 21 HGB; Plum a. a. O.

Mit der Möglichkeit der Fungibilität der Beteiligung in der Organisationsform der körperschaftlichen KG wird den Gesellschaftern ein weiteres Instrument in die Hand gegeben, mit dessen Hilfe sie in die Lage versetzt werden, die der personellen und substantiellen Kontinuität der Gesellschaft zuwiderlaufenden Fakten weitgehend zu beseitigen.

Die Nachfolge im Bestand des Personenkreises kann durch die Auswechselbarkeit der Mitglieder auch unter Auslesegesichtspunkten weitgehend reibungslos gestaltet werden. Die die Existenz bedrohenden Interessen- und Meinungsgegensätze der Beteiligten, die aus der Verschiedenartigkeit ihrer Veranlagung, Einstellung, Auffassung und Beurteilung herrühren, können schließlich durch einen Personenwechsel und damit eine kapitalmäßige Ablösung des einen oder anderen vermieden werden[232].

2. Struktur- und Unterscheidungsmerkmale der Formen kapitalistisch organisierter Personalgesellschaften als die auf die Unternehmenserhaltung schwächer wirkenden Gestaltungsmöglichkeiten

Unter dem Begriff der *kapitalistischen Kommanditgesellschaft* werden Abwandlungen der Kommanditgesellschaft vom Normaltypus mit entsprechender Annäherung an die Kapitalgesellschaften verstanden, indem die vom Gesetz vorgenommene Verteilung von Macht und Verantwortlichkeit nach dem Grundsatz des Gleichgewichts dadurch abgeändert wird, daß man die Stellung der Kommanditisten zu Lasten der Komplementäre verstärkt, die dann vielfach in die Stellung eines reinen Ausführungsorgans verdrängt werden[233].

Ein wesentliches Unterscheidungsmerkmal zwischen der körperschaftlichen KG und den kapitalistisch ausgestalteten Kommanditgesellschaften besteht in der verschiedenartigen Besetzung der einzelnen Gesellschaftsorgane. Immer bleibt trotz weitgehender Anlehnung an den organisatorischen Aufbau der Kapitalgesellschaft die kapitalistische KG in allen Bereichen frei von einem direkten Einfluß Gesellschaftsfremder. Das wesentliche strukturelle Charakteristikum der Personalgesellschaft, die Zuständigkeit und Verantwortung der Gesellschafter, bleibt gewahrt. Indessen wird vielmehr auf rein organisatorischem Wege der einmal vorhandene Personenkreis einer Kompetenzabgrenzung unterworfen.

Die vom Gesetzgeber vorgesehene Einheit von persönlicher Verantwortung, selbständiger Arbeit und Kapitaleignerschaft beim Grundtyp

---

[232] So im Ergebnis auch Küster, a. a. O., S. 9.
[233] Vgl. Lehmann, Gesellschaftsrecht, § 62, S. 331.

der KG findet in dieser Gesellschaftsform nur in ganz seltenen Fällen Anwendung, weil ein so vollkommenes Gleichgewicht zwischen zu erwartender Arbeitsleistung und bereitgestelltem Kapital kaum anzutreffen ist[234].

Vielmehr wird die vom Gesetzgeber zugestandene Gestaltungsfreiheit dazu benutzt, das Verhältnis der Gesellschafter untereinander nach kapitalgesellschaftsähnlichen Grundsätzen zu ordnen, wenn sich die Gesellschafter durch irgendwelche Beweggründe dazu gezwungen sehen.

Die Kommanditisten schließen sich — teils auch gemeinsam mit den Komplementären — korporativ in der *Gesellschafterversammlung* zusammen, die ihrerseits einen Ausschuß oder Beirat wählt, der im Anschluß an das Aktienrecht die Funktionen eines *Aufsichtsrates* übernimmt. Diesem obliegt es, auf Grund der ihm von der Gesellschafterversammlung übertragenen Rechte die Tätigkeit der in eine ähnliche Stellung wie der *Vorstand* einer AG gedrängten Komplementäre zu überwachen und seine Zustimmung zu einer Reihe wichtiger Geschäftsführungsmaßnahmen zu erteilen[235].

Wenn nur ein Teil der Kommanditisten im Aufsichtsrat oder Beirat vertreten ist, so üben die übrigen Kommanditisten die Befugnisse der Generalversammlung aus und entscheiden in der Regel durch Mehrheitsbeschluß, wobei die Abstimmung nach dem Betrag der Kommanditeinlagen erfolgt, die auch in „Geschäftsanteile" von bestimmtem Nominalbetrag zerlegt sind[236].

Je nach den den Verhältnissen im einzelnen zugrunde liegenden Gestaltungsmöglichkeiten haben sich in der Praxis nach *Schlegelberger-Gessler*[237] drei Formen der kapitalistischen Kommanditgesellschaft herausgebildet:

„1. wenn die Kommanditisten zu einer besonderen körperschaftlichen Organisation zusammengeschlossen sind, die auf die Geschäftsleitung der Gesellschaft maßgebenden Einfluß nimmt und die persönlich haftenden Gesellschafter zu Geschäftsführern erniedrigt;
2. wenn die persönlich haftenden Gesellschafter nur gering beteiligt und an die Weisungen des einzigen Kommanditisten gebunden sind;
3. wenn eine Kapitalgesellschaft persönlich haftender Gesellschafter der Kommanditgesellschaft ist und ihre Gesellschafter Kommanditisten sind. Hier liegt die Leitung der Kommanditgesellschaft zwar bei dem persönlich haftenden Gesellschafter. In Wirklichkeit wird die Gesellschaft aber von dem Geschäftsführer der Kapitalgesellschaft geleitet, der seinerseits von den Mitgliedern seiner Gesellschaft abhängig ist[238]".

---

[234] Vgl. Houben, a. a. O., S. 2.
[235] Vgl. Boesebeck, Die „kapitalistische" KG, S. 51.
[236] Vgl. Würdinger, Gesellschaften, Teil I, § 33, S. 157; Dür.-Hach., II, 2, § 164 Anm. 8 HGB.
[237] Schlegelberger-Gessler, Kommentar zum HGB 1955, § 161 Anm. 31 HGB.
[238] Die von Boesebeck, a. a. O., S. 17 f. unter 5 a) 5 b) u. 5 c) gegebenen Definitionen stimmen mit diesen überein.

Diese drei von Schlegelberger-Gessler herausgestellten Typen stellen jedoch nur die Grundformen der kapitalistischen KG dar. Sie lassen sich in den verschiedensten Kombinationen abwandeln und können so den individuellen Bedürfnissen der einzelnen Gesellschaften besser Rechnung tragen.

Ein weiteres Begriffsmerkmal dieser körperschaftlich organisierten Unternehmergemeinschaft sieht *Boesebeck*[239] in der Stellung der persönlich haftenden Gesellschafter, die von Selbstunternehmern und Selbstorganen zu geschäftsführerähnlichen Drittorganen geworden sind.

Diese für die kapitalistische KG typischen Merkmale zeigen, daß auf dem Wege der Vertragsgestaltung die Vorzüge der Organisation der Kapitalgesellschaft mit denen der Personalgesellschaft vereint werden können[240], ohne dabei gegen die Grundsätze des Personalgesellschaftsrechts zu verstoßen.

Zwischen den beiden Polen — auf der einen Seite der AG und auf der anderen der OHG — sind viele Zwischenstufen der Vertragsgestaltung nach kapitalistischen Grundsätzen denkbar, die ihre Entstehung der Praxis in den verschiedenen Gestaltungsbedürfnissen der Gesellschafter zahlreicher Personalgesellschaften verdanken.

Die Motive[241] für eine Organisation nach kapitalistischen Grundsätzen sind vielfach recht unterschiedlich, doch liegen sie im wesentlichen begründet

1. in einer kapitalmäßigen Überlegenheit der Kommanditisten,
2. in der Lösung der Nachfolgerfrage,
3. in einer schlecht organisierten Geschäftsführung,
4. in einer übermäßig großen Gesellschafterzahl,
5. in einer Beibehaltung der körperschaftlichen Innenorganisation nach Umwandlung von einer Kapital- in eine Personalgesellschaft,
6. in den für die Personalgesellschaften geltenden Besteuerungssätzen.

Von allen für diese Arbeit geltenden Motiven der Vertragsgestaltung nach körperschaftsähnlichen Gesichtspunkten, nämlich der Nachfolgeregelung, der Fortbestandssicherung und der damit verbundenen Harmonisierung der Interessengegensätze der Beteiligten finden sich unter den genannten Punkten in besonderer Ausdrücklichkeit nur die Regelung der Nachfolge und die übermäßig große Gesellschafterzahl.

---

[239] Boesebeck, a. a. O., S. 17.

[240] Vgl. Plum, a. a. O., S. 149.

[241] Vgl. dazu auch die aus der Praxis stammenden Beispiele von Plum, a. a. O., S. 149 ff.

Im Ergebnis hat sich die körperschaftliche KG als geeignet erwiesen, dem angestrebten Ziel unter Berücksichtigung der zugrunde liegenden Motive weitgehend zu entsprechen.

Nach ihrer Definition ist die kapitalistische KG auch in der Lage, sich unter ähnlichen Voraussetzungen wie die körperschaftliche KG zu bewähren, wenngleich sich auch bei der körperschaftlichen KG eine noch stärkere Anlehnung an die aktienrechtlichen Vorschriften und damit an eine in allen Bereichen strenger gehandhabte Disziplin findet.

Unterscheidungsmerkmale zwischen der körperschaftlichen KG als der extremen und der kapitalistischen KG als der schwächeren Lösungsmöglichkeit zeigen sich im wesentlichen nur insoweit, daß bei der körperschaftlichen KG der Vorstand und bis zu einem gewissen Grade auch der Verwaltungsrat nur mit Gesellschaftsfremden besetzt wird, während die kapitalistische KG durch die Besetzung mit Gesellschaftern in allen Organen die für die Personalgesellschaft typische *Selbstorganschaft* beibehält. Die Kriterien, die die extreme Lösungsmöglichkeit von der schwächeren unterscheiden, offenbaren sich damit grundsätzlich in der personellen Besetzung des Führungsbereiches.

Bei der Anwendung der Organisationsgrundsätze der kapitalitischen KG wird es stets auf den Grad der das Verhältnis der Gesellschafter beherrschenden Gegensätze ankommen. Die Bestimmung dieses Grades allerdings kann nur ganz individuell von den Mitgliedern der betroffenen Gesellschaft festgelegt werden, wonach sich die Entscheidungen dann im einzelnen zu richten haben.

Der Grad der Gegensätze bestimmt das Stadium der Verselbständigung der Organisation und damit die zur Anwendung gelangende Lösungsmöglichkeit einer geeigneten Nachfolgeschaftsregelung und Fortbestandssicherung, vor allem im Erbfall.

Unter Anwendung der von Schlegelberger-Gessler gegebenen Einteilung der Grundtypen der kapitalistischen KG sollen die wesentlichen Merkmale herausgestellt und es soll dabei darauf hingewiesen werden, wie elastisch diese Typen in ihrer Gestaltung sind und insofern in zahlreichen Variationen in Erscheinung treten können.

Diese in ihrem Umfang auf *wesentliche* Kriterien beschränkte Abhandlung erhebt keinen Anspruch auf Vollständigkeit in der Aufzählung aller Typen und ihrer Besonderheiten innerhalb der vollen Variationsbreite, wie sie gleichfalls auf Erwähnung und Behandlung bereits früher herausgestellter Merkmale verzichtet. Im übrigen sei auf die umfangreiche Literatur verwiesen, die sich ausführlich mit weiteren Einzelfragen der kapitalistischen KG beschäftigt[242].

---

[242] Vgl. Dür.-Hach., II, 2, § 164 Anm. 8 HGB; Weipert, § 105 Anm. 26 f. HGB; Schlegelberger-Gessler, § 161 Anm. 32 HGB; Boesebeck, Die kapitalistische

a) *Die kapitalistisch-kollektivistische Kommanditgesellschaft*

Es handelt sich hier um eine KG mit großer Mitgliederzahl[243], die nicht nur in ihrer äußerlichen Organisation, sondern auch im inneren Aufbau der Aktiengesellschaft gleicht, aus der sie häufig nach der Umwandlungsgesetzgebung von 1934 und 1956/57 hervorgegangen ist.

Vor allem unter dem Übergewicht des Kommanditkapitals gegenüber dem von den persönlich haftenden Gesellschaftern erbrachten Kapital suchen sich die Kommanditisten durch Gestaltung ihrer Stellung in der Gesellschaft den ihrer Beteiligung und dem damit verbundenen allgemeinen Risiko entsprechenden Einfluß zu sichern.

In der Stellung von Kommanditisten können die Kapitalgeber ihre Haftung beschränken, andererseits aber doch ihren Einfluß auf die Verwaltung, insbesondere auf die Berufung der Komplementäre als die Geschäftsleiter, geltend machen. Auf diese Weise erreichen sie den gleichen Zweck, als ob sie beispielsweise Gesellschafter einer GmbH wären, ohne aber die für die Kapitalgesellschaft auferlegten Beschränkungen hinsichtlich Prüfung und Publizität und die Nachteile, z. B. der Doppelbesteuerung, hinnehmen zu müssen[244].

Der Gesetzgeber gesteht den Gesellschaftern in § 163 HGB zu, ihre gesellschaftlichen Verhältnisse auf Grund des Gesellschaftsvertrages frei gestalten zu können. Damit steht einer Abänderung der Vorschriften nachgiebigen Rechts nichts im Wege, wenn die Gesellschafter ihr Gesellschaftsverhältnis nach individuellen Grundsätzen ausrichten wollen.

Den Kommanditisten kann besondere Macht verliehen werden, indem man sie in Abweichung von § 164 HGB an der Geschäftsführung beteiligt. Die Geschäftsführung kann ihnen neben den Komplementären oder auch unter deren Ausschluß übertragen werden. Sie haften dann nur für die Sorgfalt, die sie in eigenen Angelegenheiten anzuwenden pflegen (§ 708 BGB)[245]. Den Kommanditisten kann ferner ein Weisungs-

---

KG; Würdinger, Gesellschaften, Teil I, § 33; ders. Die Kommanditgesellschaft, § 4, S. 39 ff.; Flechtheim, Die kapitalistisch ausgestaltete Personalgesellschaft; Brauer, Paul, Möglichkeit und Zulässigkeit einer Ausgestaltung der Kommanditgesellschaft nach dem Vorbild einer Kapitalgesellschaft, Diss., Köln 1941; Mühling, Die kapitalistische Kommanditgesellschaft; Schröder, Frank, Die organisatorische Annäherung der KG an die Struktur der Kapitalgesellschaften, Möglichkeiten und Grenzen, Diss., Köln 1952; Hesselmann, Malte, Die GmbH & Co., 2. Aufl., Köln 1957; Henze, Max, Die GmbH & Co., 3. Aufl., Stuttgart 1957; Lehmann, Gesellschaftsrecht, § 62, S. 331 ff.; Houben, Der Aufsichtsrat der kapitalistischen Kommanditgesellschaft; u. a.

[243] Vgl. Flechtheim, a. a. O., S. 23 ff.; vgl. Houben, a. a. O., S. 5; Boesebeck, a. a. O., S. 20 ff.

[244] Vgl. Weipert, § 161 Anm. 32 HGB.

[245] Dür-Hach., II, 2, § 164 Anm. 8 HGB.

recht zugestanden werden, das ihnen ermöglicht, die persönlich haftenden Gesellschafter in bestimmten Fällen nur nach ihren Weisungen handeln zu lassen. Selbst eine Vereinbarung, nach der der Kommanditist die ihm eingeräumte Geschäftsführungsbefugnis durch einen anderen — auch einen Nichtgesellschafter — ausüben dürfe und der Beauftragte zum Prokuristen bestellt werden müsse, wird für zulässig angesehen. Die Komplementäre sind dann zur Erteilung von Einzelprokura an diesen Beauftragten verpflichtet[246].

Hingegen ist der Kommanditist gemäß § 170 HGB nicht zur Vertretung der Gesellschaft ermächtigt; folglich kann ihm eine Organstellung durch Gesellschaftsvertrag nicht übertragen werden[247]. Die Vertretungsmacht der zur Vertretung berufenen Gesellschafter kann auch nicht durch die Bestimmungen über die Geschäftsführungsbefugnis der Kommanditisten beschränkt werden[248].

Ferner kann das den Kommanditisten gemäß § 166 HGB zustehende Überwachungsrecht erweitert werden. Durch derartige Regelungen braucht jedoch nicht, je nach der Intensität der Gestaltungen, die Struktur der Personalgesellschaft an sich verändert zu werden. „Indessen führt die weitere Entwicklung doch zu körperschaftlichen Formen der Leitung“[249], vor allem dann, wenn ein gemeinsames Organ geschaffen wird, das verstärkte Verwaltungsrechte innehat.

Das typische Merkmal für die kapitalistische Ausgestaltung der Verträge zeigt sich eben in der organschaftlichen Abgrenzung im Innenverhältnis, wobei die innere Organisation der AG als Vorbild dient.

Bei der Kommanditgesellschaft mit großer Mitgliederzahl ergibt sich die Notwendigkeit einer kapitalistischen Ausgestaltung neben einer Einflußsicherung der Kommanditisten auch aus der Tatsache, die Zahl der vorhandenen persönlich haftenden Gesellschafter zu beschränken, um die Funktionsfähigkeit der Geschäftsführung sicherzustellen. Ein weiterer Gesichtspunkt ergibt sich dann, wenn keine geeigneten Nachfolger für die Geschäftsführung vorhanden sind.

Zur hinreichenden Interessenwahrnehmung der aus diesen Gründen häufig von der Geschäftsführung ausgeschlossenen Komplementäre und Kommanditisten wird ein Organ geschaffen, das im strukturellen Aufbau dem Verwaltungsrat der körperschaftlichen KG sehr ähnlich ist und im wesentlichen auch die gleichen Funktionen ausübt. Es wird unter verschiedenen Bezeichnungen wie Beirat, Aufsichts- oder Verwaltungsrat geführt.

---

246 Weipert, § 164 Anm. 11 HGB.
247 Weipert, § 170 Anm. 8 HGB.
248 Weipert, § 164 Anm. 13 HGB und die dort angegebene Literatur.
249 Plum, a. a. O., S. 153.

Die auch für diese Gesellschaftsform typische Auswechselbarkeit der Mitglieder macht die geschäftsführenden Gesellschafter zu kündbaren Angestellten[250] durch die Bindung an ein Gesellschaftsorgan, das durch Wahl und Abberufung der Mitglieder sowie weitgehende Verwaltungsrechte eine Stellung in der Gesellschaft bekleidet, die der Bestandssicherung des Unternehmens in hervorragendem Maße dienen kann.

b) Die Treuhandkommanditistenschaft

In die von Schlegelberger-Gessler[251] aufgestellte Einteilung der drei Typen kapitalistischer Kommanditgeselllschaften läßt sich die Treuhandkommanditistenschaft unter Fall 2) einordnen, bei welchem die persönlich haftenden Gesellschafter an die Weisungen des einzigen Kommanditisten gebunden sind[252].

Die Notwendigkeit einer derartigen Einrichtung wird von Schmalenbach[253] insbesondere dadurch erklärt, daß es heute schwer sei, Kapitalgeber zu finden und der Unternehmer gezwungen sei, seine ganze Nachkommenschaft im Geschäft zu lassen, damit es nicht an Kapitalarmut stirbt. Als Folge davon ergibt sich eine Zunahme der Kommanditgesellschaften mit großer Mitgliederzahl, während die gesetzliche Regelung, der KG entsprechend, dem Grundgedanken dieser Gesellschaftsform auf eine geringe Zahl von Kommanditisten zugeschnitten ist, und man gezwungen wird, für die Vielzahl der Kommanditisten entsprechende Einrichtungen zu schaffen, die das Gesetz ergänzen.

In den Gesellschaften mit großer Mitgliederzahl sind auch nach Schmalenbach[254] die natürlichen Gegensätze, im besonderen zwischen den persönlich haftenden Gesellschaftern und Kommanditisten, unausbleiblich, da sich vielfach die persönlich haftenden Gesellschafter als die eigentlichen Inhaber und die Kommanditisten nur als Teilhaber auf Zeit fühlen. So wird schließlich von Schmalenbach[255] der Hauptvorzug der Einrichtung eines Treuhandkommanditisten darin gesehen, „daß es ihm (dem Treuhandkommanditisten) in der Regel leichter als den unmittelbar beteiligten Gesellschaftern fällt, die mannigfachen Gegensätze zwischen ihnen, die bei einer KG unvermeidlich sind, beizeiten auszugleichen".

---

250 Plum, a. a. O., S. 154.

251 Siehe S. 223, Fußnote 237.

252 Boesebeck, a. a. O., S. 18, vergleicht diesen Fall auch mit der Einmann-Kapitalgesellschaft mit einem Nichtgesellschafter als Geschäftsführer. Von Houben, a. a. O., S. 4, wird sie entsprechend als die Einmann-kapitalistische Kommanditgesellschaft bezeichnet.

253 Schmalenbach, Eugen, ZfhwF 1949, S. 98.

254 Schmalenbach, a. a. O.

255 Schmalenbach, a. a. O., S. 99.

Die nach Schmalenbach der Einrichtung der Treuhandkommanditistenschaft zugrunde liegenden Motive stimmen im wesentlichen mit denen für diese Arbeit wichtigen Kriterien überein. Insofern bietet sich auch diese Organisationsform als ein Instrument des Ausgleichs der beim Erbgang auftretenden Interessengegensätze an.

Körperschaftliche und kapitalistische KG weisen durch Eintragung des Kommanditkapitals im Handelsregister eine den Gesellschaftsgläubigern unentziehbare Kreditgrundlage aus, die für das Ansehen des Unternehmens nicht unbedeutend ist. In der Regel ist es jedoch unerwünscht, die Person des einzelnen Kommanditisten bekannt zu machen, zumal dann, wenn eine Übertragung des Gesellschaftsanteils vertraglich zugelassen ist; denn jeder Mitgliederwechsel bedarf der Anmeldung zum Handelsregister[256, 257].

Hinzu kommt die fortdauernde Haftung des ausgeschiedenen Kommanditisten, sofern nicht ein gleichzeitiger Übergang des Gesellschaftsanteils auf einen Nachfolger auf dem Wege der Sonderrechtsnachfolge gewollt ist und insoweit eine Weiterhaftung des ausscheidenden Kommanditisten, der seine Einlage erbracht und seine Beteiligung in zulässiger Weise übertragen hat, entfällt[258].

Zur Vermeidung dieser Nachteile, die vor allem die Kommanditisten mit unterschiedlichen Interessenlagen rein formal sehr stark an die Gesellschaft binden, kann man einen *Treuhänder* einschieben, der als *einziger* Kommanditist der Gesellschaft in das Handelsregister eingetragen und auch sonst nach außen bekannt gemacht wird[259]. Er selbst braucht dabei nicht mit eigenem Kapital beteiligt zu sein, sondern vertritt nur als Beauftragter die Kapitalgeber, die *außerhalb* der handelsrechtlichen Gesellschaft stehen. Sie bilden untereinander eine Gesellschaft bürgerlichen Rechts, die den Charakter einer bloßen Innengesellschaft hat[260]. Aus dieser kann auch ein Gesellschafter nach den einfacheren Formen des bürgerlichen Rechts gemäß § 737 BGB von den übrigen Gesellschaftern anstatt unter den erschwerten Bedingungen nach § 140 HGB ausgeschlossen werden. Der Treuhänder ist also den Mitgliedern der bürgerlich rechtlichen Gesellschaft gegenüber nur Be-

---

256 Dür.-Hach., II, 2, §§ 162 Anm. 7, 164 Anm. 9 HGB.

257 Bei der Anmeldung müssen der Kommanditist selbst und seine Einlage näher bezeichnet sein, wenngleich in der Bekanntmachung lediglich die Tatsache des Eintritts (Austritts) eines Kommanditisten ohne weitere Angaben veröffentlicht wird.

258 Vgl. Weipert, § 173 Anm. 24 HGB.

259 Vgl. Dür.-Hach, II, 2, § 164 Anm. 9 HGB; vgl. Schmalenbach, Die Beteiligungsfinanzierung, S. 128, der den Treuhandkommanditisten auch als Gestionskommanditisten bezeichnet.

260 Dür.-Hach., II, 2, § 164 Anm. 9 HGB; Dür.-Hach., II, 1, Allg. Einleitung, Anm. 317; Weipert, § 161 Anm. 32 HGB.

auftragter und hat sich ihren Weisungen zu fügen. Seine Rechte haben sich auf solche zu beschränken, die der Stellung eines Kommanditisten zukommen, soweit nicht besondere Abmachungen mit den geschäftsführenden persönlich haftenden Gesellschaftern vorliegen. Diese sind häufig kaum mit Kapital, meistens nur mit ihrer Arbeitskraft beteiligt und haben wie in den übrigen Formen der kapitalistischen Kommanditgesellschaft im wesentlichen nur Geschäftsführungsfunktion. In Ausübung ihrer Tätigkeit sind sie in der Entscheidung vieler Fragen an die Zustimmung des Kommanditisten gebunden, der seinerseits im Auftrage der Kapitalgeber handelt und demgemäß nach § 667 BGB verpflichtet ist, das aus der Ausführung des Auftrages Erlangte, insbesondere den Gewinnanteil, an seine Auftraggeber herauszugeben.

Die Treugeber fassen ihre Beschlüsse auch in Gesellschafter- oder Generalversammlungen und bilden einen Ausschuß[261], der wie der Aufsichtsrat bei der kapitalistischen KG mit der Geschäftsleitung, also den Komplementären, direkt in Verbindung steht, obwohl er keinerlei Rechte aus dem Gesellschaftsverhältnis herleiten kann. Er begnügt sich meistens auch nicht damit, allein durch die Vermittlung über den Treuhänder auf die Geschäftsleitung einzuwirken, doch wird im Einzelfalle eine unterschiedliche Regelung vereinbart sein.

Der Treuhänder vertritt als indirekter Stellvertreter die Rechte und Interessen der Treugeber gegenüber der Gesellschaft und ihren übrigen Gesellschaftern. Er allein kann von den Gesellschaftsgläubigern bis zum Betrage seiner Kommanditeinlage persönlich in Anspruch genommen werden[262].

In der Regel wird für die Eintragung des Kommanditkapitals vereinbart sein, das gesamte oder auch nur einen Teil des von den Kapitalgebern der Gesellschaft zur Verfügung gestellten Kapitals als Kommanditeinlage des Treuhandkommanditisten im Handelsregister eintragen zu lassen. Dann sind die Vorschriften der §§ 169, 171 HGB auf das Kommanditkapital anzuwenden, soweit nicht anderslautende Vereinbarungen vorliegen.

Die Kapitalgeber leisten ihre Einlagen auf die Kommanditbeteiligung des einzigen Kommanditisten, der von der persönlichen Haftung Dritten gegenüber frei wird, sobald die zu leistende Einlage von den Kapitalgebern erbracht ist. Seine persönliche Haftung lebt wieder auf in dem Augenblick, in dem Einlagen mit seiner Zustimmung an die Auftraggeber zurückgezahlt werden.

Die Kapitalgeber selbst erscheinen weder im Handelsregister noch treten sie sonst nach außen hin auf. Den mit der Gesellschaft kontrahieren-

261 Vgl. Würdinger, Gesellschaften, Teil I, § 35, S. 167.

262 Dür.-Hach., II, 2, § 164 Anm. 9 HGB.

den Personen erwächst kein Anspruch auf eine Haftung der Kapitalgeber für ihre Forderung, was sich auch nicht aus der Tatsache herleiten läßt, daß die Gesellschaft mit einem von den Kapitalgebern bereitgestellten Kapitalbetrag arbeitet[263].

Der besondere Vorteil der außerhalb der Handelsgesellschaft stehenden Kapitalgeber liegt in dem erleichterten *Mitgliederwechsel* und dem beschränkten *Haftungsrisiko*.

Der Kapitalgeber kann mühelos seinen Anteil einem anderen abgeben, ohne daß der Wechsel die Eintragungen des Handelsregisters oder die Öffentlichkeit in anderer Form berührt. Dem Gesellschaftsgläubiger ist die Person des Kapitalgebers gleichgültig, wenn nur Haftung und Kreditgrundlage der Firma unverändert bestehen bleiben. Der Eigentumswechsel hat lediglich zur Folge, daß der Treuhandkommanditist seine Mitgliederliste ändert[264].

Ein Wechsel der Kapitalgeber berührt ausschließlich den Bestand der bürgerlich-rechtlichen Gesellschaft und bleibt wirkungslos auf das Gesellschaftsverhältnis der Handelsgesellschaft.

Die Haftungserleichterung, die durch die fehlende Kommanditisteneigenschaft für die Kapitalgeber begründet ist, weist auch im Hinblick auf die Mobilität der Einlagen die gleichen Vorteile wie die Unterbeteiligung auf. Gegenüber dem Unterbeteiligungsverhältnis besteht bei dem vorliegenden Treuhandverhältnis jedoch der Vorzug, daß der Treugeber dem Treuhänder offen Weisungen geben kann und die Willensbildung aller Treugeber allein entscheidend für den geschäftlichen Ablauf des Unternehmens ist.

Schließlich entsteht für den Treugeber kein doppeltes Risiko der Art, daß er am Verlust der Gesellschaft beteiligt ist und durch Verluste des Treuhänders finanziell benachteiligt werden kann. Der Treugeber hat im Gegensatz zum Unterbeteiligten im Falle des Konkurses des Treuhänders ein Aussonderungsrecht[265].

Die innere Organisationsgestaltung wird in der Regel keine Rücksicht auf die beiden getrennten Gesellschaftsverhältnisse nehmen. Wie bei den übrigen kapitalistisch gestalteten Gesellschaftsformen können auch hier die drei typischen Organe: Vorstand, Aufsichtsrat und Gesellschafterversammlung gebildet werden, nur mit dem wesentlichen Unterschied, daß Aufsichtsrat und Gesellschafterversammlung nicht aus Ge-

---

263 Hochgürtel, Hans, Kann die OHG die AG in ihrem Funktionsbereich ablösen? Diss., Köln 1951, S. 147, der fiduziarische Rechtsverhältnisse bei einer OHG ähnlich der Treuhandkommanditistenschaft bei der KG behandelt.

264 Vgl. Schmalenbach, ZfhwF 1949, S. 99.

265 Jacobs, Karl-Heinz, Die Regelung des Ausscheidens des Kommanditisten durch Tod im Gesellschaftsvertrag, S. 107 f.

sellschaftern der Handelsgesellschaft, sondern Mitgliedern der Gesellschaft bürgerlichen Rechts bestehen. Hierbei werden dann häufig die Rechte der Kapitalbeteiligten durch den Treuhandkommanditisten als indirektem Stellvertreter wahrgenommen. Er ist dann den Kapitalgebern in vollem Maße verantwortlich.

In der gesellschafterlichen Mitgliedsstellung der Komplementäre und des Kommanditisten läßt sich indessen keine Gefahr erblicken, die in der Geltendmachung der Herrschaftsrechte bestünde und die außenstehenden Kapitalgeber benachteiligen könnte. Das ist allein schon deshalb nicht denkbar, weil die Kapitalfunktion bei den Treugebern liegt und das Unternehmen ohne eine solche seine Existenzberechtigung verlieren würde. Insofern ist die Verflochtenheit allein auf Grund der kapitalmäßigen Abhängigkeit ausreichend, um die Existenz des Unternehmens zu sichern.

Für den Fall des Todes des einzigen Kommanditisten muß im Vertrage Vorsorge getroffen werden, da mit diesem die Gesellschaft zwar nicht aufgelöst (§ 177 HGB), sich aber in eine OHG wegen des Fehlens eines Kommanditisten umwandeln würde, soweit mindestens zwei persönlich haftende Gesellschafter in der Geschäftsführung tätig sind.

Der Treuhandkommanditist kann bei entsprechender persönlicher Qualifikation großen Einfluß auf die Gesellschaft ausüben[266], wenn er auch durch die hinter ihm stehenden „mittelbaren Kommanditisten" in seinen Befugnissen immer beschränkt sein wird.

In der vorliegenden Konstruktion zeigt sich besonders deutlich die Trennung von Leitungs- und Kapitalfunktion, die für diese Gesellschaftsform eine selbstverständliche Voraussetzung ist. Die Anonymität der Kapitalgeber wird gewahrt. Es wird ihnen als den eigentlichen Trägern des Unternehmens ein Mitgliederwechsel unter Lebenden als auch im Falle des Todes eines Beteiligten gestattet und insofern dem Bedürfnis einer Wahrnehmung unterschiedlicher Interessenlagen Rechnung getragen, nicht zuletzt durch die beschränkte Haftung aller Teilhaber. Die zwischen den Kapitalgebern bestehenden Interessendivergenzen und die sich für sie ergebenden Nachfolgeprobleme berühren den Fortbestand der Handelsgesellschaft nicht, soweit die Kapitalgrundlage der Handelsgesellschaft durch das Kommanditkapital gesichert ist.

Bei einer Betrachtung der Treuhandkommanditistenschaft darf aber ihre besondere Eignung als *Zusatzkonstruktion* sowohl für die körperschaftliche als auch für die kapitalistische KG unter bestimmten Voraussetzungen nicht unerwähnt bleiben. Formell ließen sich auf diese

---

[266] Vgl. Brönner, Herbert, NB 1951, 74.

Weise die Nachteile der handelsregisterlichen Eintragungen beseitigen und eine Haftungserleichterung für die Beteiligten erreichen. Indessen wird es dem Gestaltungsbedürfnis der Gesellschafter überlassen bleiben, eine zusätzliche Anwendung der Treuhandkommanditistenschaft bei kapitalistischer Ausgestaltung ihres Gesellschaftsverhältnisses zu vereinbaren, wenn sich für sie eine Notwendigkeit dazu einstellen sollte.

c) Die Juristische Person & Co.

Als dritter und letzter Fall[267] der kapitalistischen Kommanditgesellschaft bleibt die Juristische Person & Co. zu erwähnen, eine der Rechts- und Wirtschaftspraxis sehr bekannte Gesellschaftsform[268], die seit ihrer Entstehung ein viel umstrittenes Dasein führt.

Bei ihr werden die beiden Pole des Gesellschaftsrechts — Personal- und Kapitalgesellschaft — miteinander verkoppelt, indem sich Kapitalgesellschaften als Gesellschafter an Personalgesellschaften unter Wahrung ihrer rechtlichen Selbständigkeit beteiligen.

Dies zeigt sich besonders deutlich bei der GmbH & Co. (AG & Co.), die eine KG verkörpert, deren einziger persönlich haftender Gesellschafter eine GmbH (AG) ist, während die Kommanditisten aus den Gesellschaftern dieser GmbH (Aktionäre dieser AG) bestehen[269, 270, 271]. Die Schwierigkeit dieser Gesellschaftsform, sich in der Rechts- und Wirtschaftspraxis durchzusetzen, lag vor allem an der Tatsache, daß anfänglich viele Gesellschaften aus rein steuerlichen Überlegungen heraus begründet wurden und handels- wie steuerrechtlich eine mißbräuchliche Ausnutzung dieser Gesellschaftsform nicht selten war[272].

Dem Bedürfnis der Praxis nach kapitalistischer Ausgestaltung der Personalgesellschaften entsprechend, hat die GmbH & Co. ihre zivil-

---

267 Siehe S. 223, Fußnote 237.

268 Vgl. die umfangreiche Literatur der folgenden Anmerkungen sowie Hesselmann, a. a. O.; Henze, a. a. O.; Buchwald-Tiefenbacher, Die zweckmäßige Gesellschaftsform nach Handels- und Steuerrecht; Mühling, a. a. O., S. 137 ff.; Boesebeck, Die kapitalistische Kommanditgesellschaft, S. 72 ff., u. a.; in Anbetracht der umfangreichen Literatur erübrigt sich eine ausführliche Darstellung im Rahmen dieser Arbeit.

269 Möhle, Die Personengesellschaft, S. 311 f.

270 Die Möglichkeit einer Beteiligung von OHG oder KG als Gesellschafterinnen an einer Personalgesellschaft kann hier wegen der für körperschaftsähnliche Organisationen nicht typischen Merkmale außer Betrachtung bleiben. Die Zulässigkeit einer solchen Beteiligungsform ist nach h. L. anerkannt; vgl. dazu Weipert, § 105 Anm. 27 HGB; Dür.-Hach., II, 2, § 105 Anm. 22 HGB.

271 Als besonders extremes Beispiel der Juristischen Person & Co. kann die KG angesehen werden, bei der sowohl die Komplementär-Beteiligung als auch die Kommanditisten-Beteiligung juristischen Personen zusteht.

272 Vgl. Plum, a. a. O., S. 162; Boesebeck, a. a. O., S. 76 f.

rechtliche Anerkennung im Urteil des Reichsgerichts vom 4. 7. 1922[273] gefunden, dem sich auch der BGH in einem Urteil vom 28. 9. 55[274] angeschlossen hat, indem er betont, daß es der heute herrschenden Auffassung entspricht, eine GmbH als persönlich haftende Gesellschafterin einer KG zuzulassen und kein Anlaß besteht, von dieser Auffassung abzugehen.

Die endgültige steuerrechtliche Anerkennung erlangte die GmbH & Co. mit dem Urteil des Bundesfinanzhofes vom 16. 9. 1958[275], in dem ausdrücklich hervorgehoben wird, daß die GmbH & Co KG auch steuerlich als eine zulässige bürgerlichrechtliche Form anerkannt wird, die als Personengesellschaft zu behandeln ist.

Selbst die anerkennenden Urteile ließen die Anfeindungen gegen die Juristische Person & Co. nicht verstummen. Als Haupteinwand wurde dabei geltend gemacht, ein selbst beschränkt Haftender (AG, GmbH) könne nicht unbeschränkt haftender Gesellschafter (Komplementär) sein.

Demgegenüber wird aber mit Recht eingewandt, daß die Kapitalgesellschaft den Gläubigern der Personalgesellschaft gegenüber selbst unbeschränkt haftet, da sich lediglich die Teilhaber der Kapitalgesellschaft auf eine beschränkte Haftung berufen können, nicht hingegen die Gesellschaft. Diese haftet mit ihrem ganzen Vermögen.

Die für die Kapitalgesellschaften bestehenden Bestimmungen zum Schutze und zur Erhaltung des Vermögens bieten für die Gläubiger aber eine größere Gewähr als das Vermögen einer unbeschränkt haftenden physischen Person, die als persönlich haftende Gesellschafterin an keine ausdrücklichen gesetzlichen Vorschriften zur Erhaltung ihres Vermögens gebunden ist.

Ebenso bietet die Geschäftsleitung der Kapitalgesellschaften in der Regel eine höhere Sicherheit für eine sachgemäße Vermögensverwaltung und damit eine Bestandssicherung des Unternehmens als die einer natürlichen Person[276].

Durch die in der Praxis schon seit langem gemachten Erfahrungen, vor allem mit der GmbH & Co., haben sich sowohl der Anwendungsbereich als auch die Gestaltbarkeit der Gesellschaftsform selbst erheblich erweitert. So zeigt *Hesselmann*[277] die vielfältigen Motive für die Wahl der GmbH & Co. an 14 Neugründungen der jüngsten Zeit auf.

---

[273] RG 105, 101; Dür.-Hach., II, 2, § 105 Anm. 20 HGB; Weipert, § 105 Anm. 26 HGB; Würdinger, Gesellschaften, Teil I, § 22, S. 105 f.

[274] GmbH-Rdsch. 1957, 41 mit Anm. von Hesselmann.

[275] BFH, 67, 492.

[276] Vgl. Weipert, § 105 Anm. 26 HGB; Hesselmann, a. a. O., S. 7 f.

[277] Hesselmann, a. a. O., S. 24 ff.

Dabei sieht er die Motive im wesentlichen in den drei Problemkreisen:

1. Problem der Nachfolge,
2. Problem der Kapitalbeschaffung,
3. Problem der Haftungsbeschränkung

begründet. Im Rahmen dieser Arbeit interessiert nur der erste Problemkreis, zu dem Hesselmann[278] Beispiele in verschiedenen von ihm behandelten Fällen anführt.

Der Vielfältigkeit der Motive und wirtschaftlichen Anwendungsmöglichkeiten für diese Gesellschaftsform entsprechen auch die unterschiedlichen Regelungen des organisatorischen Aufbaus der Gesellschaft im Innenverhältnis.

Die Kombination von Personal- und Kapitalgesellschaft bringt immer eine organschaftliche Gestaltung hervor, die den verschiedenen Interessen der Gesellschafter nach kapitalistischer Ausgestaltung gerecht werden kann.

Bei den für die Gestaltung der Nachfolgeregelung und Fortbestandssicherung typischen Motiven wird die Juristische Person & Co. gegründet, um einen qualifizierten Dritten für die Geschäftsleitung zu gewinnen, wenn sich innerhalb des Gesellschafterkreises keine geeigneten oder zur Übernahme der Geschäftsführung bereiten Personen finden. Geschäftsführung und Vertretung werden dann allein von der Juristischen Person ausgeübt[279]. Die GmbH oder AG ist als persönlich haftende Gesellschafterin zur Führung der Geschäfte berechtigt und verpflichtet (§§ 114 Abs. I, 161 Abs. II HGB), während die Kommanditisten gemäß § 164 HGB von der Geschäftsführung ausgeschlossen sind.

Die GmbH bedarf zu ihrer Vertretung eines oder mehrerer Geschäftsführer und kann ihre Aufgabe nur durch diese wahrnehmen lassen (§§ 6, 35 Abs. I GmbHG). Die Geschäftsführer der GmbH führen die Geschäfte der GmbH & Co. und fungieren damit in doppelter Aufgabe[280].

Die Geschäftsführung wird häufig wie der Vorstand der AG von einem bei der GmbH bestellten *Beirat* oder *Aufsichtsrat* überwacht. Je nach dem Grad der Verselbständigung der Organisation ist dieses Organ mit mehr oder weniger umfangreichen Befugnissen von der Gesellschafterversammlung, die den Beirat oder Aufsichtsrat wählt, ausgestattet.

Bei weitgehender Verselbständigung wird es in den Zuständigkeitsbereich des Aufsichtsrates fallen, die Bestellung und Abberufung der Geschäftsführer vorzunehmen[281], Zustimmungserklärungen für geneh-

---

[278] Hesselmann, a. a. O., S. 35 ff., Fälle 2, 3 und 4.

[279] Vgl. Plum, a. a. O., S. 167.

[280] Hesselmann, a. a. O., S. 86.

[281] Der Gefahr der Abberufung der Geschäftsführung kann dadurch begegnet werden, daß der Aufsichtsrat intern an die Beschlußfassung aller Kom-

migungspflichtige Geschäfte abzugeben und sogar der Geschäftsführung Weisungen zu erteilen. Vielfach wird der Aufsichtsrat auch als Organ der Personalgesellschaft amtieren und die Rechte der Gesellschafter, insbesondere die Kontrollrechte der Personalgesellschafter, in Vertretung wahrnehmen. Er kann wie bei den übrigen Formen der kapitalistisch organisierten Gesellschaften entweder nur aus Kommanditisten allein, Kommanditisten und fachkundigen Nichtgesellschaftern oder auch nur aus Nichtgesellschaftern bestehen. Entsprechend der Zusammensetzung des Gesellschafterkreises wird er von einzelnen Gesellschaftern oder von Gesellschafterstämmen delegiert sein[282].

Indessen wird sich die Gestaltung der inneren Organisation wesentlich danach richten, ob die Gesellschafter der GmbH andere als die der Personalgesellschaft sind. Ist dies der Fall, „so hängt der Umfang der Rechte der nicht geschäftsführenden Gesellschafter oder deren Vertretung wesentlich vom Kapitalgewicht der Beteiligten ab“[283].

Die besondere Eignung der GmbH & Co. für die Nachfolgeregelung zeigt sich bei Familiengesellschaften insbesondere dann, wenn keine Familienmitglieder als Nachfolger vorhanden oder bereit sind, die Geschäftsführung und das damit verbundene persönliche Risiko zu übernehmen. Die Erbennachfolger können sich dann in einer zu gründenden GmbH zusammenschließen, die einzige Komplementärin der Personalgesellschaft wird. Für die GmbH als Kapitalgesellschaft wird es dann leichter sein, geeignete Geschäftsführer auch außerhalb des Gesellschafterkreises zu finden, die zwar zum persönlichen Führungseinsatz, aber nicht zur Übernahme des persönlichen Haftungsrisikos bereit sind.

Für die in der GmbH vereinigten Gesellschafter ergibt sich der besondere Vorteil einer Haftungsbeschränkung, was den Bedürfnissen am Unternehmen nicht interessierter Erben im besonderen Maße entgegenkommen wird.

Dabei bleiben die für die Personalgesellschaft typischen Steuervorteile uneingeschränkt erhalten[284]. Ebenso kann dem unterschiedlichen Interesse von solchen Beteiligten, die nur an einem in der Kapitalgesellschaft thesaurierten Gewinn interessiert sind, und denen, die auf ein allerdings steuerpflichtiges Einkommen Wert legen[285], besonders entsprochen werden.

---

manditisten gebunden wird oder sich die GmbH im Gesellschaftsvertrag der KG verpflichtet, einen Wechsel der Mitglieder, sowohl im Aufsichtsrat als auch in der Geschäftsführung, nicht ohne einen Beschluß der Gesellschafterversammlung der KG durchzuführen; so Plum, a. a. O., S. 169.

282 Vgl. Plum, a. a. O., S. 167.

283 Plum, a. a. O., S. 168.

284 So auch Schneider-Zartmann-Martin, a. a. O., § 8, S. 146 ff.

285 Böttcher, Conrad, StbJb. 1952, S. 95.

Eine vorweggenommene Erbteilung läßt sich mit Hilfe der GmbH & Co. ermöglichen, wenn die Abkömmlinge des Unternehmers gleichzeitig Kommanditisten der Personalgesellschaft und Gesellschafter der GmbH werden.

Für die GmbH als geschäftsführende persönlich haftende Gesellschafterin läßt sich dann jeweils der fachlich am besten geeignete Familienangehörige als Geschäftsführer und damit zum Leiter des gesamten Unternehmens bestellen, während die übrigen Familienangehörigen unverändert Gesellschafter bleiben, ohne daß sich für sie Auszahlungen infolge Austritts ergeben[286].

Böttcher[287] sieht schließlich einen weiteren Vorteil in dieser Gesellschaftsform, wenn infolge Generationenwechsels und der dadurch eingetretenen Beteiligungszersplitterung das geschäftsführende Familienmitglied in die Stellung eines geschäftsführerähnlichen Angestellten hineingedrängt und nicht mehr bereit ist, die unbeschränkte persönliche Haftung zu übernehmen.

Für die Fortbestandssicherung der Gesellschaft erweist sich die GmbH & Co. als geeignet, wenn nach dem Tode des einzigen persönlich haftenden Gesellschafters einer Personalgesellschaft keiner der übrigen Gesellschafter bereit oder auch geeignet ist, die Führung der Geschäfte und damit das persönliche Haftungsrisiko zu übernehmen.

Diese Schwierigkeiten treten nicht auf, wenn eine GmbH als Körperschaft persönlich haftende Gesellschafterin ist und die Geschäftsführer bestellt werden können[288].

In der Vielgestaltigkeit der Juristischen Person & Co. liegt ihr großer Anwendungsbereich begründet. Sie kann vielen Zwecken[289] dienen und wird insbesondere auch der Forderung nach einer Nachfolgeregelung und Fortbestandssicherung des Unternehmens gerecht, da sie sich in ihrem strukturellen Aufbau durch die Trennung von Leitungs- und Kapitalgeberfunktionen in hervorragender Weise dazu eignet. Indessen läßt sich nicht leugnen, daß viele Gesellschaften auch heute noch nach der zivilrechtlichen und steuerrechtlichen Anerkennung der GmbH & Co. eine gewisse Scheu haben, ihre Gesellschaft in diese Gesellschaftsform umzuwandeln, da sie noch mit dem Ruf handels- und steuerrechtlichen Mißbrauchs belastet ist. Das kommt auch in der Tatsache zum Ausdruck, wenn bei Neugründungen und Umwand-

---

286 Schneider-Zartmann-Martin, a. a. O., § 8, S. 148.

287 Böttcher, StbJb. 1952, S. 77 ff.

288 Schneider-Zartmann-Martin, a. a. O., § 8, S. 147 ff.

289 Vgl. auch die Anwendungsbeispiele bei Zartmann, BB 1951, 737 f. und bei Plum, a. a. O., S. 168 ff.

lungen nach Möglichkeiten und Wegen gesucht wird, die Rechtsform nicht in der Firma in Erscheinung treten zu lassen[290].

Bei der Suche nach geeigneten Gesellschaftsformen werden sich innerhalb der aufgezeigten Skala immer Formen finden, die von körperschaftlicher bis zu kapitalistischer Ausgestaltung reichen und dem Ziel einer Bestandssicherung der Gesellschaften sehr entgegenkommen können.

IV. Der Gesellschaftsvertrag und seine Ausgestaltung unter Berücksichtigung allgemeiner Reformfragen des Rechts der Personalgesellschaften

Das Gesetz verweist für die Gestaltung des Rechtsverhältnisses der Gesellschafter der Personalgesellschaften zunächst auf den Gesellschaftsvertrag[291] (§ 109 HGB). Damit wird den Gesellschaftern weitgehende Vertragsfreiheit in der Gestaltung ihrer Rechtsverhältnisse zugestanden.

Die Grenzen der Vertragsfreiheit liegen einmal in den allgemeinen gesetzlichen Schranken (z. B. § 138 BGB), zum anderen aber auch „in gewissen unabänderlichen Wesenszügen der verschiedenen Gesellschaftstypen", ferner in den Interessen Dritter, die sich auf bestimmte, für die Personalgesellschaft typische Normalgestaltungen nach Maßgabe der erforderlichen Sicherheit des Rechtsverkehrs verlassen können müssen[292].

Auf dem Grundsatz der Vertragsfreiheit beruht die Elastizität des Rechts der Personalgesellschaften, die es gestattet, der Vielfalt der wirtschaftlichen Tatbestände sowie den laufenden Veränderungen rechtlicher und wirtschaftlicher Art in entsprechender Form gerecht zu werden[293].

Der Gesellschaftsvertrag wird den betriebswirtschaftlichen Erfordernissen nur dann genügen können, wenn er die nötige Anpassungsfähigkeit besitzt. Andererseits ist der große Vorzug der zugestandenen Vertragsfreiheit nicht ungefährlich, wenn man bedenkt, daß die oft rechtlich und wirtschaftlich wenig geschulten Gesellschafter sich als Gesetzgeber betätigen müssen und von *ihrer* Vertragsabfassung das Schick-

---

290 Vgl. Plum, a. a. O., S. 162 f.

291 In seiner rechtlichen Natur ist der Gesellschaftsvertrag kein gegenseitiger, schuldrechtlicher Austauschvertrag, sondern ein gemeinschaftsbegründender Vertrag (Hueck, OHG, § 6, S. 33) nach Lehmann, § 18, S. 203 und Würdinger, Gesellschaften, Teil I, § 8, S. 42, ist er ein Organisationsvertrag; vgl. auch Brönner, NB 1951, 73.

292 Siebert, StbJb. 1955/56, S. 332 f.; NJW 1955, 1027, 1029.

293 Vgl. Siebert, a. a. O., S. 333.

sal des Unternehmens als Rechts- und Wirtschaftseinheit im höchsten Grade abhängig ist.

Das gesetzliche Normalstatut, das die Rechtsverhältnisse der Personalgesellschaften regeln will, entspricht den Bedürfnissen vor allem der großen Gesellschaften heute nicht mehr[294]. Es zeigt sich daher bei Überprüfung der Gesellschaftsverträge besonders der letzten Jahre, „wie sehr sich ohne Änderung der Gesetzgebung der Inhalt dieser Verträge angesichts der wirtschaftlichen Entwicklung zu Großunternehmen mit verstärktem Kapitalbedarf und unter Einwirkung der steuerlichen Gesetzgebung geändert hat und wie weitgehend sich früher vielfach bekämpfte Tendenzen durchgesetzt haben"[295].

Die bisherigen Betrachtungen haben die Vielzahl der Möglichkeiten von Interessendivergenzen verdeutlicht, die mit fortschreitender Dauer des Bestehens und zunehmender Größe der Unternehmungen die Existenz der Gesellschaften gefährden können, wenn sich die Gesellschafter nicht die vom Gesetzgeber zugestandene Vertragsautonomie zunutze machen und durch vertragliche Gestaltungen die Kontinuität ihrer Gesellschaften zu sichern suchen.

Dabei muß sich die Praxis immer vergegenwärtigen, daß das Gesetz keine kasuistischen Regelungen aufstellen konnte, sondern lediglich für eine Mehrzahl der Fälle brauchbare Normen geben wollte[296], deren allgemeine Natur einen weiten Anwendungsbereich zuläßt.

Die in der Gesellschaft herrschenden Interessengegensätze aber sind bei der Gegenüberstellung von Kapitel und Arbeit immanent[297]. Sie zeigen sich vorwiegend in den Gesellschaftsformen, die auf Grund ihrer rechtlichen Struktur eine Einteilung der Gesellschafter in solche mit Leitungsfunktionen und solche mit Kapitalgeberfunktionen, wie z. B. bei der KG, von selbst zum Ausdruck bringen. Das Gesetz kann immer nur den Rahmen abstecken, um die die Gesellschaft in ihrem Bestand gefährdenden Zerwürfnisse zu vermeiden[298].

Besonders bei Gesellschaften mit großer Mitgliederzahl wird mit dem Zurücktreten der Individuen hinter ein kapitalorientiertes Interesse die Gefahr einer Interessendivergenz zusehends größer.

Für die Beurteilung der Interessengegensätze zwischen Kapital und Arbeit ist der Ursprung der Motive nicht immer wesentlich; allein die vertraglichen Vereinbarungen der Gesellschafter sind geeignet, einen

---

[294] Würdinger, Die Kommanditgesellschaft, § 3, S. 25.

[295] Plum, a. a. O., S. 139.

[296] Vgl. Steiner, a. a. O.

[297] Würdinger, Die Kommanditgesellschaft, § 3, S. 25.

[298] Vgl. Steiner, a. a. O., S. 137.

Ausgleich dieser Gegensätze zu bewirken. Die außerordentliche Bedeutung, die dem Gesellschaftsvertrag für die Existenz des Unternehmens als einem Glied der Volkswirtschaft zukommt, fordert deshalb eine verantwortungsbewußte, auf den Fortbestand der Gesellschaft ausgerichtete Vertragsabfassung, zu der die Gesellschafter vielfach jedoch nicht in der Lage sind.

Daraus erklären sich viele Anregungen, die gegeben wurden, um den Gesellschaftern eine fachgerechte und verantwortungsbewußte Vertragsgestaltung zu erleichtern.

Steiner[299] führt den Vorschlag von Kleinewefers an, der darauf abzielt, einen Gedankenaustausch durch offene Aussprache und gegenseitige Einsichtnahme in die Gesellschaftsverträge einzuleiten.

In Ergänzung dazu und zu weiteren Vorschlägen des Ausschusses für das Recht der Personalgesellschaften[300] sei zunächst darauf verwiesen, daß die den Gesellschaftern bei der Vertragsabfassung übertragene Verantwortung durch den Gesetzgeber nur dadurch unterstützt werden kann, indem die Formfreiheit des Gesellschaftsvertrages[301] aufgehoben und statt dessen die Wirksamkeit der Gesellschaft vom Abschluß eines der *Schriftform* bedürftigen Vertrages abhängig gemacht wird[302]. Die Gesellschafter werden dadurch zu Beginn der Gesellschaft schon zu Beschlüssen gezwungen, die auch für nachfolgende Generationen Gültigkeit haben, ohne daß beim Wechsel der Personen Abmachungen entstellt oder gar in ihr Gegenteil verkehrt werden können.

In engem Zusammenhang damit steht die Forderung einer Vertragsabfassung durch die Gesellschafter unter *Mitwirkung von Sachverständigen,* wobei an Anwälte und Wirtschaftsprüfer gedacht ist. Diese sollen unter Berücksichtigung der Gesellschafterinteressen von juristischer und wirtschaftlicher Seite her die Möglichkeiten und Grenzen der Vertragsfreiheit aufzeigen und die der Gesellschaft angemessenen Bestimmungen vertraglich formulieren.

Im Rahmen dieser Erörterung konnten nur die mehr oder weniger *formellen* Empfehlungen für eine Behandlung des Gesellschaftsvertrages Berücksichtigung finden. Es würde daher zu weit führen, Reformvorschläge im einzelnen anzuführen, die auf eine *materielle* Änderung gesetzlicher Normen abzielen[303].

---

[299] Steiner, a. a. O., S. 138.

[300] Vgl. Würdinger, Die Kommanditgesellschaft, S. 30 ff., der eine Beteiligungs- und Haftungsregelung für das Verhältnis von Komplementären und Kommanditisten vorschlägt, aber nicht zu einer Übereinstimmung gelangt ist.

[301] Vgl. Staub-Pinner, § 105 Anm. 41 HGB.

[302] So auch Steiner, a. a. O., S. 139 und dort die angegebene Literatur.

[303] Ausführliche Behandlung von Reformvorschlägen zum Bestandsschutz, vgl. Steiner, a. a. O., S. 120 ff.

Diesen Empfehlungen kann indessen kein zwingender Charakter verliehen werden, da an ihnen kein Interesse einer Rechtskontrolle besteht, solange sich die Vereinbarungen der Gesellschafter innerhalb der Grenzen des geltenden Rechts in zulässiger Weise bewegen.

Für die *Bestandssicherung* der Gesellschaft sollen sich daher im Rahmen dieser Untersuchung Empfehlungen für eine Reform gesetzlicher Normen nur auf die Tatbestände der *Auflösung* und *Dauer* der Gesellschaft erstrecken, um der drängenden Forderung nach Erhaltung der Gesellschaft vor allem im Erbfall entgegenzukommen.

Die strenge Koppelung der Existenz der Gesellschaft an die ihrer Mitglieder wird in den gesetzlichen Auflösungsgründen des § 131 HGB besonders deutlich[304]. Deshalb erscheint es fraglich, ob eine Auflösung der Gesellschaft, vor allem beim Tode eines persönlich haftenden Gesellschafters, rechtspolitisch zu billigen ist, „da sie weder den wirtschaftlichen Interessen der Gesellschafter am Fortbestand der Gesellschaft noch der Allgemeinheit an der Erhaltung des Unternehmens Rechnung trägt“[305].

Im Zusammenhang damit steht die Empfehlung, die Existenz der Gesellschaft für eine möglichst lange Dauer zu sichern und „in verstärktem Maße für das ungestörte Fortbestehen der OHG und KG einzutreten“[306]. Eine Reform der gesetzlichen Bestimmungen kann im wesentlichen daher nur im möglichst weitgehenden Ausschluß der gesetzlichen Auflösungsgründe und ihrer Wirkung und in langfristigen Vereinbarungen über die Dauer der Gesellschaft bestehen.

Die vom Gesetzgeber zugestandenen Möglichkeiten der Erhaltung der Personalgesellschaft in den §§ 138, 139 HGB können im Rahmen der Vertragsfreiheit einer weiteren Neugestaltung zur Sicherung des Fortbestandes der Gesellschaft als Grundlage dienen.

Die im Rahmen dieser Arbeit aufgezeigten Möglichkeiten einer Annäherung der Personalgesellschaft an die Struktur der Kapitalgesellschaft wirft die Frage auf, ob eine Ausweitung gesetzlicher Möglichkeiten dieser Strukturwandlung entgegenkommen kann. Durch die Vertragsfreiheit läßt sich weder die Haftung Dritten gegenüber weiter einschränken noch die Kapitalbeteiligung völlig frei gestalten. Wünschen Gesellschafter in dieser Richtung weitere Freiheit, so bleibt ihnen nichts anderes übrig, als die Form der Kapitalgesellschaft zu wählen.

---

304 Vgl. auch Plum, a. a. O., S. 179.

305 Hueck, OHG § 23, S. 220.

306 Steiner, a. a. O., S. 121.

Bei Ausschöpfung aller rechtlich zulässigen Gestaltungsmöglichkeiten stellt sich daher keine Notwendigkeit ein, die kapitalistisch-organisierten Personalgesellschaften gesetzlich zu regeln[307].

In dieser im Ergebnis erreichten Strukturwandlung, durch die die enge Verbundenheit der Gesellschafter als Arbeitsgemeinschaft gesprengt und das der Personalgesellschaft eigene Individualprinzip durch Anwendung körperschaftlicher Grundsätze durchbrochen wird, liegt die besondere Bedeutung, indem das zwischen den Gesellschaftern bestehende Spannungsfeld neutralisiert wird.

Zusehends strebt daher die Praxis in der Ausgestaltung ihrer Verträge durch strukturelle Annäherung an körperschaftliche Satzungen dem organisatorischen Vorbild der Kapitalgesellschaft nach und macht sich deren Vorzüge, vor allem in Hinblick auf eine klare Nachfolgeregelung und Bestandssicherung im Erbfall, zu eigen.

---

[307] Plum, a. a. O., S. 190 f.

Literatur- und Quellenverzeichnis

A. Monographien und Lehrbücher

Aulinger, Leonhard: Die atypische stille Gesellschaft, Düsseldorf 1955.

Ballerstedt, Kurt: Kapital, Gewinn und Ausschüttung bei Kapitalgesellschaften, Tübingen 1949.

Boesebeck, Ernst: Die „kapitalistische" Kommanditgesellschaft, Frankfurter rechtswissenschaftliche Abhandlungen, Nr. 6, Frankfurt 1938.

Böttcher, Conrad: Neue Erfahrungen und Erkenntnisse zum Wirtschafts- und Steuerrecht der Familienunternehmen, StbJb. Köln 1952, S. 77—102.

— Zum Wirtschafts- und Steuerrecht der Familienunternehmen, StbJb Köln 1956/57, S. 147—180.

Bopp, Gerhard: Die Unterbeteiligung an gewerblichen Unternehmen im Steuerrecht, Düsseldorf 1956.

Brönner, Herbert: Die Besteuerung der Gesellschaften, 9. Aufl., Stuttgart 1957 und Ergänzungsband, Stuttgart 1959.

Buchwald-Tiefenbacher: Die zweckmäßige Gesellschaftsform nach Handels- und Steuerrecht, Heidelberg 1960.

Bühler, Otmar: Steuerrecht der Gesellschaften und Konzerne, 3. Aufl., Bln. u. Frankfurt 1956.

Enneccerus-Nipperdey: Allgemeiner Teil des Bürgerlichen Rechts, I. Bd., 15. Aufl., bearbeitet von Hans Carl Nipperdey, Tübingen 1960.

Flechtheim, Ernst, A. B.: Die kapitalistisch ausgestaltete Personalgesellschaft, Mannheim-Berlin-Leipzig 1934.

Gierke, Julius von: Beiträge zum Handelsrecht 1934, Die Fortsetzung der OHG mit den Erben eines Gesellschafters, Festgabe zum 70. Geburtstag von Carl Wieland, Basel 1934.

Gogos, Demetrius: Die Geschäftsführung der OHG, Tübingen 1953.

Gutenberg, Erich: Grundlagen der Betriebswirtschaftslehre, 1. Bd.: „Die Produktion", 2. Aufl., Bln.-Göttingen-Heidelberg 1955.

Haegele, Karl: Das eheliche Güterrecht, (nach Inkrafttreten des Gleichberechtigungsgesetzes), Rechtsarchiv der Wirtschaft, Stuttgart-Mannheim-Hannover 1958.

Hartmann, Bernhard: Der lästige Gesellschafter in der Wirtschaftspraxis, Köln 1959.

Heintzenberg, Rolf: Die Einzelunternehmung im Erbgang, Abhandlungen aus dem Industrieseminar der Universität zu Köln, Berlin 1957.

Henze, Max: Die GmbH und Co, 3. Aufl., Stuttgart 1957.

Hesselmann, Malte: Die GmbH und Co, Der Rechts- und Steuerdienst, 2. Aufl., Köln 1957.

Hirsch, Ernst, E.: Leitfaden für das Studium des Handels- und Gesellschaftsrechts, Berlin u. Frankfurt 1959.

Hueck, Alfred: Gesellschaftsrecht, 7. Aufl., München u. Berlin 1957.

— Das Recht der Offenen Handelsgesellschaft, 2. Aufl., Berlin 1951.

Jonen, August: Die Vereinbarung der Fortsetzung der OHG mit den Erben eines Gesellschafters, Ein Vorschlag zur Abänderung des § 139 HGB, Rechtswissenschaftliche Studien, Berlin 1921.

Knorr, Ernst: Grundzüge der Unternehmenssicherung unter Berücksichtigung betriebswirtschaftlicher, gesellschafts-, familien-, erb- und steuerrechtlicher Fragen, Unternehmer und Wirtschaftsprüfter mit dem Blick in die Zukunft, Bericht über die Fachtagung des Instituts der Wirtschaftsprüfer am 4. und 5. Juni 1959 in Stuttgart, Düsseldorf 1960, S. 153—163.

Küster, Werner: Inhalt und Grenzen der Rechte der Gesellschafter, insbesondere des Stimmrechts im deutschen Gesellschaftsrecht, Berlin 1954.

Lehmann, Heinrich: Gesellschaftsrecht, 2. Aufl., Berlin und Frankfurt 1959.

Model, Otto: Testament und Güterstand des Unternehmers, 3. Aufl. des „Unternehmertestaments", Köln 1959.

Neitzel, Manfred: Die Besitz- und Betriebsgesellschaft, Abhandlungen aus dem Industrieseminar der Universität zu Köln, Berlin 1958.

Plum, Maria: Der fortschreitende Strukturwandel der Personalgesellschaft durch Vertragsgestaltung, Hundert Jahre deutsches Rechtsleben, Festschrift zum hundertjährigen Bestehen des Deutschen Juristentages — 1860/1960 —, Band II, Karlsruhe 1960.

Potthoff, Erich und Heinrich Zintzen: Die Gesellschaftsverträge der Personalgesellschaften, 2. Aufl., Köln u. Opladen 1953.

Rathenau, Walther: Vom Aktienwesen, Eine geschäftliche Betrachtung, Berlin 1918.

Richardi, Reinhard: Das Verwaltungsrecht des Testamentsvollstreckers an der Mitgliedschaft in einer Personenhandelsgesellschaft, Berlin u. Frankfurt/M. 1961.

Schmalenbach, Eugen: Dynamische Bilanz, 11. Aufl., Köln u. Opladen 1953.

— Die Beteiligungsfinanzierung, 8. Aufl., Köln u. Opladen 1954.

Schneider-Zartmann-Martin: Familienunternehmen und Unternehmertestament, 2. Aufl., Heidelberg 1956.

— Familienunternehmen und Unternehmertestament, 3. Aufl., Heidelberg 1960.

Siebert, Wolfgang: Gesellschaftsvertrag und Erbrecht bei der offenen Handelsgesellschaft, Juristische Studiengesellschaft, Vortrag vom 2. 7. 1954, 3. Aufl., Karlsruhe 1958.

— Aktuelle Rechtsfragen zur Mitgliedschaft in Personengesellschaften, StbJb, Köln 1955/56, S. 299—333.

— Die Bindungswirkung des Erbvertrages, Ein Beitrag zur Gesetzesauslegung im Erbrecht, vor allem zu § 2289 BGB, Recht und Wirtschaft, Festschrift für Justus Hedemann zu seinem 80. Geburtstag, Berlin 1958, S. 237—266.

Steiner, Herbert: Die offene Handelsgesellschaft und die Kommanditgesellschaft in der deutschen Wirtschaft, Tübingen 1950.

Würdinger, Hans: Gesellschaften, I. Teil: Recht der Personalgesellschaften, Grundzüge der Rechts- und Wirtschaftswissenschaften, Reihe A, hrsg. von: G. Dahm, K. A. Eckhardt, E. R. Huber, Hamburg 1937.

— Das Recht der Personalgesellschaften, I. Teil: Die Kommanditgesellschaft, 1. Arbeitsbericht des Ausschusses für das Recht der Personalgesellschaften der Akademie für deutches Recht, München-Berlin 1939.

B. Kommentare

Baumbach-Duden: Kurzkommentar zum HGB, Bd. 9, Handelsgesetzbuch mit Nebengesetzen ohne Seerecht und Aktienrecht, 13. Aufl., München und Berlin 1959.

Baumbach-Hueck: Aktiengesetz, 10. Aufl., München u. Berlin 1959.

Baumbach-Lauterbach: Zivilprozeßordnung, 25. Aufl., 166.—178. Tausend München u. Berlin 1958.

Blümich-Falk: Einkommensteuergesetz, 7. Aufl., Berlin u. Frankfurt 1955.

Düringer-Hachenburg: Kommentar zum HGB, II. Bd., 1. Hälfte, Allgemeine Einleitung: Das Gesellschaftsrecht des bürgerlichen Rechts, bearbeitet von Karl Geiler, Mannheim-Bln.-Leipzig 1932.
Kommentar zum HGB, II. Bd., 2. Hälfte, 3. Aufl., §§ 105—177, 335—342, bearbeitet von Julius Flechtheim, Mannheim-Bln.-Leipzig 1932.

Ellinger-Schug-Ehlers: Vermögensteuer und Einheitsbewertung, 2. Aufl., Berlin u. Frankfurt 1954.

Hartmann-Böttcher: Großkommentar zur Einkommensteuer, Stuttgart 1955.

Herrmann-Heuer: Kommentar zur Einkommensteuer und Körperschaftsteuer, 8. Aufl., Köln 1958.

Krekeler (Uhlich-Rössler-Troll): Bewertungsgesetz, 6. Aufl., Berlin u. Frankfurt 1958.

Lenski-Steinberg: Kommentar zum Gewerbesteuergesetz, Köln 1957.

Megow, Heinrich: Erbschaftsteuergesetz, 3. Aufl., Berlin u. Frankfurt 1955.

Möhle, Fritz: Die Personengesellschaft, Systematischer Kommentar, 2. Aufl., Stuttgart 1957.

Palandt: BGB mit Kommentar, bearbeitet von: Danckelmann, Gramm, Hoche, Lauterbach, Rechenmacher, 17. Aufl., München u. Berlin 1958.

RGR Kommentar, Reichsgerichtsräte-Kommentar zum BGB, 9. Aufl., 1940.

Schlegelberger, Franz: Kommentar zum HGB, I. Bd., 2. Aufl., bearbeitet von: Gessler, Hefermehl, Hildebrandt, Schröder, Bln. u. Frankfurt 1950.

Schlegelberger-Gessler: Kommentar zum HGB, II. Bd., 3. Aufl., erläutert von: Gessler, Hefermehl, Hildebrandt, Schröder, Bln. u. Frankfurt 1955.

Staub's Kommentar zum HGB, 12. u. 13. Aufl., bearbeitet von: Heinrich Koenige, Albert Pinner, Felix Bondi, I. Bd., §§ 1—177, Berlin u. Leigzig 1926.

Sudhoff, Heinrich: Der Gesellschaftsvertrag der Personengesellschaften, Kommentar mit Formularteil, München u. Berlin 1959.

Weckerle-Dürschke: Vermögensteuergesetz, 3. Aufl., München u. Berlin 1956.

Weipert, Otto: RGR Kommentar zum HGB, II. Bd., 2. Aufl., §§ 105-177, 335 — 342, bearbeitet von Otto Weipert, Berlin 1950.

Würdinger, Hans: RGR Kommentar zum HGB, I. Bd., 2. Aufl., §§ 1—104 HGB, bearbeitet von Hans Würdinger, Berlin 1953.

C. Entscheidungssammlungen und Sonstiges

Entscheidungen des Bundesfinanzhofes in Steuersachen, München.

Entscheidungen des Bundesgerichtshofes in Zivilsachen, Detmold, Köln, München und Berlin.

Entscheidungen in Angelegenheiten der freiwilligen Gerichtsbarkeit und des Grundbuchrechts, zusammengestellt im Reichs-Justizamt, Berlin.

Sammlung der Entscheidungen und Gutachten des Reichsfinanzhofes, hrsg. vom Reichsfinanzhof, München.

Entscheidungen des Reichsgerichts in Zivilsachen, Leipzig.

Jahrbuch für Entscheidungen des Kammergerichts in Angelegenheiten der freiwilligen Gerichtsbarkeit und des Grundbuchrechts. Auf Grund amtlichen Materials hrsg. von Kurt Ehm, Berlin.

Lindenmaier-Möhring: Nachschlagewerk des Bundesgerichtshofes, München und Berlin.

Die Rechtsprechung der Oberlandesgerichte auf dem Gebiete des Zivilrechts, Leipzig.

D. Dissertationen

Baltes, Heinz: Gesellschaftsvertragliche Gestaltungen bei der Kommanditgesellschaft und ihren Erscheinungsformen, betriebswirtschaftlich betrachtet, Diss., Köln 1956.

Bannenberg, Josef: Betriebswirtschaftliche Probleme der Erbfolge in gewerblichen Unternehmungen unter besonderer Berücksichtigung der Erbschaftsteuern, Diss., Köln 1949.

Betzler, Manfred: Die Stellung der Erben eines Offenen Handelsgesellschafters im Falle des § 139 HGB im Innenverhältnis, Diss., Köln 1952.

Brauer, Paul: Möglichkeit und Zulässigkeit einer Ausgestaltung der Kommanditgesellschaft nach dem Vorbild einer Kapitalgesellschaft, Diss., Köln 1941.

Brunstädt, Gunther: Die Beerbung eines Kommanditisten durch mehrere Erben, Diss., Rostock 1939.

Gronau, Friedrich: Die Sicherung der Unternehmung, Diss., Leipzig 1935.

Hochgürtel, Hans: Kann die OHG die AG in ihrem Funktionsbereich ablösen? Diss., Köln 1951.

Houben, Joseph: Der Aufsichtsrat der kapitalistischen Kommanditgesellschaft, Diss., Köln 1958.

Jacobs, Karl-Heinz: Die Regelung des Ausscheidens des Kommanditisten durch Tod im Gesellschaftsvertrag, Diss., Köln 1955.

Kock, Walter-Dieter: Die Gesellschafterkonten bei den Personalgesellschaften des Handelsrechts einschließlich der Stillen Gesellschaft, Diss., Göttingen 1955.

Kraus, Karl: Die OHG und KG beim Tode eines Gesellschafters, insbesondere im Falle der §§ 138 und 139 HGB, Diss., Würzburg 1926.

Kuhlmann, Alfred: Nießbrauch und Testamentsvollstreckung bei Beteiligungen an Personalgesellschaften des Handelsrechts, Diss., Göttingen 1955.

Mähler, Kurt: Die Entwicklung der Willensbildung in deutschen Aktiengesellschaften in den letzten Jahrzehnten, Ein Beitrag zur Methodik der Betrachtung und zur praktischen Analyse im Blick auf eine neuerliche Aktienrechtsform, Diss, Köln 1957.

Mühling, Ernst: Die kapitalistische Kommanditgesellschaft, Diss., München 1954.

Potthoff, Erich: Die Gesellschaftsverträge der Personalgesellschaften in betriebswirtschaftlicher Betrachtung, Diss., Köln 1941.

Schröder, Frank: Die organisatorische Annäherung der Kommanditgesellschaft an die Struktur der Kapitalgesellschaften, Möglichkeiten und Grenzen, Diss., Köln 1952.

Schwarze, Paul: Die Vermögensauseinandersetzung beim Ausscheiden eines Gesellschafters aus einer Personalgesellschaft in betriebswirtschaftlicher und steuerlicher Hinsicht, Diss., Köln 1937.

E. Zeitschriften

Archiv für die civilistische Praxis, Tübingen.

Der Betrieb. Wochenschrift für Betriebswirtschaft, Steuerrecht, Wirtschaftsrecht, Arbeitsrecht, Düsseldorf.

Der Betriebs-Berater. Zehntagedienst für Wirtschafts-, Steuer- und Sozialrecht, Heidelberg.

Neue Betriebswirtschaft. Beilage zum Betriebs-Berater, Heidelberg.

Der praktische Betriebswirt. Die aktive betriebswirtschaftliche Zeitschrift, Berlin.

Blätter für Steuerrecht, Sozialversicherung und Arbeitsrecht, Berlin.

Bundessteuerblatt. Hrsg. vom Bundesminister der Finanzen, Bonn.

Deutsche Juristen-Zeitung, München-Berlin (bis 1936).

Monatsschrift für Deutsches Recht, Hamburg und Bleckede a. d. Elbe.

Deutsches Recht (vereinigt mit „Juristische Wochenschrift“), Berlin, Leipzig, Wien (bis 1945).

Deutsche Notarzeitschrift, München u. Berlin.

Höchstrichterliche Rechtsprechung, Berlin (bis 1942).

Reichssteuerblatt. Hrsg. vom Reichsfinanzministerium, Berlin (bis 1944).

Juristische Rundschau, Berlin.

Juristenzeitung, Tübingen.

Steuer und Wirtschaft, München-Göttingen-Heidelberg.

Die Wirtschaftsprüfung (vereinigt mit „Der Wirtschaftsprüfer“), Stuttgart.

Der Wirtschaftstreuhänder, Stuttgart.

Juristische Wochenschrift, Berlin, Leipzig (bis 1939).

Neue Juristische Wochenschrift, München u. Berlin.

Zeitschrift der Akademie für Deutsches Recht, München und Berlin (bis 1944).

Zeitschrift für Betriebswirtschaft, Wiesbaden.

Zeitschrift für handelswissenschaftliche Forschung, Köln und Opladen (bis 1944: Leipzig).

Leipziger Zeitschrift für Handels-, Konkurs- und Versicherungsrecht, München, Berlin, Leipzig.

Zeitschrift für das Gesamte Handelsrecht und Konkursrecht.

F. Aufsätze in Zeitschriften und Zeitungen sowie nicht veröffentlichte Schriften

Berger, Kurt: Die Berechnung des Geschäftswertes eines Unternehmens auf der Grundlage des Ertragswertes, insbesondere beim Ausscheiden eines Gesellschafters, WT 1941, 301—304.

Beste, Theodor: Die Regelung der Auseinandersetzungsfrage in den Gesellschaftsverträgen der Personalgesellschaften, ZfhwF 1924, 97—124.

Boesebeck, Ernst: Gefährdung von Gesellschaftsverträgen durch Zugewinngemeinschaft, DB 1958, 1147—1149.

Brönner, Herbert: Die Auseinandersetzung bei der OHG und KG, JR 1949, 563—564.

— Der Gesellschaftsvertrag der Kommanditgesellschaft, NB 1951, 73—75.

Buchwald, Friedrich: Nichtgesellschafter als Geschäftsführer bei der OHG und KG ? DB 1957, 109—111.

— Die Berechnung der Kommanditeinlage nach § 139 HGB, DB 1958, 1003—1005.

— Erbengemeinschaft und Personengesellschaft, WP 1958, 151—154.

Eiselt, Gerhard: Die Vererbung der Beteiligung an einer OHG, AcP, 158. Bd., 38. Bd. n. F., 1959, 319—336.

Fischer, Robert: Die Geschäftsführungs- und Vertretungsbefugnis eines Erben in einer Personalgesellschaft des Handelsrechts, BB 1956, 839—841.

Haegele, Karl: Erbrechtliche Fragen bei der OHG, WT 1955, 157—162.

Heintzenberg, Rolf: Das Unternehmertestament, seine betriebswirtschaftlichen und erbschaftsteuerlichen Grundlagen, Dipl.-Arb., Köln 1952.

Hueck, Alfred: Gesellschaftsvertrag und Erbrecht, DNotZ 1952, 550 ff.

Janberg, Hans: Die Unterbeteiligung im Gesellschaftsrecht, DB 1953, 77—80.

Knur, Alexander: Zugewinngemeinschaft, Ehevertrag und Verfügung von Todes wegen, DNotZ 1957, 451—483.

Merkel-Siebert: Die Rechtsnachfolge beim Tode eines Gesellschafters einer OHG, BB 1956, 835—839.

Mügel: Die Erhaltung der Familiengesellschaften, SP 1939, Spalten: 1049—1062.

Müller, W.: Drittorgane bei Personalgesellschaften? NJW 1955, 1909—1910.

Paulsen, Andreas: Das „Gesetz" der dritten Generation. Erhaltung und Untergang von Familienunternehmungen, Der praktische Betriebswirt 1941, 271—280.

Priese, Johannes: Die Arbeitskraft als Gesellschaftereinlage, DB 1953, 452—453.

Reinicke, D.: Zur Rechtsstellung des überlebenden Ehegatten im Güterstand der Zugewinngemeinschaft, BB 1958, 575—579.

Sauermann, Heinz: Sozialwissenschaftliche Probleme der Unternehmernachfolge, ZfhwF 1956, 605—617.

Schmalenbach, Eugen: Der Treuhandkommanditist, ZfhwF 1949, 97—100.

Schlicht: Zugehörigkeit des Gesellschaftsanteils zum Nachlaß bei Fortsetzungsklausel (§ 139 HGB), NJW 1954, 985.

Schopp, H.: Die Schiedsklauseln in Gesellschaftsverträgen, DB 1958, 591—594.

Siebert, Wolfgang: Die faktische Innengesellschaft, BB 1958, 1065—1070.

— Die Nachfolge von Todes wegen in die Mitgliedschaft des Gesellschafters einer OHG, NJW 1955, 809—813.

— Nachfolge eines Miterben in die Gesellschafterstellung bei der OHG, Zu BGH vom 22. 11. 56, verschiedene Möglichkeiten der Rechtsnachfolge in die Gesellschafterstellung, BB 1957, 18—20.

Sudhoff, Heinrich: Auseinandersetzungsguthaben und Gesellschaftsvertrag, NJW 1949, 88—91.

— Die Berechnung der KG-Einlage im Falle des § 139 HGB, NJW 1958, 401 bis 405.

Tiefenbacher, Erhard: Die Personalgesellschaften und das neue eheliche Güterrecht, BB 1958, 565—568.

Weygand, Johannes. Der Widerspruch des geschäftsführenden Gesellschafters einer offenen Handelsgesellschaft (Kommanditgesellschaft) nach § 115 HGB, AcP 38. Bd. n. F. 1959, 150—178.

Zartmann, Heinrich: Mischformen des Gesellschaftsrechtes in neuer Betrachtung, BB 1951, 736—738.

— Die Vertragsgestaltung der OHG unter betriebswirtschaftlichen Gesichtspunkten, NB 1951, 49.

Zunft: Unklarheiten zu § 139 HGB, NJW 1957, 1129—1133.

FSC
www.fsc.org
MIX
Papier | Fördert
gute Waldnutzung
FSC® C083411

Kolibri 360 GmbH
Ferdinand-Jühlke-Straße 7
99095 Erfurt, Deutschland
produktsicherheit@kolibri360.de

Druck:
CPI Druckdienstleistungen GmbH
im Auftrag der
Kolibri 360 GmbH
Ferdinand-Jühlke-Str. 7
99095 Erfurt